Otto Mayr

Das Mittelalter:

Politische Ordnung und Alltagsleben

Ausgearbeitete Unterrichtseinheiten mit Kopiervorlagen und Lösungen

Auer Verlag

Verwendete Abkürzungen:

AB	Arbeitsblatt
EA	Einzelarbeit
L	Lehrer/-in
LSG	Lehrer-Schüler-Gespräch
PA	Partnerarbeit
S	Schüler/-in; Schüler/-innen
TA	Tafelanschrieb
TZ	Teilziel

Gedruckt auf umweltbewusst gefertigtem, chlorfrei gebleichtem
und alterungsbeständigem Papier.

2. Auflage 2012
Nach den seit 2006 amtlich gültigen Regelungen der Rechtschreibung

Satz: krauß-verlagsservice, Augsburg
Druck und Bindung: Franz X. Stückle Druck und Verlag, Ettenheim
ISBN 978-3-403-**06199**-1

www.auer-verlag.de

Inhaltsverzeichnis

Vorwort

Der Geschichtsunterricht hat u. a. die Aufgabe, den Schülern ein historisches Bewusstsein zu vermitteln, ihnen begreiflich zu machen, dass die Welt, in der sie heute leben, durch die Ereignisse der Vergangenheit bestimmt wurde. Er soll die Bereitschaft wecken, Mitverantwortung für die Gestaltung dieser Welt zu tragen, damit in ihr ein Leben in Freiheit, sozialer Gerechtigkeit und gesichertem Frieden möglich ist.

Im vorliegenden Band tauchen die Schüler in die spannende Welt des Mittelalters ein, erfahren Wissenswertes über das Alltagsleben von Reichen und Armen, lernen bedeutende Könige und Kaiser bzw. wichtige Kaufmannsgeschlechter kennen. Zudem unternehmen sie kunsthistorische Ausblicke und überprüfen ihr Wissen in genau nach dem Lernstoff abgestimmten Trainingseinheiten.

Außerdem soll diese Unterrichtshilfe dazu beitragen, den Schüler zu vermitteln, dass Geschichte in Zeit und Raum ist, d. h. dass alle Ereignisse immer im dazugehörigen Rahmen betrachtet und beurteilt werden müssen.

Inhaltlich werden die Unterrichtseinheiten den Ansprüchen gerecht, die an einen modernen, methodisch interessanten Geschichtsunterricht gestellt werden müssen:
aktuelle Forschungsergebnisse, Kommentare zu geschichtlichen Ereignissen, aussagekräftige Schaubilder, sachliche Informationstexte, gut strukturierte Arbeitsblätter, authentische Quellen und motivierende Stundenverläufe.

THEMA

Die Christianisierung germanischer Stämme

LERNZIELE

Bewusst machen, dass römische Soldaten und Kaufleute den christlichen Glauben in die germanischen Gebiete brachten.

Die Bedeutung der Taufe des Frankenherrschers Chlodwig im Jahr 496 für die Entwicklung des Christentums aufzeigen.

Die Tätigkeit der Wandermönche beschreiben können.

Bonifatius als den Apostel der Deutschen kennenlernen.

Die Ausbreitung des Christentums in Deutschland beschreiben können.

ARBEITSMITTEL / MEDIEN / LITERATURHINWEISE

Folie 1 (Bonifatius spendet die Taufe ...), Informationsblätter, Arbeitsblatt

Zusatz: 500 5824 „Bayern im frühen Mittelalter“

TAFELBILD / FOLIEN

Bonifatius spendet die Taufe und erleidet den Märtyrertod.

I. **Hinführung:**

Folie 1 (Bonifatius spendet die Taufe …)

S. betrachten das Bild und beschreiben es.

Zielangabe

TA: **Die Christianisierung germanischer Stämme**

II. **Erarbeitung:**

1. TZ: Die Christianisierung germanischer Stämme

Informationsblatt 1/ EA/PA/GA-Auswertung LSG

S: Römische Soldaten und Kaufleute brachten den christlichen Glauben nach Germanien – Taufe des Frankenherrschers Chlodwig war die Entscheidung für das Christentum – Wandermönche arbeiten an der Verbreitung des Christentums

2. TZ: Bonifatius – Apostel der Deutschen

Informationsblätter 1/2/ gemeinsames Erlesen

S: Ursprünglich ein Benediktinermönch – der Frankenkönig beauftragt ihn, die Kirche in seinem Land zu ordnen – als Missionar bei den Friesen, in Hessen und Thüringen

III. **Vertiefung:**

Gesamtwiederholung

IV. **Sicherung:**

Eintrag AB

V. **Ausweitung:**

Weiterführende Hausaufgabe:
Die Schüler suchen im Internet heraus, welche der 27 Bistümer, die heute in Deutschland bestehen, von Bonifatius gegründet wurden. (Regensburg, Passau, Freising, Würzburg, Eichstätt, Erfurt).

Die Christianisierung germanischer Stämme

Schon vor der Geburt Christi hatten die Römer Gallien, das heutige Frankreich, erobert. Sie waren auch in germanische Gebiete bis zum Rhein vorgestoßen.

Römische Soldaten und Kaufleute brachten den christlichen Glauben mit.

Als sich vom Jahre 313 an durch das Mailänder Edikt das Christentum im ganzen Reich entfaltete, blühte es auch in den römischen Provinzen nördlich der Alpen auf.

Aber die Zeit, in der sich das Christentum in Ruhe ausbreiten konnte, war nur kurz, denn die germanischen Stämme begannen zu wandern. In den Jahrhunderten der Völkerwanderung gingen viele erst entstandene christliche Gemeinden unter.

Bischof Remigius tauft, salbt und krönt den Frankenkönig Chlodwig.

Ein bedeutendes Ereignis für die Christianisierung der germanischen Stämme war die Taufe des Frankenherrschers Chlodwig (482–511) im Jahr 496. Mit diesem Ereignis war die Entscheidung seines Volkes für das Christentum gefallen. Unterstützt wurde sein Bemühen von Wandermönchen, die meist aus Irland kamen und eine große Bedeutung für die Christianisierung hatten. Besonders zu erwähnen sind dabei Kolumban, Gallus und Kilian.

Mönche und Bischöfe aus Gallien führten die Arbeit dieser Wandermönche weiter. Diese zweite Missionswelle war noch erfolgreicher als die erste. In Bayern wirkten vor allem Emmeran, Rupert und Korbinian.

Bonifatius – Apostel der Deutschen

Bonifatius hieß ursprünglich Winfried und war ein angelsächsischer Benediktinermönch. Bei einer Romreise erhielt er 719 vom Papst den Namen Bonifatius.
Als er nach Germanien kam, beauftragte ihn der Frankenkönig, die Kirche in seinem Land zu ordnen. Viele Jahre war er nun als Missionar bei den Friesen, in Hessen und in Thüringen tätig.
Diese Randgebiete des fränkischen Reiches waren damals noch weitgehend heidnisch und Bonifatius versuchte mit aller Kraft, den Germanen das Christentum nahezubringen. Mit einer besonders markanten Aktion bewies er die Machtlosigkeit der germanischen Götter. Die Sage erzählt:

„An den Ufern eines Flusses bei Geismar steht eine uralte Eiche, die das Volk ringsum für heilig hält, dem Donnergott Donar geweiht. Bonifatius will diesen Baum fällen. Nur ganz wenige Christen, aber ganze Scharen von Heiden sind an dem festgesetzten Tag zugegen. Es ist frühmorgens, drunten im Tal steigt Nebel empor.
Über das Feld kommt Bonifatius mit einer Schar von Mönchen. Sie tragen Äxte und eine Säge. Unter den Heiden beginnt ein Murren. Etliche drohen: „Weg mit den Äxten!“ Einer schwingt sogar seinen Speer gegen Bonifatius, sodass die Christen ihren Bischof schützend umringen. Nur einer der Umstehenden meint: ‚Lasst den Fremden doch machen, wenn er will!‘ Mit ausgestreckter Hand zeigt er gegen den Himmel und alle erkennen, dass sich dunkle Wolken zusammenziehen. ‚Unser Donnergott ist stärker als sein Gott. Er wird seinen Baum schützen!‘ Davon ist jetzt jeder der Heiden überzeugt.
Bonifatius und einer der Mönche ergreifen die Äxte und treten vor den Baum. Schon krachen die ersten Schläge, fliegen die ersten Splitter. Bald fallen die Hiebe wie im Takt. Dumpf schlägt der Baumriese am Boden auf und bedeckt mit seinen Zweigen weithin den Boden. Die Donareiche ist gefällt – und nichts ist passiert.
Am anderen Tag geht Bonifatius mit den Mönchen und Christen wieder an das Flussufer. Aus dem Holz des Baumes zimmern sie eine kleine Kirche aus Holz.
Von den Heiden aber kommen viele und lassen sich taufen.“

Im hohen Alter wollte Bonifatius seine Arbeit in Friesland fortsetzen, wurde dort jedoch das Opfer heidnischer Friesen und starb 754 den Märtyrertod.

Bonifatius fällt die Donareiche.

GESCHICHTE	NAME: ______________	KLASSE: ____	DATUM: ________	NR. ____

Die Christianisierung germanischer Stämme

Das wichtigste Ereignis für die Christianisierung der germanischen Stämme war die

Taufe des Frankenherrschers ____________________ im Jahr ________.

Zur Christianisierung haben im weiteren Verlauf der Geschichte vor allem

________________________ beigetragen, die meist aus ______________________ kamen.

Zum Apostel der Deutschen wurde ____________________, ein angelsächsischer

Benediktinermönch. Er gründete zahlreiche Klöster und war vor allem in __________-

__________, ______________________________ tätig. Im Jahr ________ starb

Bonifatius den Märtyrertod.

Betrachte die Karte! Versuche sie zu erklären!

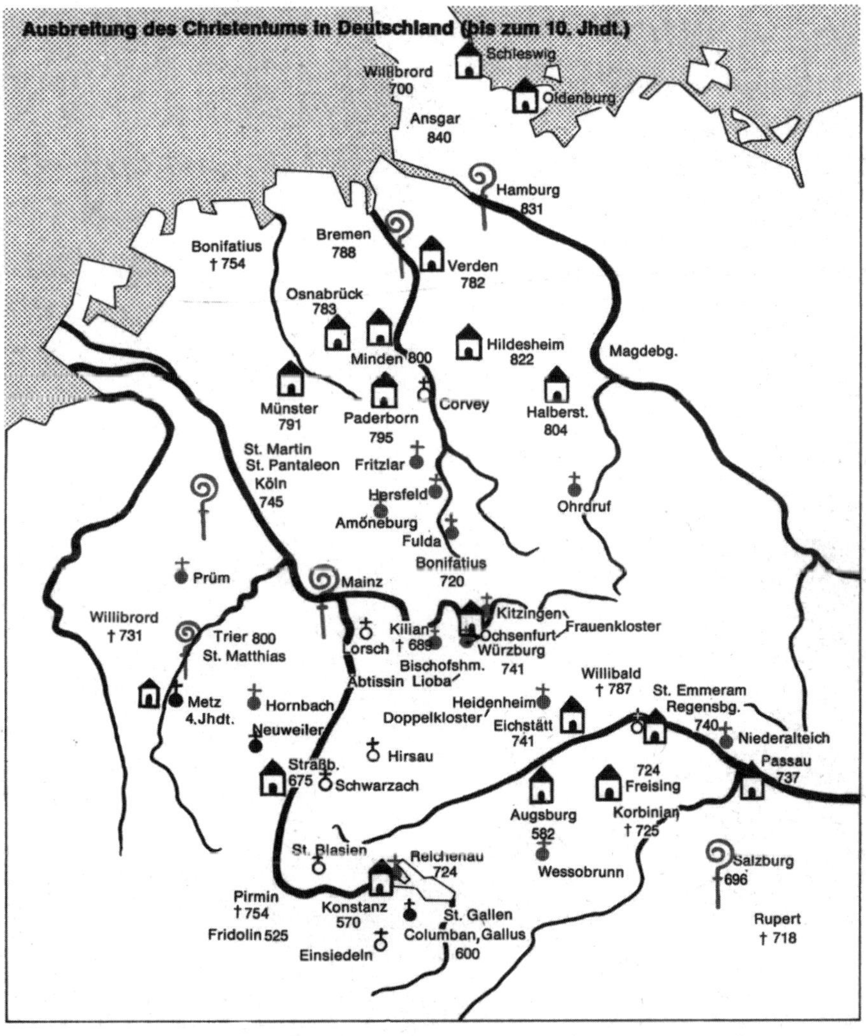

wichtige Erzbistümer, Bistümer u. Klöster, vor Bonifatius, z. Zeit des Bonifatius, nach Bonifatius gegründet

Ausbreitung des Christentums in Deutschland (bis zum 10. Jahrhundert)

GESCHICHTE	NAME: ____________	KLASSE: ____	DATUM: ________	NR. ____

Die Christianisierung germanischer Stämme

Das wichtigste Ereignis für die Christianisierung der germanischen Stämme war die Taufe des Frankenherrschers ____Chlodwig____ im Jahr ____496____.

Zur Christianisierung haben im weiteren Verlauf der Geschichte vor allem ____Wandermönche____ beigetragen, die meist aus ____Irland____ kamen.

Zum Apostel der Deutschen wurde ____Bonifatius____, ein angelsächsischer Benediktinermönch. Er gründete zahlreiche Klöster und war vor allem in ____Fries-land____, ____Hessen und Thüringen____ tätig. Im Jahr ________ starb Bonifatius den Märtyrertod.

Betrachte die Karte! Versuche sie zu erklären!

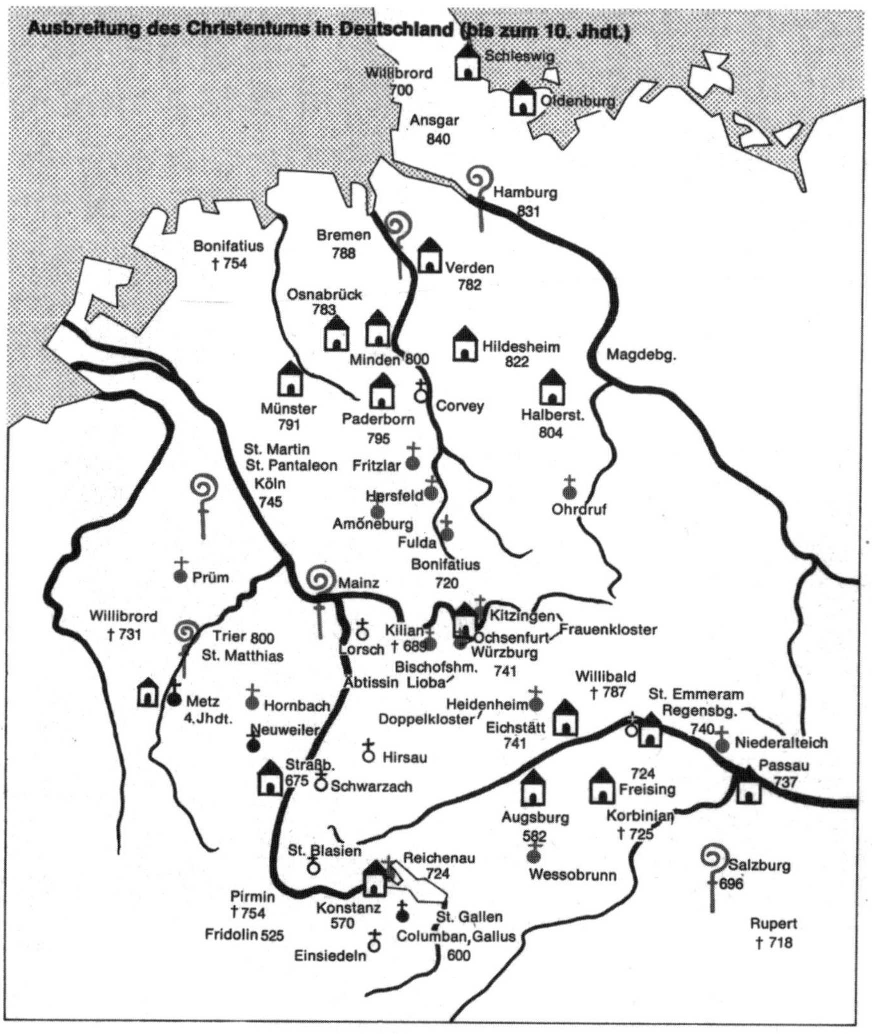

wichtige Erzbistümer, Bistümer u. Klöster, vor Bonifatius, z. Zeit des Bonifatius, nach Bonifatius gegründet

Ausbreitung des Christentums in Deutschland (bis zum 10. Jahrhundert)

THEMA

Karl der Große

LERNZIELE

Am Beispiel Karl des Großen mittelalterliches König- und Kaisertum vermitteln.

Die Ausdehnung der fränkischen Herrschaft durch Karl den Großen über andere Länder und Stämme kennenlernen.

Das Ziel Karls des Großen, alle germanischen Stämme in einem großen christlichen Reich zu vereinen, bewusst machen.

Den Kampf gegen die Sachsen beschreiben können.

Die Beseitigung des bayerischen Stammesherzogtums beschreiben können.

Erkennen, dass Karl der Große strenge Gesetze erließ, um den christlichen Glauben durchzusetzen.

ARBEITSMITTEL / MEDIEN / LITERATURHINWEISE

Folie 1 (Karl der Große), 2 Informationsblätter, 1 Arbeitsblatt

Zusatz: 46 40395 „Karl der Große“ (17 min)
46 54646 „Karl der Große und seine Außenpolitik“ (15 min)
46 54647 „Karl der Große und seine Innenpolitik“ (16 min)

TAFELBILD / FOLIEN

Karl der Große (747–814)

I. **Hinführung:**

Folie 1 (Karl der Große)

S. suchen in Lexika bzw. im Internet nach Informationen über Karl den Großen.

Zielangabe

TA: **Karl der Große**

II. **Erarbeitung:**

1. Berichte über die Zeit, ehe Karl zum Frankenkönig wird!
2. Wie schafft Karl der Große ein europäisches Großreich?
3. Berichte über den Kampf gegen die Sachsen!
4. Was geschah mit dem Herzogtum Bayern?

Informationsblatt 1/2/
EA/PA/GA-Auswertung LSG

S:
1. Die Franken errichten um 500 ein großes Reich – Vater Pippin, ein mächtiger König – Sohn Karl mit 26 Jahren Frankenkönig
2. Karl will ab 768 die germanischen Stämme vereinen – König der Langobarden
3. Kämpfe mit den Sachsen – Widukund lässt sich taufen – Unterwerfung 804
   Tassilo zu Klosterhaft verurteilt – Ende der Agilolfinger

III. **Vertiefung:**

Gesamtwiederholung

IV. **Sicherung:**

Eintrag AB

V. **Ausweitung:**

Strenge Gesetze für die eroberten sächsischen Gebiete, z. B.:

„Wenn jemand das heilige vierzigtägige Fasten aus Geringschätzung gegen das Christentum nicht hält und Fleisch isst, so sterbe er des Todes."

Die politische Ordnung im Mittelalter

Karl wird Frankenkönig

Während der Zeit der Völkerwanderung waren um 500 im Gebiet des römischen Gallien die Franken sesshaft geworden und hatten ein mächtiges Reich errichtet. Weil sich die Nachkommen des ersten Frankenkönigs Chlodwig aber dessen Erbe streitig machten und sich gegenseitig bekämpften, zerfiel dieses Reich wieder in einzelne Königtümer. Es dauerte bis in die Mitte des 8. Jahrhunderts, ehe wieder ein mächtiger fränkischer König den Thron für sich in Anspruch nahm: Pippin, der Vater des Frankenkönigs Karl.

Als Karl 26 Jahre alt war, wurde er zum fränkischen König gekürt. Damit übernahm er neben einem großen Reich auch die Rolle des Schutzherren über den Kirchenstaat.

Karl der Große begründet ein europäisches Großreich

Im Jahr 768 übernahm Karl der Große die Regierung; über 40 Jahre lang sollte diese Regierungszeit dauern. Zu dem Frankenreich gehörten damals das heutige Frankreich, Holland, Belgien sowie das Rheinland, Thüringen und Württemberg.

Das Ziel Karls des Großen war, alle germanischen Stämme in einem großen christlichen Reich zu vereinen. Um dieses Ziel zu erreichen, führte er etwa 50 Feldzüge gegen benachbarte Stämme und Reiche im Süden, Osten und Norden der Reichsgrenzen.

Als Karl der Große vom Papst um Hilfe im Kampf gegen die Langobarden gebeten wurde, machte er sich so schnell wie möglich mit seinen Truppen auf den Weg, eroberte deren Hauptstadt Pavia und krönte sich mit der „Eisernen Krone“ des Langobardenreiches. Karl wurde damit zum König der Franken und der Langobarden.

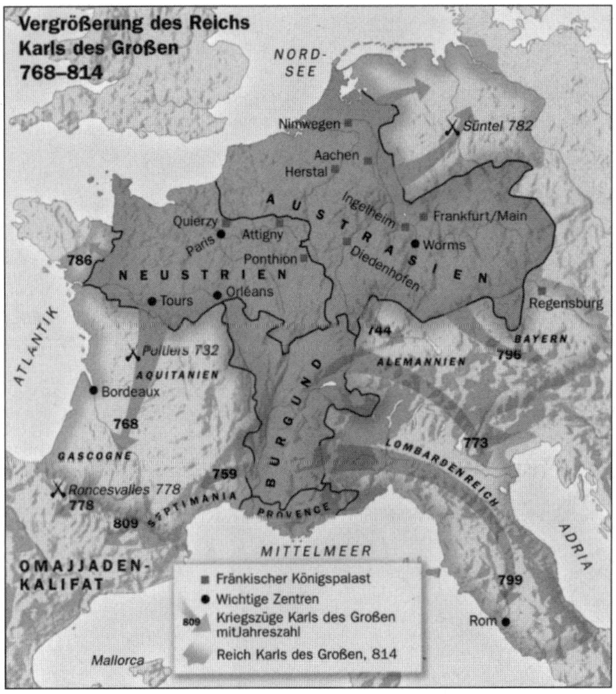

Ausdehnung des Reiches unter Karl den Großen

Karl der Große kämpft die Sachsen nieder

Die Sachsen bewohnten das Land zwischen Elbe, den Mittelgebirgen und der Ems. Sie hatten sich bisher dem Einfluss des Christentums entzogen. Immer wieder gab es Grenzzwischenfälle zwischen Franken und Sachsen. Im Jahr 772 zog Karl der Große mit seinem gut gerüsteten Frankenheer in das Sachsenland. Dort fand er nur geringen Widerstand. Die Franken zerstörten das heidnische Stammesheiligtum, die Irminsäule[1], und hielten die Sachsen für geschlagen.

Doch immer, wenn Karl in einem anderen Teil Europas Krieg führte, erhoben sich die sächsischen Stämme wieder gegen die fränkische Herrschaft und die christlichen Missionare. Es kam zwar zu Massentaufen unter den Sachsen, aber nur deshalb, weil die Franken ihnen nur die Wahl zwischen Taufe und Todesstrafe ließen.

Nachdem der Sachsenherzog Widukind den aussichtslosen Widerstand einsah und sich taufen ließ, gaben sich die Sachsen allmählich geschlagen. Aber erst 804 waren sie gänzlich unterworfen. Als zuletzt sächsische Familien in fränkisches und Franken in sächsisches Gebiet umgesiedelt wurden, endeten nach 18 Feldzügen die Sachsenkriege.

Sachsenherzog Widukind

[1] **Die Irminsäule:** Die Franken zerstörten das Hauptheiligtum der Sachsen, wahrscheinlich eine Tempelanlage, in der auch die sogenannte Irminsäule stand. Irmin war der Kriegsgott, ihm wurde mit der Säule wohl ein silbernes Denkmal gesetzt. Trotz Christianisierung verehrten die Sachsen ihre Säule weiter, um dies zu unterbinden, wurde sie zeitweise sogar vergraben.

Karl der Große beseitigt das Herzogtum Bayern

Auch das Herzogtum Bayern verlor unter Karl dem Großen seine Unabhängigkeit. Dies aber nicht durch Waffengewalt, sondern durch einen politischen Prozess. Dem bayerischen Herzog Tassilo III. (748–788) gelang es in seiner langen Regierungszeit, ziemlich unabhängig vom Frankenkönig zu bleiben.

Da Tassilo sich mehr um die Entwicklung seines Herzogtums und um die Sicherung seiner Grenzen kümmerte als um die Feldzüge Karls des Großen, wurde der Bayernherzog 788 vor Gericht gestellt. Wegen Treuebruch und Landesverrat wurde Tassilo zu lebenslanger Klosterhaft verurteilt. Auch seine Frau und die Kinder wurden ins Kloster gesperrt – damit endete das Herzogtum der Agilolfinger. Bayern gehörte nun zum Reich Karls des Großen.

GESCHICHTE	NAME: ____________	KLASSE: ____	DATUM: ________	NR. ____

Karl der Große

Die Regierungszeit Karls des Großen begann im Jahr ________. Sein Ziel war es, alle germanischen Stämme ____ ________________. Für dieses Ziel führte er ca. 50 Feldzüge gegen verschiedene Germanenstämme an den Grenzen seines Reiches.

Als der Papst um Hilfe gegen die ________________ bat, eroberte Karl der Große dieses Reich.

Lange Jahre kam es immer wieder zu Kämpfen gegen den Stamm der ____________.

Erst als Herzog ________________ den aussichtslosen Widerstand aufgab und sich taufen ließ, gaben sich die Sachsen geschlagen.

Im Jahr ________ waren sie gänzlich unterworfen.

Auch das Herzogtum ________________ verlor unter Karl dem Großen seine Unabhängigkeit. Im Jahr 788 wurde Herzog ________________ vor Gericht gestellt und anschließend zu lebenslanger Klosterhaft verurteilt. Damit endete das Herzogshaus der ________________. Auch Bayern gehörte nun zum Reich Karls des Großen.

Die Kaiserkrone Karls des Großen

GESCHICHTE	NAME: ______________	KLASSE: ____	DATUM: ________	NR. ____

Karl der Große

Die Regierungszeit Karls des Großen begann im Jahr *768*. Sein Ziel war es, alle germanischen Stämme *in einem großen christlichen Reich zu vereinen*. Für dieses Ziel führte er ca. 50 Feldzüge gegen verschiedene Germanenstämme an den Grenzen seines Reiches.

Als der Papst um Hilfe gegen die *Langobarden* bat, eroberte Karl der Große dieses Reich.

Lange Jahre kam es immer wieder zu Kämpfen gegen den Stamm der *Sachsen*.

Erst als Herzog *Widukind* den aussichtslosen Widerstand aufgab und sich taufen ließ, gaben sich die Sachsen geschlagen.

Im Jahr *804* waren sie gänzlich unterworfen.

Auch das Herzogtum *Bayern* verlor unter Karl dem Großen seine Unabhängigkeit. Im Jahr 788 wurde Herzog *Tassilo* vor Gericht gestellt und anschließend zu lebenslanger Klosterhaft verurteilt. Damit endete das Herzogshaus der *Agilolfinger*. Auch Bayern gehörte nun zum Reich Karls des Großen.

Die Kaiserkrone Karls des Großen

THEMA

Karl der Große verwaltet sein Reich

LERNZIELE

Erkennen, dass Karl der Große sein Reich durch Marken schützen ließ.

Bewusst machen, dass es im fränkischen Reich keine feste Hauptstadt gab und Karl der Große deshalb durch das Reich reiste.

Die Bedeutung der Pfalzen kennenlernen.

Erkennen, dass Karl der Große das Reich in Grafschaften aufteilte.

Bewusst machen, dass seine Befehle durch Königsboten (Sendgrafen) überbracht und kontrolliert wurden.

Erkennen, dass Karl der Große für die Einführung der Dreifelderwirtschaft verantwortlich war.

Bewusst machen, dass Karl der Große in den Klöstern Schulen einrichten ließ.

ARBEITSMITTEL / MEDIEN / LITERATURHINWEISE

Folie 1 (Verwaltung des Reiches unter Karl dem Großen), 2 Informationsblätter, 1 Arbeitsblatt

Zusatz: 46 54647 „Karl der Große und seine Innenpolitik" (16 min)

TAFELBILD / FOLIEN

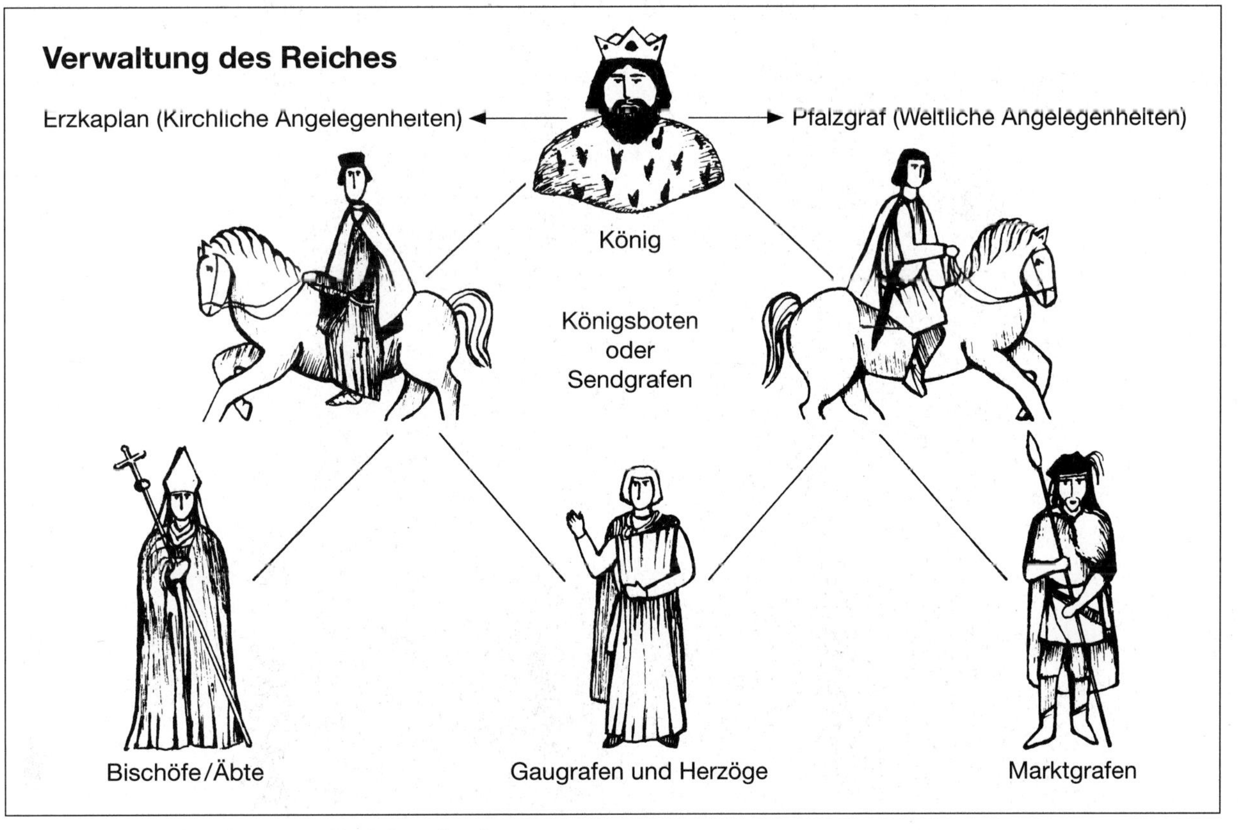

Verwaltung des Reiches unter Karl dem Großen

I. **Hinführung:**

Folie 1 (Verwaltung des Reiches unter Karl dem Großen) — S. beschäftigen sich mit der Grafik.

Zielangabe — TA: **Karl der Große verwaltet sein Reich**

II. **Erarbeitung:**

Arbeitsaufträge:

1. Was versteht man unter „Marken“?
2. Welche Bedeutung hatten die Pfalzen?
3. Wie sorgt Karl der Große für die Landwirtschaft?
4. Welche Bedeutung misst Karl der Große der Kunst und Wissenschaft bei?

Informationsblatt 1/2/ EA/PA/GA-Auswertung LSG

S:
1. Grenzgebiete mit Burganlagen zum Schutz vor Feinden
2. Pfalzen = Königshofe, an denen Karl der Große Hof hielt
3. Einführung der Dreifelderwirtschaft
4. Klöster werden zu Zentren der Bildung

III. **Vertiefung:**

Gesamtwiederholung

IV. **Sicherung:**

Eintrag AB

V. **Ausweitung:**

Information — L: Aachen war die Lieblingspfalz von Karl dem Großen – hier stand auch sein Königsthron.

Kartenarbeit — S. lokalisieren Aachen auf der Deutschlandkarte.

Karl der Große sichert sein Reich durch Marken

Um sein Reich vor Übergriffen feindlicher Nachbarn zu schützen, siedelte Karl der Große an den Grenzen wehrfähige Bauern an; sie bebauten das Land, errichteten Burganlagen und verteidigten die Grenzen des Reiches. Diese Grenzgebiete nannte man „Marken". Die Wehrbauern unterstanden dem Befehl des Markgrafen, meist einem Freund des Königs.

Karl der Große verwaltet sein Reich von Pfalzen aus

Im Reich Karls des Großen gab es keine feste Hauptstadt. Deshalb reiste der König mit seinem ganzen Gefolge, zu dem bis zu 1000 Menschen gehörten, von Ort zu Ort.

Bischöfe und Äbte mussten ihn beherbergen, wenn ihre Klöster am Weg seiner Reise lagen.

Karl der Große besaß auch viele Königshöfe im ganzen Reich. Diese sogenannten Pfalzen waren große Landgüter, in denen der König Hof hielt, einige Tage oder auch einige Monate lang. In dieser Zeit empfing er Abgesandte aus anderen Ländern oder Hilfesuchende aus der Umgebung; er verschaffte sich einen Überblick über die Arbeit von Adeligen, Bischöfen und Äbten, gab genaue Anweisungen zur Bewirtschaftung der Güter und hielt Gericht.

Sobald der König zu einer anderen Pfalz weitergezogen war, verwaltete der Gaugraf im Auftrag Karls des Großen das Gebiet. Dazu wurde das gesamte Reich des Königs in Grafschaften eingeteilt. Die Gaugrafen führten bei Abwesenheit des Königs den Vorsitz bei Gericht, vereinnahmten die Abgaben der Bauern und waren Heerführer bei den Feldzügen. Die Aufgabe, den Gaugrafen so schnell wie möglich die Befehle und Anordnungen des Königs mitzuteilen, wurde den Königsboten (Sendgrafen) übertragen. Sie mussten auch kontrollieren, ob die königlichen Befehle richtig durchgeführt wurden.

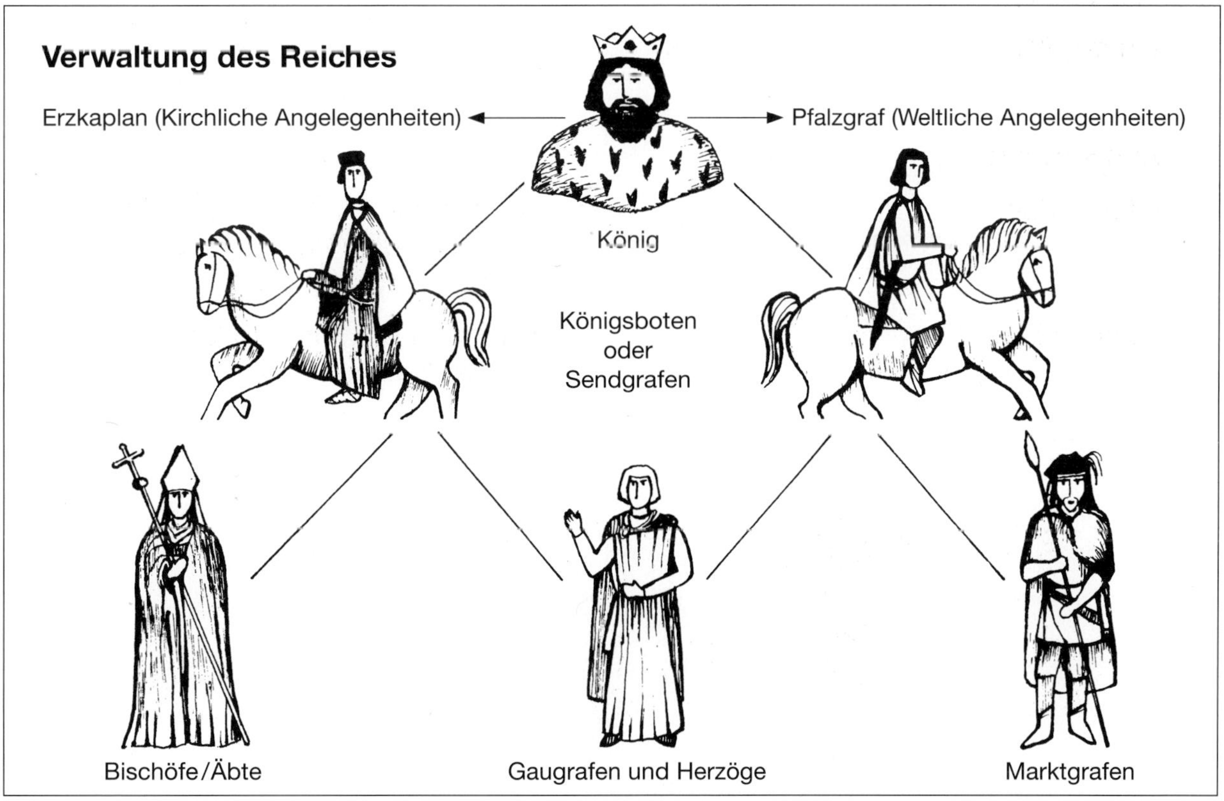

Verwaltung des Reiches

Karl der Große sorgt für die Landwirtschaft

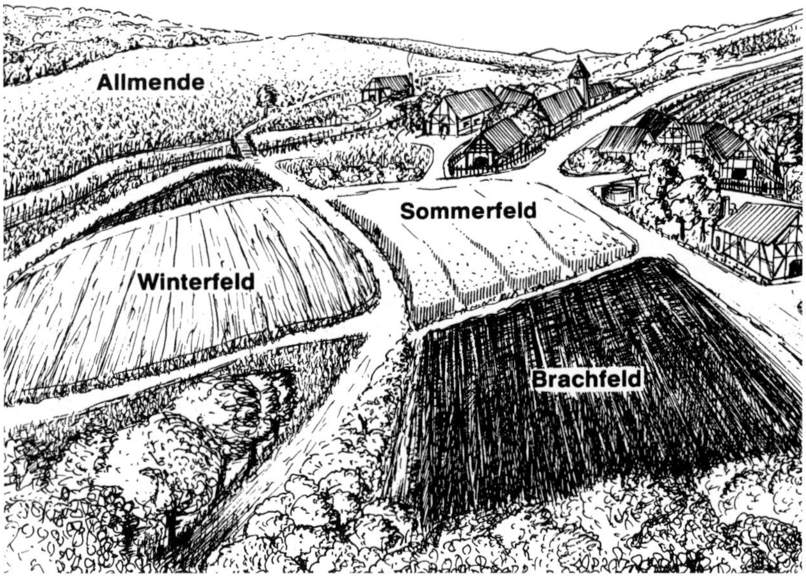

Dreifelderwirtschaft

Die königlichen Güter waren Musterwirtschaften. Für die Bauern der Umgebung waren sie Beispielhöfe, auf denen nach neuen Vorschriften des Königs Landwirtschaft betrieben wurde. Eine der wesentlichen Neuerungen war die Umstellung des Landbaus von der Feldgraswirtschaft auf die Dreifelderwirtschaft, was zu besseren Ernteerträgen führte. Die nebenstehende Zeichnung zeigt, wie sie angewandt wurde.

Karl der Große pflegt Kunst und Wissenschaft

König Karl sorgte sich sehr um die Ausbildung der Menschen in seinem Reich. Er veranlasste, dass Mönche Land erhielten, auf dem sie ein Kloster errichten konnten. Denn er wusste sehr wohl, dass die Klöster schnell zu Mittelpunkten der Bildung für die Menschen werden würden. Vor allem ließ er in den Klöstern Schulen einrichten. Hier konnten die Söhne der Adeligen lesen und schreiben lernen.

Torhalle des Klosters Lorsch. Der Sage nach sollen hier Siegfried und Kriemhilds Mutter Ute, Figuren aus dem Nibelungenlied, begraben sein.

GESCHICHTE	NAME: ______________	KLASSE: ____	DATUM: __________	NR. ___

Karl der Große verwaltet sein Reich

Um sein Reich vor feindlichen Nachbarn zu schützen, ließ Karl der Große an den Grenzen sogenannte „______________" einrichten. Das waren Grenzgebiete, in denen besonders tüchtige und wehrfähige ______________ angesiedelt wurden.

Im Reich Karls des Großen gab es keine feste ______________.

Aus diesem Grund reiste der König von Ort zu Ort. Karl der Große besaß zahlreiche Königshöfe im Reich, sogenannte ______________. Dort hielt der König manchmal monatelang Hof.

Karl der Große hatte das ganze Reich in ______________ aufgeteilt. Darin vertraten die Gaugrafen den König während dessen Abwesenheit.

Damit alle Gaugrafen die Befehle des Königs ausübten, waren ______________ (______________) unterwegs.

Im Bereich der Landwirtschaft führte der König eine Neuerung ein: die ______________. Sie führte zu einer wesentlichen Verbesserung der Ernteerträge.

Er sorgte sich sehr um die Ausbildung seiner Untergebenen. Klöster wurden zu Mittelpunkten der Bildung. Hier konnten die Söhne der ______________ lesen und schreiben lernen.

Klöster als Orte der Bildung

GESCHICHTE	NAME: ______________	KLASSE: ____	DATUM: ________	NR. ___

Karl der Große verwaltet sein Reich

Um sein Reich vor feindlichen Nachbarn zu schützen, ließ Karl der Große an den Grenzen sogenannte *„Marken“* einrichten. Das waren Grenzgebiete, in denen besonders tüchtige und wehrfähige *Bauern* angesiedelt wurden.

Im Reich Karls des Großen gab es keine feste *Hauptstadt*.

Aus diesem Grund reiste der König von Ort zu Ort. Karl der Große besaß zahlreiche Königshöfe im Reich, sogenannte *„Pfalzen“*. Dort hielt der König manchmal monatelang Hof.

Karl der Große hatte das ganze Reich in *Grafschaften* aufgeteilt. Darin vertraten die Gaugrafen den König während dessen Abwesenheit.

Damit alle Gaugrafen die Befehle des Königs ausübten, waren *Königsboten* (*Sendgrafen*) unterwegs.

Im Bereich der Landwirtschaft führte der König eine Neuerung ein: die *Dreifelderwirtschaft*. Sie führte zu einer wesentlichen Verbesserung der Ernteerträge.

Er sorgte sich sehr um die Ausbildung seiner Untergebenen. Klöster wurden zu Mittelpunkten der Bildung. Hier konnten die Söhne der *Adeligen* lesen und schreiben lernen.

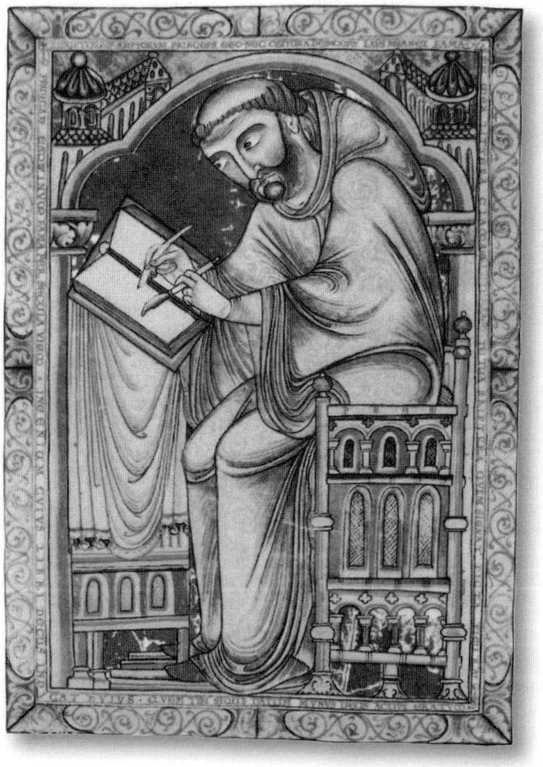

Klöster als Orte der Bildung

THEMA

Karl der Große wird zum Kaiser gekrönt

LERNZIELE

Erfahren, dass Karl der Große im Jahr 800 von Papst Leo III. in Rom zum Kaiser gekrönt wurde.

Bewusst machen, dass Karl der Große damit Nachfolger der römischen Kaiser wurde.

Bewusst machen, dass es ab dieser Zeit zwei römische Kaiser gab; Karl den Großen und den Kaiser von Ostrom.

Erfahren, dass Karl der Große im Jahr 814 starb und in Aachen begraben wurde.

Bewusst machen, dass der alljährlich verliehene Karlspreis der Stadt Aachen eine Ehrenbezeugung für das Lebenswerk Karls des Großen darstellt.

ARBEITSMITTEL / MEDIEN / LITERATURHINWEISE

Folie 1 (Kaiser Karl der Große wird zum Kaiser gekrönt.), 2 Informationsblätter, 1 Arbeitsblatt

Zusatz: 46 54646 „Karl der Große und seine Außenpolitik“ (15 min)

TAFELBILD / FOLIEN

Kaiser Karl der Große wird zum Kaiser gekrönt. (Raffael um 1510)

I. **Hinführung:**

Folie 1 (Kaiser Karl der Große wird zum Kaiser gekrönt.)	S. beschreiben das Bild.
Zielangabe	TA: **Karl der Große wird zum Kaiser gekrönt**

II. **Erarbeitung:**

1. TZ: Kaiserkrönung	
Informationsblatt 1/ EA/PA/GA-Auswertung LSG	S: Karl der Große hilft Papst Leo III. – Weihnachten 800 Kaiserkrönung in der Peterskirche – Karl der Große eint alle germanischen Stämme unter dem christlichen Glauben

III. **Vertiefung:**

2. TZ: Der Tod Karls des Großen/	
gemeinsames Erlesen	S: Karl der Große stirbt 814 und wird in seiner Lieblingspfalz Aachen beigesetzt.

IV. **Sicherung:**

Eintrag AB

V. **Ausweitung:**

3. TZ: Der Karlspreis	
stilles Erlesen – Auswertung LSG/ Eintrag AB	S: Seit 2008 wird von der Karlspreisstiftung, gemeinsam mit dem Europäischen Parlament, auch ein Karlspreis für die Jugend vergeben. Der Wettbewerb richtet sich an junge Menschen zwischen 16 und 30 Jahren aller Mitgliedstaaten der Europäischen Union, die in besonderer Weise zur europäischen Verständigung beitragen.

Karl der Große wird zum Kaiser gekrönt

Karl der Große kümmerte sich nicht nur um die Verwaltung und Sicherung seines Reiches, sondern fühlte sich auch verantwortlich für das religiöse Leben seiner Untertanen. Er empfand sich schließlich als „von Gottes Gnaden (eingesetzter) König der Franken und Langobarden". Deshalb war er darauf bedacht, dass Bischöfe und Priester ihr Amt ordentlich ausübten, die Klöster ihre Aufgaben erfüllten und seine Untertanen die Gebote der Kirche befolgten.

Als Papst Leo III. in einer Auseinandersetzung mit den Adeligen Roms Hilfe brauchte, wendete er sich an Karl den Großen und bat ihn um Unterstützung. Unter dem Schutz des damals mächtigsten Königs von Europa kehrte der Papst nach Rom zurück.

In der Weihnachtszeit des Jahres 800 befand sich Karl der Große in Rom. Als er im Petersdom an der Weihnachtsmesse teilnahm, setzte ihm Papst Leo III. eine goldene Krone auf das Haupt.

Die anwesenden Menschen klatschten lauten Beifall und riefen: „Karl, dem Erhabenen, dem von Gott gekrönten, großen und Frieden bringenden Kaiser der Römer Leben und Sieg!" Somit wurde Karl, der König der Franken, auch Nachfolger der römischen Kaiser. Sein gewaltiges Reich erstreckte sich von Spanien bis Dänemark, von Ungarn bis nach Rom. Er war der Herrscher über alle germanischen Stämme, die im christlichen Glauben vereint waren.

Nun gab es zwei römische Kaiser: Karl den Großen und den Kaiser von Byzanz. Karl gelang es nach lang andauernden und schwierigen Verhandlungen, den oströmischen Kaiser zu überzeugen, dass es möglich sei, zwei christliche Kaiserreiche nebeneinander bestehen zu lassen. Er selbst wollte nur als Nachfolger der weströmischen Kaiser herrschen und nicht in den Herrschaftsbereich des oströmischen Kaisers eindringen.

So begann mit Karl dem Großen als weströmischem Kaiser eine lange Reihe von deutschen Königen des Mittelalters, die zugleich römische Kaiser und Schutzherren der Kirche waren.

Kaiser Karl der Große wird zum Kaiser gekrönt. (Raffael um 1510)

Der Tod Karls des Großen

Karl der Große regierte lange Jahre. Als er seinen Tod nahen fühlte, machte er seinen Sohn Ludwig zu seinem Erben und Mitkaiser. Wenige Monate später, am 28. Januar 814, starb er in Aachen.

Über seinen Tod berichtet eine Quelle:

„Am siebten Tage nach dem Beginn der ernstlichen Erkrankung ließ er den ihm sehr vertrauten Bischof Hildebald zu sich kommen, dass er ihm zur Stärkung für den Tod die Sakramente des Leibes und Blutes des Herrn reiche. Danach hatte er noch an diesem Tag und in der folgenden Nacht zu leiden. Am anderen Morgen aber, als es hell wurde, streckte er, in vollem Bewusstsein dessen, was er tun wolle, die rechte Hand aus und machte, so kräftig als er konnte, das Zeichen des heiligen Kreuzes auf Stirn, Brust und Körper.
Zuletzt legte er die Füße zusammen und Arme und Hände über den Leib und sprach mit leiser Stimme: ‚In deine Hände, Herr, befehle ich meinen Geist.' Alsbald darauf verschied er in Frieden, reich an Jahren. An demselben Tage wurde sein Leib in der Kirche, die er selbst an der Pfalz zu Aachen gebaut hatte, beigesetzt!"

Rekonstruktion der Kaiserpfalz in Aachen: Aachen war die Lieblingspfalz des Kaisers. Kaiser Karl der Große ließ sich in der Pfalzkirche einen Marmorthron errichten. Dort liegt der Kaiser auch begraben.

Der Karlspreis – eine Ehrenbezeugung für Karl den Großen

Der sogenannte „Karlspreis" wird alljährlich von der Stadt Aachen für Verdienste um die Europäische Einigung verliehen. Verliehen wird neben der Urkunde auch eine Medaille, deren Vorderseite das Bildnis Karls des Großen auf seinem Thron, eine Darstellung des ältesten erhaltenen Stadtsiegels Aachens aus dem frühen 12. Jahrhundert, zeigt. Den Abschluss der Verleihung des Karlpreises, der mit einer symbolischen Summe von 5.000 € dotiert ist, bildet die Rede des Preisträgers.

Der Preis wurde nach Karl dem Großen benannt, da dieser als erster Einiger Europas gilt und weil er Ende des 8. Jahrhunderts Aachen zu seiner Lieblingspfalz wählte. Durch diese Wahl sollte eine Brücke zwischen europäischer Vergangenheit und Zukunft geschlagen werden.

Die Verleihung findet traditionell an Christi Himmelfahrt im Krönungssaal des Rathauses der Stadt Aachen statt. Die Auswahl des Preisträgers/der Preisträgerin trifft das Kuratorium der „Stiftung Internationaler Karlspreis zu Aachen", das sich aus Aachener Bürgern, Amts- und Mandatsträgern zusammensetzt.

Weihnachten 1949 gründete eine Gruppe von Aachener Bürgern diese Stiftung und erklärte, der Preis solle fortan jährlich Persönlichkeiten verliehen werden, die den Gedanken der abendländischen Einigung in politischer, wirtschaftlicher und geistiger Beziehung gefördert haben. Dieser Idee wird bis heute entsprochen.

Die Kaiserkrönung Karls des Großen

Kaiserkrönung Karls des Großen (Friedrich von Kaulbach, 1861)

Karl der Große gilt als der Erbauer eines christlichen Europas. Er wurde im Jahr ________

von Papst ______________ in ______________ zum Kaiser gekrönt.

Damit war Karl der Große, der König der Franken und Langobarden, Nachfolger

der römischen Kaiser.

Nun gab es zwei römische Kaiser, Karl den Großen und den Kaiser von ______________,

der in Byzanz herrschte.

Karl der Große regierte noch bis ________, ehe er in ______________ starb und in

seiner Lieblingspfalz begraben wurde.

Deutschland würdigt sein Leben und Werk mit dem sogenannten „Karlspreis",

der jedes Jahr von der Stadt Aachen für Verdienste um die ________________

Einigung verliehen wird. Durch diese Wahl soll eine Brücke zwischen europäischer

Vergangenheit und Zukunft geschlagen werden.

Die Verleihung findet traditionell an ____________________________ im Krönungssaal

des Rathauses in Aachen statt.

GESCHICHTE	NAME: ______	KLASSE: ____	DATUM: ______	NR. ____

Die Kaiserkrönung Karls des Großen

Kaiserkrönung Karls des Großen (Friedrich von Kaulbach, 1861)

Karl der Große gilt als der Erbauer eines christlichen Europas. Er wurde im Jahr *800* von Papst *Leo III.* in *Rom* zum Kaiser gekrönt.

Damit war Karl der Große, der König der Franken und Langobarden, Nachfolger der römischen Kaiser.

Nun gab es zwei römische Kaiser, Karl den Großen und den Kaiser von *Ostrom*, der in Byzanz herrschte.

Karl der Große regierte noch bis *814*, ehe er in *Aachen* starb und in seiner Lieblingspfalz begraben wurde.

Deutschland würdigt sein Leben und Werk mit dem sogenannten „Karlspreis“, der jedes Jahr von der Stadt Aachen für Verdienste um die *europäische* Einigung verliehen wird. Durch diese Wahl soll eine Brücke zwischen europäischer Vergangenheit und Zukunft geschlagen werden.

Die Verleihung findet traditionell an *Christi Himmelfahrt* im Krönungssaal des Rathauses in Aachen statt.

THEMA

Das Reich Karls des Großen zerfällt

LERNZIELE

Erkennen, dass das Reich Karls des Großen zunächst in drei Teile aufgeteilt wurde: Westfranken, Ostfranken und Lotharingien (Italien und Mittelreich).

Erkennen, dass es nach der Aufteilung Lotharingiens nur noch zwei große Reiche gab: Ostfranken und Westfranken.

Erkennen, dass aus dem Westfrankenreich Frankreich entstand.

Erkennen, dass aus dem Ostfrankenreich das Deutsche Reich hervorging.

Bewusst machen, dass Franzosen und Deutschen Karl der Große als Stammvater gilt.

Erkennen, dass mit der Wahl König Ottos 936 ein weiterer großer König Herrscher wurde.

ARBEITSMITTEL / MEDIEN / LITERATURHINWEISE

Folie 1 (Die Teilung des Karolingerreiches), 2 Informationsblätter, 1 Arbeitsblatt

Zusatz: 46 54646 „Karl der Große und seine Außenpolitik" (15 min)

TAFELBILD / FOLIEN

Die Teilung des Karolingerreiches

I. **Hinführung:**

Folie 1 (Die Teilung des Karolingerreiches) — S. werten die Karte aus.

Zielangabe — TA: **Das Reich Karls des Großen zerfällt**

II. **Erarbeitung:**

1. TZ: Aufteilung des Reiches

Informationsblatt 1/ EA/PA/GA-Auswertung LSG — S: Nach ca. 30 Jahren Aufteilung des Reiches in drei Teile: Karl der Kahle = Westfrankenreich, Ludwig der Deutsche = Ostfrankenreich; Lothar = Lotharingien. 870 nochmalige Teilung – zwei große Reiche: Ost- und Westfranken. Aus dem Ostfrankenreich wird das Deutsche Reich, aus dem Westfrankenreich Frankreich

2. TZ: Otto I. wird zum König gewählt.

Informationsblatt 2/ gemeinsames Erlesen — S: Im Jahr 936 wird Otto, der Sohn des Sachsenkönigs Heinrich, zum König gekrönt

III. **Vertiefung:**

Gesamtwiederholung

IV. **Sicherung:**

Eintrag AB

V. **Ausweitung:**

Impuls — L: Wie Karl dem Großen wird König Otto eine besondere Ehre zuteil.

S: Er erhält auch den Beinamen „der Große".

Das Reich Karls des Großen zerfällt

Knapp dreißig Jahre waren nach dem Tod Karls des Großen vergangen, als seine drei Enkel das Großreich in drei Teile aufteilten. Im Vertrag von Verdun (843) bekam Karl der Kahle das Westfrankenreich, Ludwig der Deutsche erhielt das Ostfrankenreich und Lothar das Mittelreich mit Italien dazwischen. Im Jahr 870 wurde dann Lotharingien noch einmal aufgeteilt: nun gab es nur noch zwei große Reiche: Ostfranken und Westfranken.

Aus dem ostfränkischen Reich entwickelte sich das Deutsche Reich, aus dem westfränkischen das heutige Frankreich. In beiden Reichen entstanden neue Sprachen, die sich bis heute erhalten haben: deutsch und französisch.

Für Deutsche und Franzosen ist Karl der Große der Stammvater; sein Reich war der gemeinsame Beginn für beide Länder.

Die Teilung des Karolingerreichs

Otto I.[1] wird zum König gewählt

Während der Regierungszeit Karls des Großen blieben die Herzöge machtpolitisch ohne Bedeutung. Die Teilung des Reiches unter den drei Enkeln Karl, Ludwig und Lothar führte jedoch zu einem zunehmenden Einfluss der Stammesherzöge von Bayern, Schwaben, Franken und Sachsen.

Nach dem Tod des letzten Karolingers[2] wählten die mächtigsten Herzöge des ostfränkischen Reiches im Jahr 911 Konrad zum deutschen König.

Mit seinem Einverständnis wurde nach seinem Tod der mächtige Sachsenkönig Heinrich zu seinem Nachfolger bestimmt. Im Jahr 936 wählten dann die Herzöge in Aachen seinen Sohn Otto zum König des Ostfrankenreiches.

Wie Karl erhielt auch er später den Beinamen „der Große".

[1] **Otto I.** (912–973): Otto I. war Herzog von Sachsen, ab 936 König des Ostfrankenreichs und ab 962 Kaiser des Heiligen Römischen Reiches.

[2] **Die Karolinger** stehen für ein Herrschergeschlecht der Franken, das ab 751 die Königswürde innehatte. Der berühmteste Vertreter war Karl der Große.

Reiterstandbild von Otto I.

Das Reich Karls des Großen wird aufgeteilt

Knapp 30 Jahre nach dem Tod Karls des Großen teilten seine drei Enkel das Großreich in drei Teile: Karl der Kahle bekam das ______________________________,

Ludwig der Deutsche erhielt das ______________________________ und

Lothar das Mittelreich mit Italien: ____________________.

Im Jahr 870 wurde dann dieses Land noch einmal geteilt: nun gab es nur noch zwei große Reiche: ____________________ und ____________________.

Das Westfrankenreich entwickelte sich zum heutigen ____________________, das ostfränkische Reich zum ____________________.

Karl der Große gilt deshalb als der Stammvater der beiden Länder.

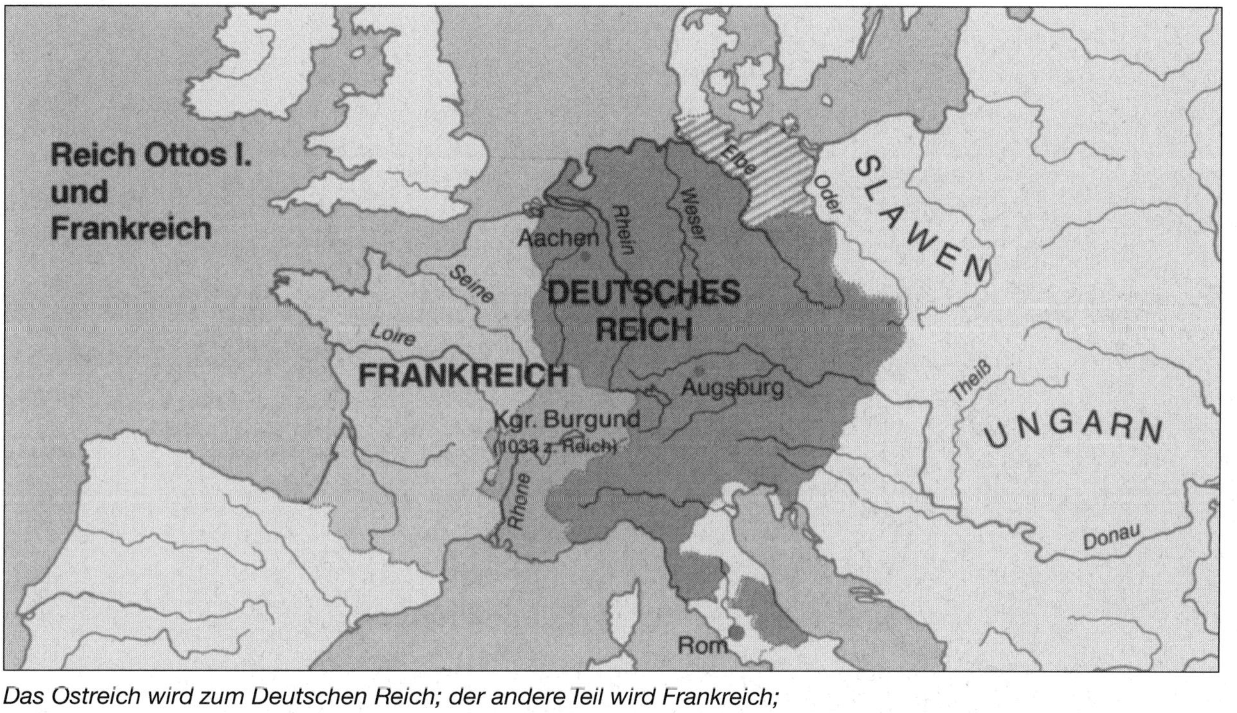

Das Ostreich wird zum Deutschen Reich; der andere Teil wird Frankreich; Lotharingen wird unter den beiden Großreichen aufgeteilt.

Mit der Reichsteilung vergrößerten die Stammesherzöge von Bayern, Schwaben, Franken und Sachsen ihre Macht. Nach dem Tod des mächtigen Sachsenkönigs Heinrich wählten die Herzöge im Jahr __________ in Aachen dessen Sohn __________ zum König. Sein Vorbild war Karl der Große. Wie dieser erhielt auch er später den Beinamen „____________________“.

Das Reich Karls des Großen wird aufgeteilt

Knapp 30 Jahre nach dem Tod Karls des Großen teilten seine drei Enkel das Großreich in drei Teile: Karl der Kahle bekam das *Westfrankenreich*, Ludwig der Deutsche erhielt das *Ostfrankenreich* und Lothar das Mittelreich mit Italien: *Lotharingien*.

Im Jahr 870 wurde dann dieses Land noch einmal geteilt: nun gab es nur noch zwei große Reiche: *Ostfranken* und *Westfranken*.

Das Westfrankenreich entwickelte sich zum heutigen *Frankreich*, das ostfränkische Reich zum *Deutschen Reich*.

Karl der Große gilt deshalb als der Stammvater der beiden Länder.

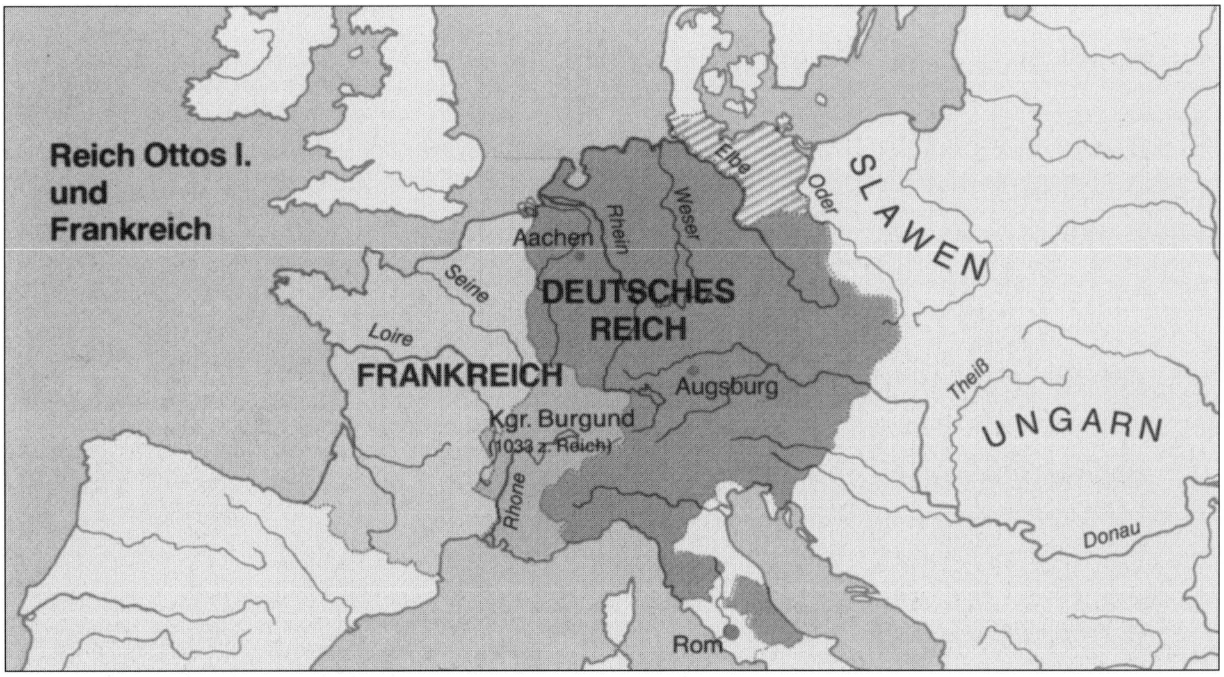

Das Ostreich wird zum Deutschen Reich; der andere Teil wird Frankreich; Lotharingen wird unter den beiden Großreichen aufgeteilt.

Mit der Reichsteilung vergrößerten die Stammesherzöge von Bayern, Schwaben, Franken und Sachsen ihre Macht. Nach dem Tod des mächtigen Sachsenkönigs Heinrich wählten die Herzöge im Jahr *936* in Aachen dessen Sohn *Otto* zum König. Sein Vorbild war Karl der Große. Wie dieser erhielt auch er später den Beinamen *„der Große“*.

THEMA

Otto der Große wird zum Kaiser gekrönt

LERNZIELE

Bewusst machen, dass sich Otto der Große als Nachfolger Karls der Großen verstand.

Erkennen, dass Otto der Große zum mächtigsten der europäischen Könige wurde.

Erfahren, dass Otto zum Dank für seine Hilfe vom Papst im Jahr 962 zum Kaiser gekrönt wurde.

Bewusst machen, dass der Kaiser als Schutzherr der Christenheit überall zur Hilfe verpflichtet war, wo ein christliches Land in Gefahr war.

Erkennen, dass durch die Gewährung dieses Schutzes der Kaiser entscheidende Rechte erhielt.

Bewusst machen, dass der Kaiser großen Einfluss auf die abendländische Kirche hatte.

ARBEITSMITTEL / MEDIEN / LITERATURHINWEISE

Folie 1 (Kaiser Otto I. und seine Gemahlin), Folie 2 (Deutsche Kaiserkrone),
1 Informationsblatt, 1 Arbeitsblatt

Zusatz: 46 59491 „Otto und das Reich“ (70 min)

TAFELBILD / FOLIEN

Kaiser Otto I. und seine Gemahlin

Deutsche Kaiserkrone (befindet sich heute in der Wiener Hofburg)

I. **Hinführung:**

Folie 1 (Kaiser Otto I. und seine Gemahlin)	S. betrachten das Gemälde.
Zielangabe	TA: **Otto der Große wird zum Kaiser gekrönt**

II. **Erarbeitung:**

1. TZ: Otto baut seine Vorrangstellung aus.

Informationsblatt 1/ EA/PA/GA-Auswertung LSG	S: Otto verstand sich als Nachfolger Karls des Großen – er setzt Familienmitglieder als Herzöge ein, macht Bischöfe und Äbte zu Reichsfürsten – er wird zum mächtigsten europäischen König

2. TZ: Kaiserkrönung

Informationsblatt 1/ EA/PA/GA-Auswertung LSG	S: Papst ruft Otto um Hilfe – dafür wird er 962 zum Kaiser gekrönt – „Heiliges Römisches Reich Deutscher Nation“ – Schutzherr über die Christenheit – Otto gewinnt entscheidende Rechte – der Kaiser hat großen Einfluss auf die abendländische Kirche

III. **Vertiefung:**

Gesamtwiederholung

IV. **Sicherung:**

Eintrag AB

V. **Ausweitung:**

Folie 2/Impuls	L: Mit dieser Krone wurde Otto I. … gekrönt …
	S: Kaiserkrone …

Otto der Große baut seine Vorrangstellung aus

Otto sah sich von Beginn an als Nachfolger Karls des Großen. Um sein Königtum gegenüber den Stammesherzögen zu sichern, setzte er Familienmitglieder, auf die er sich verlassen konnte, als Herzöge ein. Diese neuen Amtsherzöge waren unmittelbar ihm selbst verantwortlich. Anschließend übertrug er Bischöfen und Äbten das Amt eines Reichsfürsten. Diese hatten keine Erben und dienten Otto dem Großen noch zuverlässiger als seine Verwandten. So wurde Otto zum mächtigsten König in Europa.

Otto der Große wird zum Kaiser gekrönt

Wie schon Karl der Große wurde auch Otto der Große vom Papst in Rom um Hilfe im Kampf gegen seine Feinde gebeten. Gerne erfüllte Otto der Große diese Bitte, denn er war sich sicher, auf diese Weise den Titel eines römischen Kaisers erlangen zu können.

Im Jahr 962 erfüllte sich dieser Wunsch: Otto der Große wurde in Rom zum Kaiser gekrönt; das Reich Karls des Großen war wieder hergestellt. Später erhielt es den Namen „Heiliges Römisches Reich Deutscher Nation".

Nach seiner Kaiserkrönung versprach Otto der Große dem Papst, dass er mit seinem Heer jederzeit nach Italien ziehen würde, wenn der Papst um Hilfe bitten würde.

Aufgrund dieses Versprechens verbrachte Otto der Große von seinen letzten zwölf Lebensjahren etwa zehn in Italien. Er war als Schutzherr der gesamten Christenheit überall dort zur Hilfe verpflichtet, wo ein christliches Land in Gefahr geriet.

Dem Kaiser wurden für diese Hilfe entscheidende Rechte zugestanden. Ohne dass Otto der Große seine Zustimmung gab, konnte kein Papst gewählt und geweiht werden; Erzbistümer und Bistümer durften nur mit seiner Erlaubnis besetzt werden. Der Kaiser hatte sich einen großen Einfluss auf die ganze abendländische Kirche gesichert.

Über die Krönung König Ottos I. zu Aachen im Jahre 936 schreibt der Mönch Widukind aus dem sächsischen Kloster Corvery:

„Als Ort der allgemeinen Wahlhandlung wurde Aachen festgelegt. [...] Der Erzbischof schritt mit dem König, der nach fränkischer Art ein eng anliegendes Gewand trug, hinter den Altar, auf dem die königlichen Insignien lagen, das Schwert mit dem Wehrgehänge, der Mantel mit den Spangen, Stab, Zepter und Krone. [...] Nun überreichte er dem König die Insignien und sprach dazu: Empfange dieses Schwert, mit dem du alle Feinde Christi austreiben sollst, die Heiden und die schlechten Christen; denn dir gehört durch Gottes Willen die Macht im gesamten Reich der Franken, damit allen Christen der Friede sicher sei.

Lass dich durch diesen lang herabwallenden Mantel ermahnen, dich für den Glauben einzusetzen und bis zu deinem Tod Schützer des Friedens zu bleiben.

Lass dich durch dieses Zepter und diesen Stab mahnen, deine Untertanen wie ein Vater in Zucht zu halten; reiche vor allem den Dienern Gottes und den Witwen und Waisen deine Hand voll Mitleid. [...]

Nach der feierlichen Messe begab sich der König in den Palast und er nahm mit den Erzbischöfen und dem ganzen Volk an einer königlich geschmückten Marmortafel Platz; die Herzöge aber leisteten bei Tische die Ehrendienste."

GESCHICHTE	NAME: ____________	KLASSE: ____	DATUM: ________	NR. ____

Otto der Große wird zum Kaiser gekrönt

Wie Karl der Große wurde auch Otto der Große vom ____________ um Hilfe und Schutz gegen seine Feinde nach Rom gerufen.

Otto zog mit einem starken Heer über den Brennerpass nach Süden und besiegte Berengar, einen Langobardenkönig[1]. Zum Dank für diese Hilfe wurde Otto der Große im Jahr ______ zum Kaiser gekrönt. Somit war das Reich Karls des Großen wieder hergestellt. Später erhielt es den Namen „____________________________________

__________". Der Kaiser war als Schutzherr der Christenheit überall dort zur ____________ verpflichtet, wo ein christliches Land in Gefahr war.

In diesem Zusammenhang erhielt der Kaiser entscheidende Rechte. In Rom konnte kein Papst gewählt und geweiht werden, ohne ______________________________.

Der Kaiser hatte einen großen Einfluss auf die gesamte abendländische ____________.

[1] **Langobarden:** Woher der Name dieses Volkes kommt, ist umstritten: Man geht davon aus, dass der Name von ihren langstieligen Streitäxten herrührt.

Deutsche Kaiserkrone

GESCHICHTE	NAME: ____________	KLASSE: ____	DATUM: ________	NR. ____

Otto der Große wird zum Kaiser gekrönt

Wie Karl der Große wurde auch Otto der Große vom *Papst* um Hilfe und Schutz gegen seine Feinde nach Rom gerufen.

Otto zog mit einem starken Heer über den Brennerpass nach Süden und besiegte Berengar, einen Langobardenkönig[1]. Zum Dank für diese Hilfe wurde Otto der Große im Jahr *962* zum Kaiser gekrönt. Somit war das Reich Karls des Großen wieder hergestellt. Später erhielt es den Namen *„Heiliges Römisches Reich Deutscher Nation"*. Der Kaiser war als Schutzherr der Christenheit überall dort zur *Hilfe* verpflichtet, wo ein christliches Land in Gefahr war.

In diesem Zusammenhang erhielt der Kaiser entscheidende Rechte. In Rom konnte kein Papst gewählt und geweiht werden, ohne *dass der Kaiser zustimmte*.

Der Kaiser hatte einen großen Einfluss auf die gesamte abendländische *Kirche*.

[1] **Langobarden:** Woher der Name dieses Volkes kommt, ist umstritten: Man geht davon aus, dass der Name von ihren langstieligen Streitäxten herrührt.

Deutsche Kaiserkrone

THEMA

Otto der Große dehnt seine Macht aus

LERNZIELE

Erkennen, dass die Ungarn auf ihren Raubzügen Süddeutschland zerstörten.

Erfahren, dass Otto der Große im Jahr 955 der belagerten Stadt Augsburg zu Hilfe kam und in der Schlacht auf dem Lechfeld die Ungarn besiegte.

Bewusst machen, dass damit die Gefahr, die von Ungarn ausging, für Europa gebannt war.

Bewusst machen, dass Otto der Große mit diesem Sieg Macht und Autorität vermehrte.

Erkennen, dass Otto der Große anschließend sein Reich nach Osten und Norden ausdehnte.

Bewusst machen, dass in Polen mächtige Bistümer gegründet wurden.

Erkennen, dass der deutsche Kaiser seine Ostpolitik immer mit der Christianisierung der unterworfenen Völker verband.

Bewusst machen, dass zwischen Polen und Deutschen wichtige Handels- und Kulturbeziehungen entstanden.

ARBEITSMITTEL / MEDIEN / LITERATURHINWEISE

Folie 1 (Ausdehnung des Reiches unter Otto I.), 2 Informationsblätter, 1 Arbeitsblatt

Zusatz: 46 59491 „Otto und das Reich“ (70 min)

TAFELBILD / FOLIEN

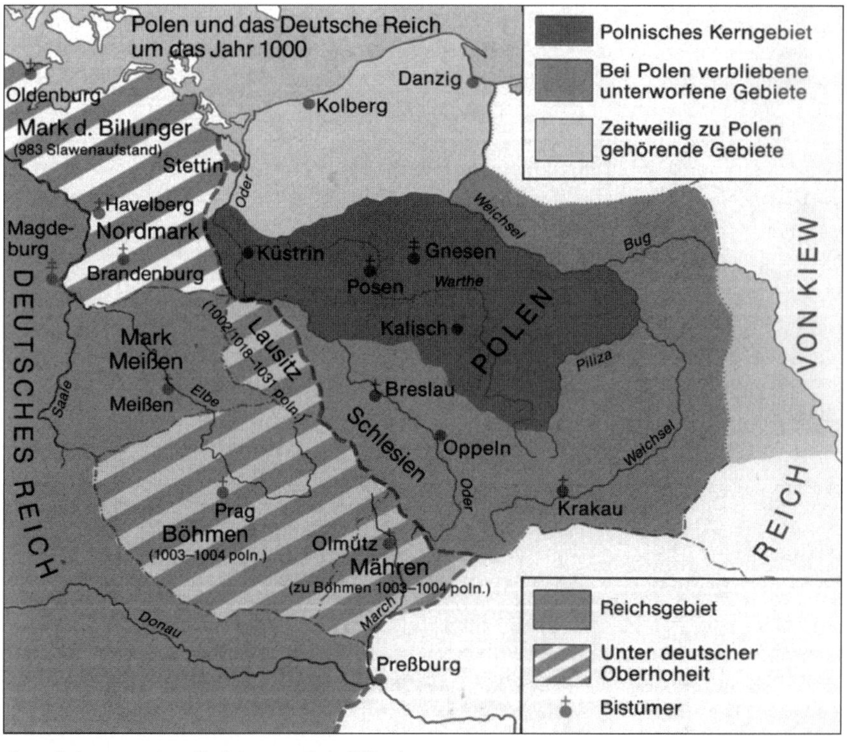

Ausdehnung des Reiches unter Otto I.

I. **Hinführung:**

Folie 1 (Ausdehnung des Reiches unter Otto I.) — S. werten die Karte aus.

Zielangabe — TA: **Otto der Große dehnt seine Macht aus**

II. **Erarbeitung:**

1. TZ: Otto der Große besiegt die Ungarn.

Informationsblatt 1/ EA/PA/GA-Auswertung LSG — S: Die Ungarn überfallen jahrelang Süddeutschland – Belagerung der Stadt Augsburg – Otto eilt zu Hilfe – Schlacht auf dem Lechfeld – mit dem Sieg gegen die Ungarn (955) baut Otto seine Macht aus

2. TZ: Ausdehnung des Reiches

Informationsblatt 2/ EA/PA/GA-Auswertung LSG — S: Otto der Große unterwirft die slawischen Stämme – christliche Missionare in Polen – Christianisierung der unterworfenen Völker

III. **Vertiefung:**

Gesamtwiederholung

IV. **Sicherung:**

Eintrag AB

IV. **Ausweitung:**

Informationsblatt 2/Impuls — L: Zwischen Deutschen und Polen entstehen enge Beziehungen.

S: Warenaustausch – Handelsbeziehungen – Klöster als Vorbild für Landwirtschaft, Handwerk und Baukunst

Otto der Große besiegt die Ungarn

Am Ende des 9. Jahrhunderts lebte im Osten des Frankenreichs das Volk der Ungarn. Mehr als dreißigmal wurden in den ersten 50 Jahren des folgenden Jahrhunderts ostfränkische Gebiete von den Ungarn überfallen, wobei ganze Städte, Dörfer und Klöster zerstört wurden. Als „Feinde Gottes und der Menschen“ verbreiteten die Ungarn Angst und Schrecken.

Im Jahr 954 fielen die Ungarn wieder in Bayern ein, verwüsteten das Land, plünderten es aus und belagerten die Stadt Augsburg. Hier trafen sie aber auf großen Widerstand. Bischof Ulrich setzte sich mit seinen Rittern solange erfolgreich zur Wehr, bis Otto der Große ihm mit dem Reichsheer zu Hilfe eilte. In der Nähe von Augsburg, auf dem sogenannten „Lechfeld“, wurde dann das zahlenmäßig überlegene Heer der Ungarn im Jahr 955 vernichtend geschlagen.

Mit diesem Sieg über das kriegerische Reitervolk der Ungarn wuchs das Ansehen Ottos des Großen sehr stark; er konnte seine Macht gegenüber den Herzögen festigen und seine Autorität unter den europäischen Königen ausbauen. Für das gesamte Abendland war der Ausgang der Schlacht entscheidend, denn dadurch wurde Europa endgültig von der Gefahr, die von den Ungarn ausgegangen war, befreit. Die Ungarn zogen sich nach dieser Niederlage nach Osten zurück und wurden im Donaugebiet sesshaft. Um das Jahr 1000 wurden sie zum Christentum bekehrt.

Ein ganz neuer Abschnitt in der deutschen Geschichte hatte begonnen: Zum ersten Mal hatten alle deutschen Stämme gemeinsam gegen einen Feind des Reiches gekämpft.

Otto der Große dehnt sein Reich nach Osten und Norden aus

Ottos nächstes Ziel war, die slawischen Stämme im Osten des Reiches zu unterwerfen. Dabei waren der Sieg über die Ungarn und die Sicherung der Grenze im Südosten des Reiches eine wichtige Voraussetzung. Im Jahr 955 gelang es ihm, die slawischen Stämme in sein Reich einzugliedern. Die besiegten Slawen[1] durften zwar ihren Grundbesitz behalten, mussten aber Tribut zahlen; herrenloses Gebiet ging unmittelbar in den Besitz des Königs über und wurde anschließend von Deutschen besiedelt.

Die deutschen Eroberer wurden von christlichen Missionaren begleitet. In Polen gründeten Kaiser und Papst mächtige Bistümer; das Erzbistum Magdeburg nahm dabei die führende Rolle ein. Als Schirmherr der Christenheit verband Otto der Große seine politischen Interessen immer mit der Christianisierung der besiegten Völker.

[1] **Die Slawen:** Das Ursprungsgebiet der Slawen konnte noch nicht gesichert werden.

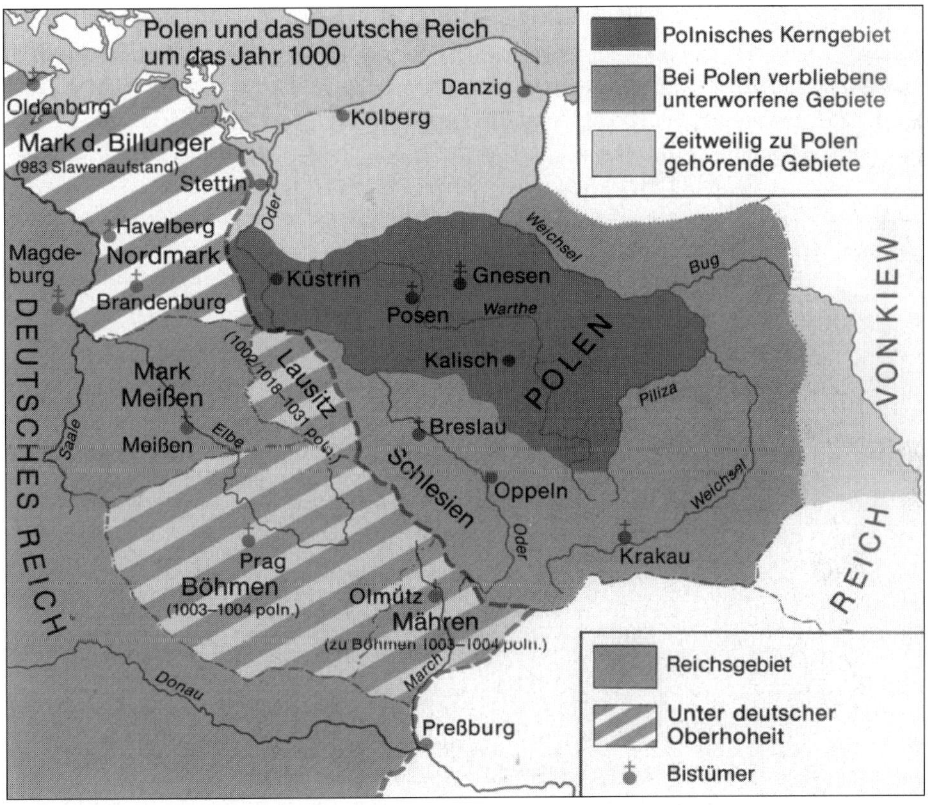

Ausdehnung des Reiches unter Otto I.

Zwischen Polen und Deutschen entstehen Handels- und Kulturbeziehungen

Zwischen dem Deutschen Reich und den Gebieten östlich der Reichsgrenze entstanden in der Folgezeit enge Handelsbeziehungen. Der Warenaustausch zwischen Polen und Deutschen wurde ausgeweitet; neben landwirtschaftlichen Produkten wurden Kupfer, Eisenerz, Blei und Salz nach Westen ausgeführt.

Missionare und Priester wiederum halfen mit ihren Kenntnissen, die Kultur des Landes weiter auszubauen. Die neuen Klöster wurden zu Vorbildern für Landwirtschaft, Handwerk und Baukunst.

Otto der Große dehnt seine Macht aus

Ein wichtiges Ereignis, durch das Otto der Große seine Macht ausdehnte, war der Sieg gegen die __________ im Jahr 955. Dieses Reitervolk war, nachdem es schon viele Male durch Raubzüge Teile Süddeutschlands zerstört hatte, im Jahr 964 wieder in Bayern eingefallen und belagerte die Stadt __________.

Bischof __________ leistete mit seinen Rittern erfolgreichen Widerstand, bis Otto der Große eingreifen konnte. In der Nähe von Augsburg wurden die Ungarn in der Schlacht auf dem __________ vernichtend geschlagen.

Diese Schlacht befreite Europa von der Gefahr, die von Ungarn ausging, und stärkte die Macht Ottos des Großen gegenüber den Herzögen und vergrößerte seine Autorität unter den europäischen Königen.

Noch im selben Jahr unterwarf der deutsche Kaiser die __________ Stämme bis zur Oder. Die besiegten Slawen mussten __________ bezahlen, herrenlose Gebiete gingen in den Besitz des __________ über.

In __________ wurden mächtige Bistümer gegründet. Als Schirmherr der Christenheit verband der deutsche Kaiser seine Ostpolitik immer mit der __________ der unterworfenen Völker.

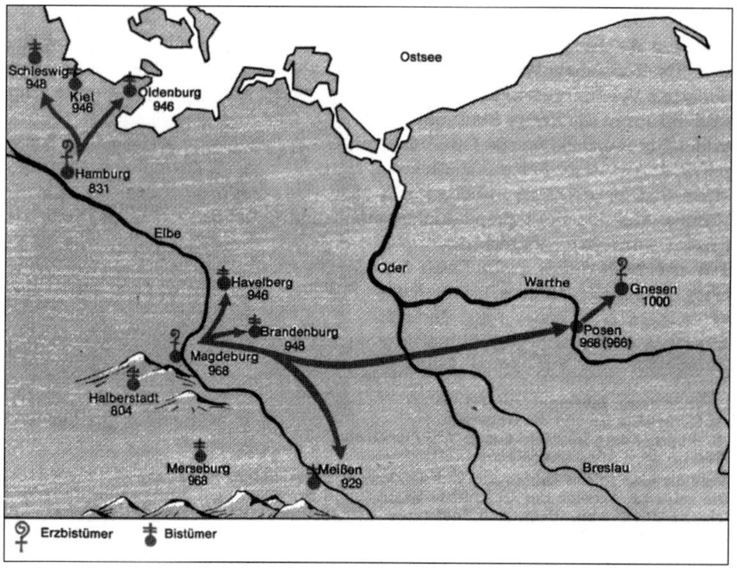

GESCHICHTE	NAME: ______________	KLASSE: _____	DATUM: __________	NR. ____

Otto der Große dehnt seine Macht aus

Ein wichtiges Ereignis, durch das Otto der Große seine Macht ausdehnte, war der Sieg gegen die *Ungarn* im Jahr 955. Dieses Reitervolk war, nachdem es schon viele Male durch Raubzüge Teile Süddeutschlands zerstört hatte, im Jahr 964 wieder in Bayern eingefallen und belagerte die Stadt *Augsburg*.

Bischof *Ulrich* leistete mit seinen Rittern erfolgreichen Widerstand, bis Otto der Große eingreifen konnte. In der Nähe von Augsburg wurden die Ungarn in der Schlacht auf dem *Lechfeld* vernichtend geschlagen.

Diese Schlacht befreite Europa von der Gefahr, die von Ungarn ausging, und stärkte die Macht Ottos des Großen gegenüber den Herzögen und vergrößerte seine Autorität unter den europäischen Königen.

Noch im selben Jahr unterwarf der deutsche Kaiser die *slawischen* Stämme bis zur Oder. Die besiegten Slawen mussten *Tribut* bezahlen, herrenlose Gebiete gingen in den Besitz des *Kaisers* über.

In *Polen* wurden mächtige Bistümer gegründet. Als Schirmherr der Christenheit verband der deutsche Kaiser seine Ostpolitik immer mit der *Christianisierung* der unterworfenen Völker.

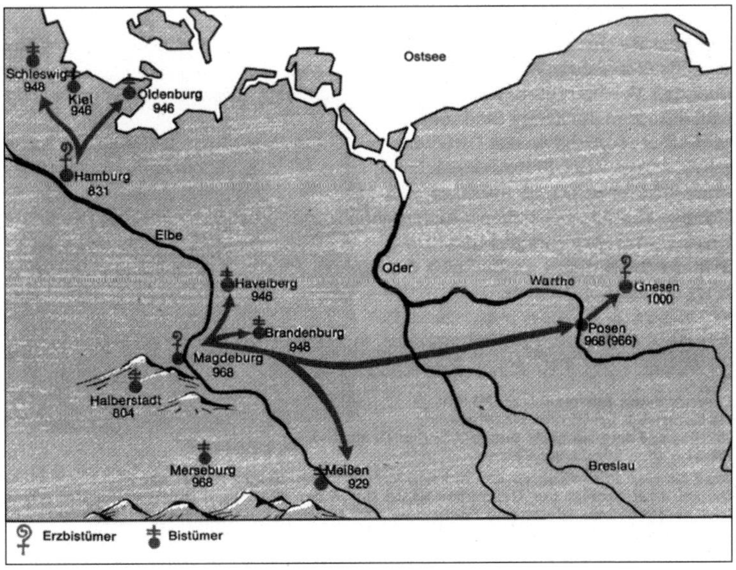

THEMA

Das Lehenswesen – Grundlage der mittelalterlichen Herrschaftsordnung

LERNZIELE

Erkennen, dass der König für seine Kriege die Unterstützung seiner Grafen und Bischöfe benötigte.

Erfahren, dass der König die Entlohnung in Form von Lehen erteilte.

Bewusst machen, dass ein Lehen „geliehenes Land“ bedeutet.

Den Treue-Eid, den sich Lehensherr und Vasall schworen, kennenlernen.

Erkennen, dass Herren und Vasallen eine Lehnspyramide bildeten.

Die Funktion der Lehnspyramide erläutern können.

Die Erblichkeit der Lehen in ihrer Bedeutung erfassen.

ARBEITSMITTEL / MEDIEN / LITERATURHINWEISE

Folie 1 (Aus dem Sachsenspiegel), 2 Informationsblätter, 1 Arbeitsblatt

TAFELBILD / FOLIEN

Aus dem Sachsenspiegel (bedeutendes Rechtsbuch des Mittelalters): Der König belehnt einen Kronvasallen. Dieser gibt einen Teil des Lehens an einen Untervasallen weiter.

I.	**Hinführung:**	
	Folie 1 (Aus dem Sachsenspiegel)	S. erschließen sich die Bedeutung des Bildes.
	Zielangabe	TA: **Das Lehenswesen – Grundlage der mittelalterlichen Herrschaftsordnung**
II.	**Erarbeitung:**	
	1. TZ: Das Lehenswesen	
	Informationsblatt 1/ EA/PA/GA-Auswertung LSG	S: Der König braucht militärische Unterstützung – Hilfe durch Grafen und Bischöfe – Entlohnung durch Lehen – Treue-Eid
	2. TZ: Lehnspyramide	
	Informationsblatt 2/ EA/PA/GA-Auswertung LSG	S: König gibt Lehen an Kronvasall – Kronvasall gibt Lehen an Untervasall – Treue-Eid für den jeweiligen Lehnsherrn – Erblichkeit der Lehen
III.	**Vertiefung:**	
	Gesamtwiederholung	
IV.	**Sicherung:**	
	Eintrag AB	
V.	**Ausweitung:**	
	Impuls	L: Die Erblichkeit der Lehen schwächte die Position des Königs.
		S: Der König konnte die Lehen, die anfangs noch zurückgegeben wurden, nicht mehr an treue Untertanen verleihen.

Das Lehenswesen – Grundlage der mittelalterlichen Herrschaftsordnung

Damit die Frankenkönige ihr Herrschaftsgebiet immer weiter ausbauen konnten, benötigten sie die militärische Unterstützung der Grafen, Bischöfe und Äbte.

Diese unterstützten die Feldzüge des Königs, indem sie Söldner zur Verfügung stellten. Belohnt wurden die Edelleute und Kirchenmänner durch Ländereien aus dem Besitz des Königs oder der eroberten Gebiete. Diese Ländereien wurden aber nicht deren Eigentum; sie wurden nur geliehen. Daher der Begriff „Lehen“.

Ein solches Lehen ermöglichte es z. B. einem Herzog, Einnahmen in der Größenordnung zu erzielen, um seinen eigenen Lebensunterhalt und die Ausrüstung und Verpflegung seines Heeres zu finanzieren. Dafür musste er das Lehen verwalten, Abgaben an den Königshof entrichten und dem König Soldaten für seine Feldzüge zur Verfügung stellen. Der Vasall, der das Lehen erhielt, schwor wie der Lehensmann auch, gegenseitige Treue und Schutz. Beide sprachen dabei den Treue-Eid: „Deine Feinde sind meine Feinde, deine Freunde sind meine Freunde. Ich will dir allzeit treu und gegenwärtig sein, wenn du mich brauchst.“

Der König übergibt einem Bischof und einer Äbtissin ein Zepterlehen (Kirchengut), den drei weltlichen Fürsten ein Fahnenlehen, das mit herzoglicher Amtsgewalt verbunden ist.

Herren und Vasallen bilden eine „Lehnspyramide“

Oberster Lehnsherr des Reiches war der König oder der Kaiser. Dieser verlieh Reichsland an den hohen Adel und kirchliche Würdenträger. Durch den Treue-Eid waren sie an die Person des Königs gebunden, sie gehörten zu den Kronvasallen.

Der Kronvasall konnte seine großen Verpflichtungen gegenüber seinem Lehnsherrn nur erfüllen, wenn er selbst über eine genügend große Gefolgschaft von Dienstmannen verfügte. Diese mussten jederzeit frei und ungebunden sein für den Heeresdienst.

Dafür gab der Kronvasall aus seinem Besitz oder aus seinem Lehen einen Teil leihweise an den niederen Adel, an Verwaltungsbeamte oder an Äbte kleinerer Klöster weiter.

Für diese Untervasallen galt der gleiche Treue-Eid ihrem Lehnsherrn gegenüber wie zwischen Kronvasall und König. Wenn der Kronvasall seinen Lehnseid gegenüber dem König brach, so war der Untervasall immer noch seinem unmittelbaren Lehnsherrn gegenüber verpflichtet – ja, er musste sogar mit ihm gegen den König zu Feld ziehen. Deshalb musste der König stets um das Wohlwollen seiner Kronvasallen besorgt sein.

Das mittelalterliche Lehenssystem: Bauern, einfache Priester und Kaufleute konnten kein Lehen erhalten.

Eine andere Schwierigkeit ergab sich für den obersten Lehnsherrn dadurch, dass die Lehen der Königsvasallen immer öfter vererbt wurden. Anfangs fielen die Lehen beim Tod des Vasallen immer an den Herrn zurück und der König konnte sie wieder an besonders treue Anhänger verleihen. Diese Möglichkeit bestand später nicht mehr.

Darstellung des Vorgangs des Lehnseids: Herr und Lehensmann legen die Hände ineinander und sprechen beide einen Eid (aus dem Sachsenspiegel)

GESCHICHTE	NAME: ____________	KLASSE: ____	DATUM: ________	NR. ____

Die Lehen – Grundlage der Herrschaftsordnung

Das Lehenswesen bildete die Grundlage der mittelalterlichen Herrschaftsordnung.

Wenn der König Krieg führte, benötigte er ______________ Unterstützung durch Grafen und Bischöfe, die ihre bewaffneten Untertanen dafür zur Verfügung stellten.

Die Entlohnung für diese Hilfe erfolgte durch ______________ aus dem Besitz des Königs oder den eroberten Gebieten.

Die Gefolgsleute erhielten jedoch das Landgut nicht als Eigentum, sondern nur als ______________, d. h. sie bekamen es für eine bestimmte Zeit ______________.

Ein solches Lehen ermöglichte den Gefolgsleuten, ihren Lebensunterhalt zu bestreiten und ihr Heer zu finanzieren. Der ______________ verpflichtete beide Seiten zur gegenseitigen Hilfe.

Herren und Vasallen bildeten eine „______________“.

Der Kaiser vergab Lehen an die ______________. Diese wiederum vergaben Lehen an die ______________.

Anfangs fielen die Lehen beim Tod des Kronvasallen immer an den König zurück.

Dies änderte sich aber im Laufe der Zeit und die Lehen wurden ______________.

Trage in die Lehnspyramide die fehlenden Begriffe ein!

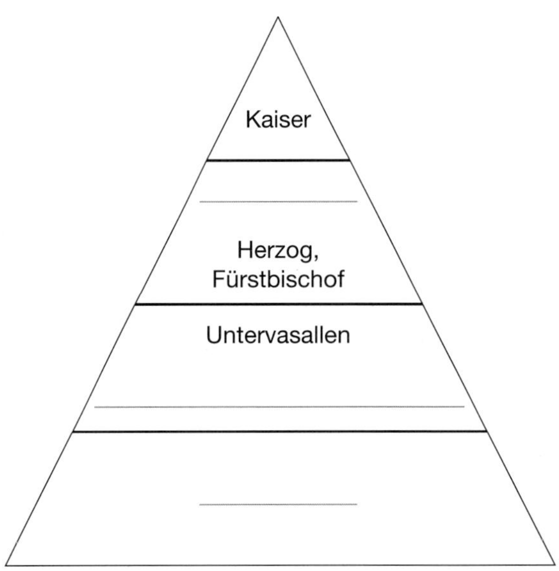

 NAME: ____ KLASSE: ____ DATUM: ____ NR. ____

Die Lehen – Grundlage der Herrschaftsordnung

Das Lehenswesen bildete die Grundlage der mittelalterlichen Herrschaftsordnung.

Wenn der König Krieg führte, benötigte er *militärische* Unterstützung durch Grafen und Bischöfe, die ihre bewaffneten Untertanen dafür zur Verfügung stellten.

Die Entlohnung für diese Hilfe erfolgte durch *Ländereien* aus dem Besitz des Königs oder den eroberten Gebieten.

Die Gefolgsleute erhielten jedoch das Landgut nicht als Eigentum, sondern nur als *Lehen*, d. h. sie bekamen es für eine bestimmte Zeit *geliehen*.

Ein solches Lehen ermöglichte den Gefolgsleuten, ihren Lebensunterhalt zu bestreiten und ihr Heer zu finanzieren. Der *Treue-Eid* verpflichtete beide Seiten zur gegenseitigen Hilfe.

Herren und Vasallen bildeten eine *„Lehnspyramide“*.

Der Kaiser vergab Lehen an die *Kronvasallen*. Diese wiederum vergaben Lehen an die *Untervasallen*.

Anfangs fielen die Lehen beim Tod des Kronvasallen immer an den König zurück.

Dies änderte sich aber im Laufe der Zeit und die Lehen wurden *vererbt*.

Trage in die Lehnspyramide die fehlenden Begriffe ein!

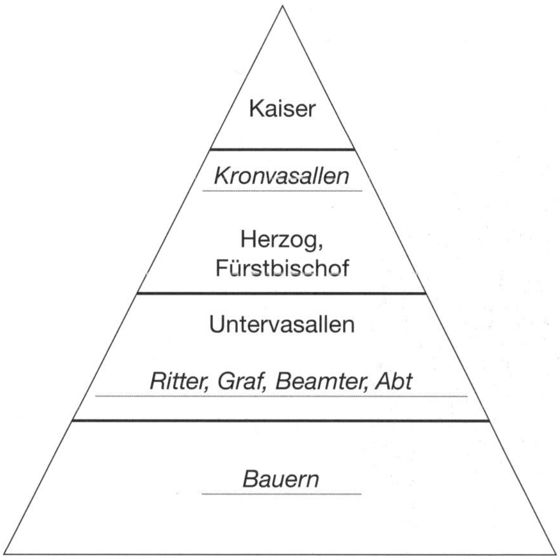

THEMA

Friedrich I. – Kaiser Barbarossa

LERNZIELE

Erfahren, dass Friedrich I. 1152 zum König gewählt wurde.

Erfahren, dass er als Schutzherr der Kirche dem Papst zu Hilfe eilte.

Erfahren, dass Friedrich I. im Jahr 1155 in Rom zum Kaiser gekrönt wurde.

Erkennen, dass Otto von Wittelsbach Kaiser Barbarossa in der Veroneser Klause aus einer gefährlichen Situation befreite.

Erfahren, dass Otto von Wittelsbach dafür später das Kernland des Herzogtums Bayern als Lehen bekam.

Heinrich den Löwen als großen Widersacher Kaiser Friedrichs kennenlernen.

Bewusst machen, dass Heinrich der Löwe dem Kaiser den Lehenseid verweigerte.

Erfahren, dass Heinrich der Löwe seine Herzogtümer Bayern und Sachsen verlor.

Erfahren, dass Kaiser Barbarossa während eines Kreuzzuges ums Leben kam.

ARBEITSMITTEL / MEDIEN / LITERATURHINWEISE

Folie 1 (Friedrich Barbarossa), 4 Informationsblätter, 1 Arbeitsblatt

Zusatz: 42 04960 „Die Zeit der frühen Staufer“ (30 min)

TAFELBILD / FOLIEN

Friedrich Barbarossa

I.	**Hinführung:**	
	Folie 1 (Friedrich Barbarossa)	S. betrachten das Gemälde.
	Zielangabe	TA: **Friedrich I. – Kaiser Barbarossa**
II.	**Erarbeitung:**	
	1. TZ: König Friedrich I.	
	Informationsblätter 1/2/ EA/PA/GA-Auswertung LSG	S: 1152 – Wahl zum König; Friedrich I. hilft dem Papst – Kaiserkrönung 1155 – Rettung bei der Veroneser Klause – Tod während eines Kreuzzuges im Jahr 1190
	2. TZ: Heinrich der Löwe	
	Informationsblätter 3/4/ EA/PA/GA-Auswertung LSG	S: Heinrich der Löwe herrscht über Bayern und Sachsen – bricht seinen Lehenseid – verliert beide Herzogtümer
III.	**Vertiefung:**	
	Impuls	L: Otto von Wittelsbach spielt eine wichtige Rolle.
		S: Er rettet Kaiser Barbarossa und erhält dafür später das Kernland des Herzogtums Bayern als Lehen.
IV.	**Sicherung:**	
	Eintrag AB	
V.	**Ausweitung:**	
	Impuls	L: Die Wittelsbacher in Bayern …
		S: Dieses Herrscherhaus regierte bis 1917 das Land Bayern.

Friedrich I. Barbarossa

Im März 1152 wählten die Fürsten in Frankfurt Herzog Friedrich von Schwaben zum König. Zu seinen glänzenden Eigenschaften als Ritter gesellte sich ein strenges Rechtsgefühl. Wegen seines roten Bartes nannten ihn die Italiener „Barbarossa“.

Der Erwerb der Kaiserkrone und die Einigung Italiens unter deutscher Führung galten ihm als wichtige Aufgaben.

Im Verlauf von zwei Jahren schmiedete er das deutsche Reich wieder zusammen.

Dann zog er mit einem Ritterheer von über 1800 Mann über die Alpen. Im Frühsommer 1155 erreichte Friedrich Barbarossa die Stadt Rom. Dort hatten sich die Bürger gegen den Papst aufgelehnt. Als Schutzherr der Kirche leistete Friedrich I. dem Papst Beistand. Im Petersdom wurde er später zum Kaiser gekrönt.

Auf dem Weg zurück in die Heimat geriet Friedrich Barbarossa bei der „Veroneser Klause“ in einen Hinterhalt. Otto von Wittelsbach, Führer der kaiserlichen Leibwache, befreite ihn aus der nahezu aussichtlosen Lage. Der Weg in die Heimat war frei.

Kaiser Friedrich Barbarossa küsst Papst Alexander III. den Fuß. (Federico Zuccari 1583/1603)

Otto von Wittelsbach wird Herzog von Bayern

Der Pfalzgraf Otto von Wittelsbach genoss nach dieser Rettungsaktion das besondere Vertrauen des Kaisers. Friedrich Barbarossa gab Otto von Wittelsbach das Herzogtum Bayern als Lehen.

Die Wittelsbacher waren ein sehr altes und reiches, aber kein mächtiges Geschlecht in Bayern. Von 1180 an erweiterten nun die Wittelsbacher zielstrebig ihren Machtbereich. Bis 1918, als der letzte bayerische König abdanken musste, regierte dieses Herrscherhaus.

Barbarossas Kreuzzug und Tod

Als der Sultan Saladin 1187 Jerusalem und die übrigen heiligen Stätten in Palästina erobert hatte, entstand in ganz Europa eine neue Kreuzzugsbewegung, mit der Jerusalem von den Muslimen befreit werden sollte.

Der Kaiser stellte sich an ihre Spitze. Als Haupt der Christenheit fühlte er sich verpflichtet, sein Schwert gegen die Ungläubigen zu führen.

Im Jahr 1189 sammelte sich das Kreuzfahrerheer in Regensburg. Die Ritter wollten auf dem Landweg das heilige Land erreichen. Unter schweren Kämpfen hatten sie schon Kleinasien durchquert, als der Kaiser am 10. Juni 1190 bei einem Bad im Fluss Saleph den Tod fand.

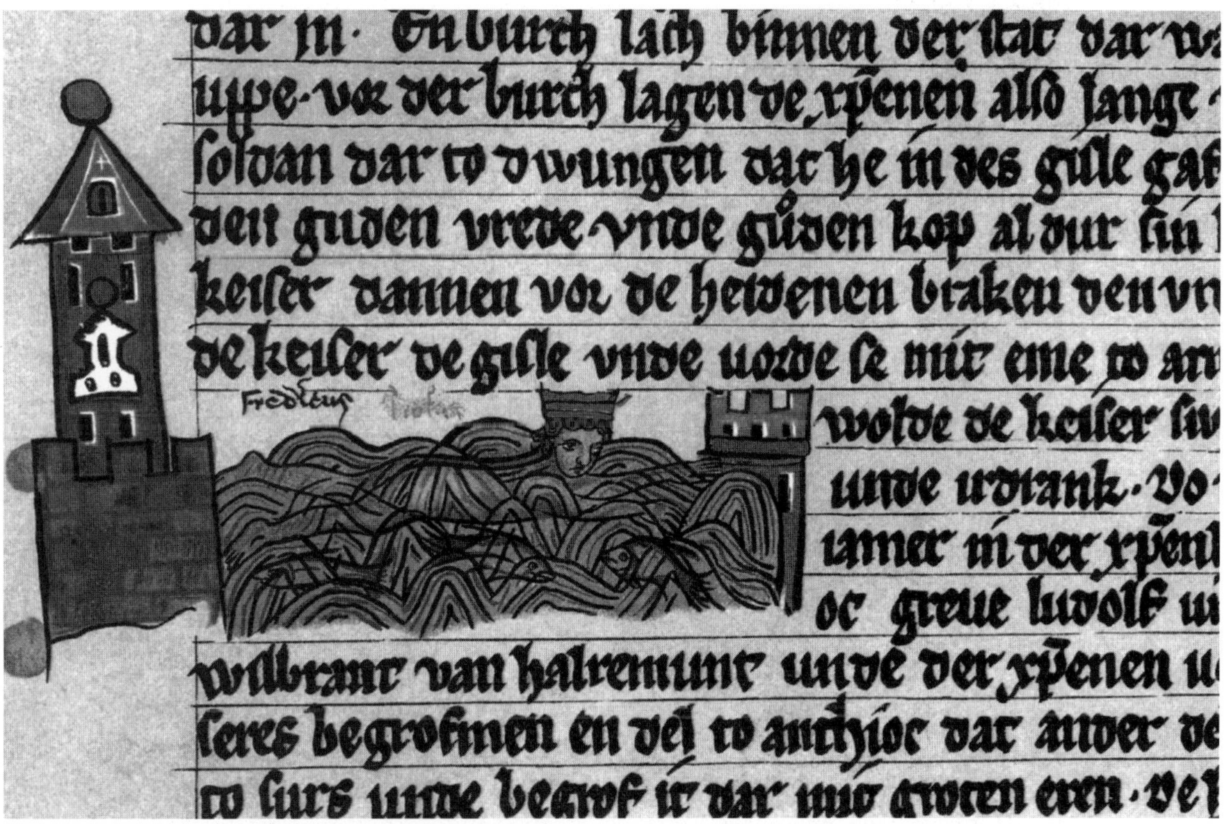

Aus der Sachsenchronik: Tod Friedrich Barbarossas

Heinrich der Löwe bricht seinen Lehenseid

Im 12. Jahrhundert übten die deutschen Herzöge eine große Macht aus. Der mächtigste Mann nach Kaiser Friedrich Barbarossa (1152–1190) war der Welfenkönig Heinrich der Löwe. In seinen Herzogtümern Bayern und Sachsen herrschte er wie ein König, erweiterte sein Land bis zur Ostsee und gründete Städte und Bistümer. Kaiser Friedrich Barbarossa musste immer wieder Klagen anderer Fürsten über Heinrich schlichten.

Auch im Streit zwischen Heinrich dem Löwen und dem Bischof von Freising entschied der Kaiser zugunsten des Herzogs. Als aber der Kaiser wieder einmal seine Rechte in Oberitalien mit Waffengewalt verteidigen musste, kam es zum Bruch zwischen ihm und dem selbstherrlichen Herzog. Heinrich der Löwe verweigerte seinem Lehensherrn, dem Kaiser, die Heerfolge. Er ließ Friedrich Barbarossa ausrichten, dass er sein eigenes Heer im Osten seiner Herzogtümer brauche.

Kaiser Friedrich bat mit einem Fußfall um die Unterstützung Heinrichs des Löwen gegen die oberitalienischen Städte Verona, Bologna, Venedig, Genua, Mailand. Doch der Welfe[1] verweigerte die Hilfe.

Nach diesem Treuebruch wurde Heinrich vor dem Reichstag angeklagt. Er verlor beide Herzogtümer und zudem wurde die Reichsacht[2] über ihn verhängt. Heinrich musste deshalb nach England fliehen. Das Kernland des Herzogtums Bayern ging als Lehen an Otto von Wittelsbach.

Am 11. November 1181 bestätigten die Fürsten nochmals das Urteil und nun musste Heinrich der Löwe auf den Knien vor Kaiser Barbarossa Abbitte leisten.

[1] **Welfen:** fränkisches Adelsgeschlecht

[2] **Reichsacht:** Ächtung, die vom König bzw. Kaiser verhängt werden konnte; Betroffene mussten das gesamte Gebiet des Heiligen Römischen Reiches Deutscher Nation meiden.

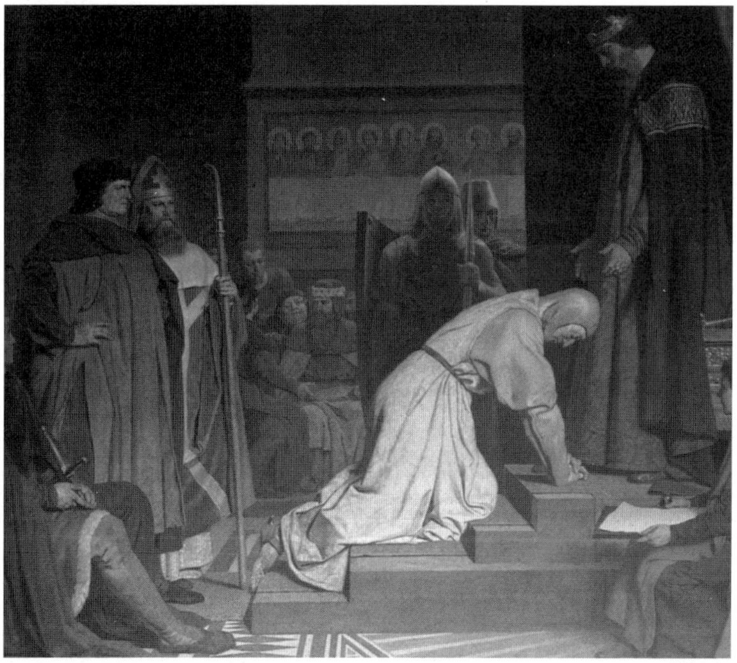

Heinrich der Löwe bittet auf den Knien Kaiser Barbarossa um Vergebung.

Hier herrschte Barbarossa

Die Macht Friedrich Barbarossas reichte von der Nordsee bis zum Mittelmeer, von der Maas bis zur Elbe. Grau unterlegt die beiden welfischen Herzogtümer Sachsen und Bayern, zu dem bis 1180 auch die Steiermark gehörte.

Eingetragen sind die wichtigsten Wirkungsstätten Heinrichs und Kaiser Friedrichs. Schwarz eingezeichnet ist die Handelsstraße von Frankfurt nach Leipzig, die Via Regia, die im Spätmittelalter an Bedeutung gewann.

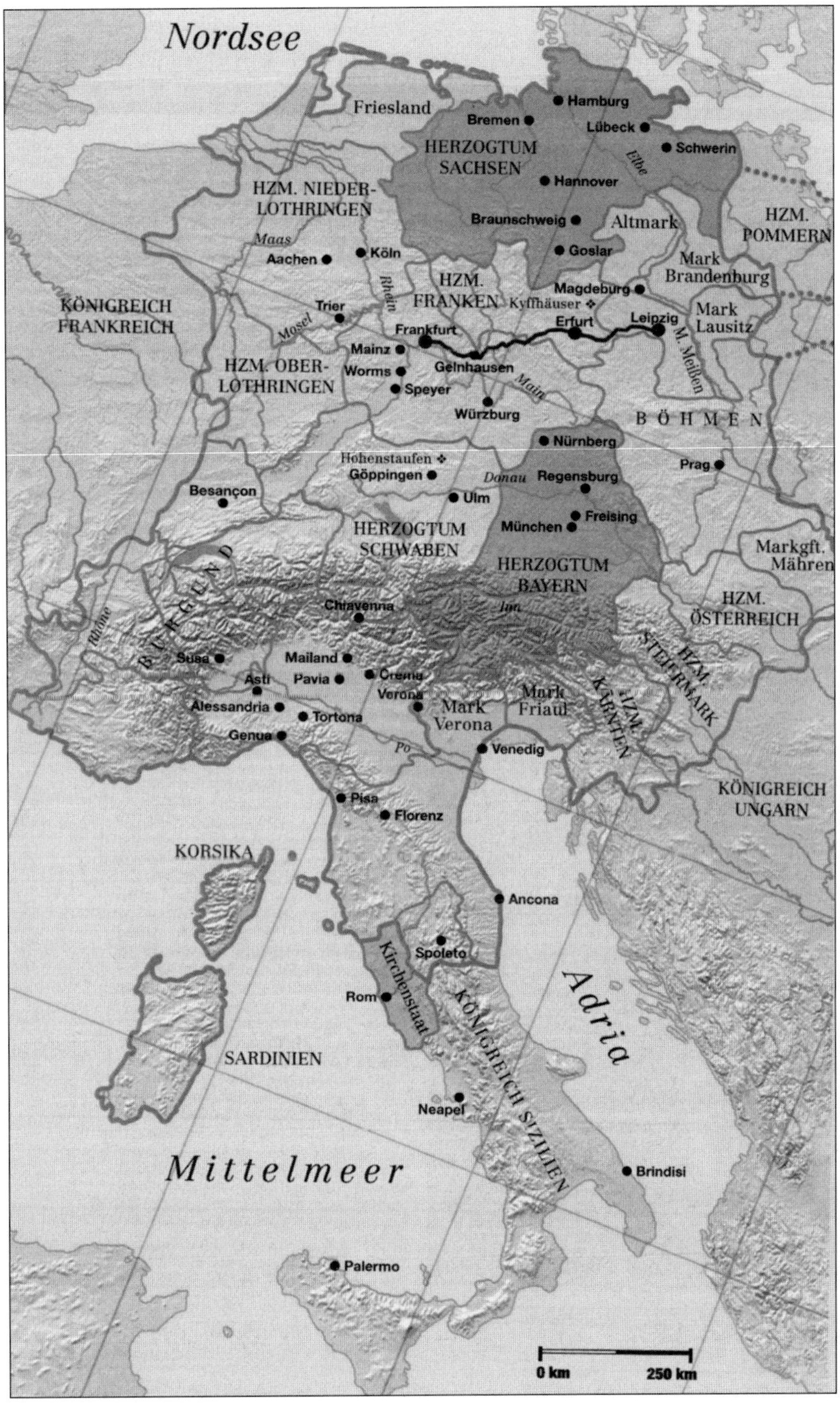

GESCHICHTE	NAME: ______________	KLASSE: ____	DATUM: __________	NR. ____

Friedrich I – Kaiser Barbarossa

Das Kyffhäuser-Denkmal zeigt Friedrich Barbarossa.

Friedrich I. wird Kaiser

Im März 1152 wählten die Fürsten in Frankfurt den Herzog ______________________ zum König. Nachdem er im Jahr 1155 den Papst aus einer gefährlichen Lage gerettet hatte, wurde er im Petersdom zu Rom zum ______________ gekrönt.

Auf dem Weg zurück in die Heimat geriet Friedrich Barbarossa bei der ______________ ______________________ in einen Hinterhalt. Der Führer der kaiserlichen Leibwache, ______________________, befreite ihn aus der nahezu aussichtslosen Lage. Für diese Rettungsaktion wurde Otto von Wittelsbach später belohnt, indem er das Kernland des Herzogtums ________________ als Lehen erhielt.

Heinrich der Löwe

Einer der größten Widersacher Kaiser Friedrichs war ________________________.

Als dieser dem Kaiser gegenüber seinen Lehenseid brach, wurde er vor dem Reichstag angeklagt und verlor anschließend seine Herzogtümer __________ und __________.

Der Fluss Saleph (heutige Türkei)

Der Tod Friedrichs I.

Kaiser Barbarossa nahm 1189 an einem Kreuzzug teil. Die Kreuzfahrer sammelten sich in ________________ mit dem Ziel, ________________ von den Muslimen zu befreien. Nach schweren Kämpfen in Kleinasien fand Kaiser Friedrich I. bei einem Bad im Fluss Saleph (heute Türkei) im Jahr ________ den Tod.

GESCHICHTE	NAME: ____________	KLASSE: ____	DATUM: ________	NR. ____

Friedrich I – Kaiser Barbarossa

Das Kyffhäuser-Denkmal zeigt Friedrich Barbarossa.

Friedrich I. wird Kaiser

Im März 1152 wählten die Fürsten in Frankfurt den Herzog *Friedrich von Schwaben* zum König. Nachdem er im Jahr 1155 den Papst aus einer gefährlichen Lage gerettet hatte, wurde er im Petersdom zu Rom zum *Kaiser* gekrönt.

Auf dem Weg zurück in die Heimat geriet Friedrich Barbarossa bei der *Veroneser Klause* in einen Hinterhalt. Der Führer der kaiserlichen Leibwache, *Otto von Wittelsbach*, befreite ihn aus der nahezu aussichtslosen Lage. Für diese Rettungsaktion wurde Otto von Wittelsbach später belohnt, indem er das Kernland des Herzogtums *Bayern* als Lehen erhielt.

Heinrich der Löwe

Einer der größten Widersacher Kaiser Friedrichs war *Heinrich der Löwe*. Als dieser dem Kaiser gegenüber seinen Lehenseid brach, wurde er vor dem Reichstag angeklagt und verlor anschließend seine Herzogtümer *Bayern* und *Sachsen*.

Der Fluss Saleph (heutige Türkei)

Der Tod Friedrichs I.

Kaiser Barbarossa nahm 1189 an einem Kreuzzug teil. Die Kreuzfahrer sammelten sich in *Regensburg* mit dem Ziel, *Jerusalem* von den Muslimen zu befreien. Nach schweren Kämpfen in Kleinasien fand Kaiser Friedrich I. bei einem Bad im Fluss Saleph (heute Türkei) im Jahr *1190* den Tod.

THEMA

In welcher Weise ist der König im Mittelalter vom Adel abhängig?

LERNZIELE

Die Entwicklung der Königswahl im Mittelalter kennenlernen.

Den Inhalt der „Goldenen Bulle“ verstehen.

Erkennen, dass diese Urkunde zu den wichtigsten Schriften des Mittelalters zählt.

Bewusst machen, dass der Adel in verschiedener Weise an der mittelalterlichen Staatsgewalt beteiligt war.

ARBEITSMITTEL / MEDIEN / LITERATURHINWEISE

Folie 1 (Der König setzt die Fürsten ein.), Folie 2 (Die Goldene Bulle) 1 Informationsblatt, 1 Arbeitsblatt

TAFELBILD / FOLIEN

Der König setzt die Fürsten ein.

Die Goldene Bulle

I. **Hinführung:**

Folie 1 (Der König setzt die Fürsten ein.)

S. deuten das Bild.

Zielangabe

TA: **In welcher Weise ist der König im Mittelalter vom Adel abhängig?**

III. **Erarbeitung:**

Informationsblatt 1/EA/PA

1. Wie verändert sich im Laufe des Mittelalters die Königswahl?
2. Was besagt die „Goldene Bulle"?
3. In welcher Weise bestimmt der Adel in der Regierungsführung mit?

Auswertung LSG

zu 1.: Anfangs wählen die Stammesherzöge – dann entwickelt sich ein Erbrecht 12. Jh.: zehn Wahlmänner – 1356: Goldene Bulle – die sieben höchsten Fürsten wählen den König

zu 2.: Erzbischöfe zu Trier, Mainz und Köln, Pfalzgraf bei Rhein Herzog v. Sachsen, Markgraf von Brandenburg und König von Böhmen wählen den neuen König

III. **Vertiefung:**

Gesamtwiederholung

zu 3.: Als Berater, Mitglieder des Reichstags und Landesherrn sind sie an der Staatsgewalt beteiligt.

IV. **Sicherung:**

Eintrag AB

V. **Ausweitung:**

Folie 2/Goldene Bulle

Der König des Mittelalters teilt die Staatsgewalt mit dem hohen Adel

Im Mittelalter wurde das Verfahren zur Wahl des Königs mehrmals geändert. Zunächst wählten die Stammesherzöge den neuen König. Könige, die besonders mächtig waren, bestimmten dann schon zu Lebzeiten ihren Sohn als Nachfolger. Daraus entwickelte sich im Laufe der Zeit ein Erbrecht auf die Königswürde.

Im 12. Jahrhundert änderte sich das Verfahren. Nun wurde der König von je zehn Wahlmännern aus dem Stamm der Bayern, Franken, Schwaben und Sachsen gewählt. Somit war der König vom Wohlwollen der Wahlmänner abhängig und musste manchmal sogar um sein Königsrecht kämpfen.

Kaiser Karl IV. bestätigte im Jahr 1356, was seine Vorgänger schon bestimmt hatten:

Nur noch die sieben bedeutendsten Fürsten des Reiches waren berechtigt, den König zu wählen: die Erzbischöfe von Trier, Mainz und Köln, der Pfalzgraf zu Rhein, der Herzog von Sachsen, der Markgraf von Brandenburg und der König von Böhmen.

Die „Goldene Bulle“, wie dieses Dokument genannt wurde, war eine der wichtigsten Urkunden des Mittelalters; sie erhielt ihren Namen aufgrund der sieben goldenen Siegel, mit der jede der sieben Urkunden versehen war.

Die Kurfürsten und andere mächtige Fürsten waren ebenfalls an der mittelalterlichen Staatsgewalt beteiligt: als Berater, Mitglieder des Reichstags und als Landesherren.

Sie sorgten in ihren Fürstentümern für eine einheitliche Verwaltung, zogen Steuern ein, ernannten Beamte und überwachten die Einhaltung der Gesetze.

Karl IV. und die sieben Kurfürsten

GESCHICHTE	NAME: ____________	KLASSE: ____	DATUM: ________	NR. ____

Hohe Adelige wählen den König

Im Laufe des Mittelalters änderte sich mehrmals das Verfahren der ______________.

Anfangs wählten die ______________ den neuen König. Später allerdings

bestimmten besonders mächtige Könige ihren ______________ als Nachfolger.

Daraus entwickelte sich ein ______________ auf die Königswürde.

Im Jahr 1356 kam es zu einer Änderung, die unter dem Namen „______________

______________" als eine der wichtigsten Urkunden des ganzen Mittelalters bekannt wurde.

Darin wurde über die Königswahl neu bestimmt: Nur noch die ______________

höchsten Fürsten des Reiches waren berechtigt, den König zu wählen:

____

____

____.

Der König setzt die Fürsten ein.

GESCHICHTE NAME: ________ KLASSE: ____ DATUM: ________ NR. ____

Hohe Adelige wählen den König

Im Laufe des Mittelalters änderte sich mehrmals das Verfahren der *Königswahl*.

Anfangs wählten die *Stammesherzöge* den neuen König. Später allerdings bestimmten besonders mächtige Könige ihren *Sohn* als Nachfolger.

Daraus entwickelte sich ein *Erbrecht* auf die Königswürde.

Im Jahr 1356 kam es zu einer Änderung, die unter dem Namen *„Goldene Bulle“* als eine der wichtigsten Urkunden des ganzen Mittelalters bekannt wurde.

Darin wurde über die Königswahl neu bestimmt: Nur noch die *sieben* höchsten Fürsten des Reiches waren berechtigt, den König zu wählen:

die Erzbischöfe[1] von Trier, Mainz und Köln, der Pfalzgraf[2] zu Rhein, der Herzog von Sachsen, der Markgraf von Brandenburg und der König von Böhmen.

[1] **Erzbischof:** Bischof von hervorgehobener Stellung. Seit der Zeit der Karolinger wurden besonders angesehene Bischöfe zu Erzbischöfen ernannt.

[2] **Pfalzgraf:** Vertreter des Königs. Sie standen dem Hofgericht vor.

Der König setzt die Fürsten ein.

THEMA

Der Papst als Oberhaupt der Kirche

LERNZIELE

Erkennen, dass der Bischof von Rom schon frühzeitig eine dominierende Stellung innerhalb der Kirche eingenommen hat.

Gründe für diese hohe Rangstellung nennen können.

Die Rangordnung (Hierarchie) innerhalb der Kirche beschreiben können.

Bewusst machen, dass es zu Spannungen zwischen geistlicher und weltlicher Macht kam.

Die Entstehung dieses Konflikts beschreiben können.

Bewusst machen, dass sich die Auseinandersetzungen um die tatsächliche Vorherrschaft immer mehr zuspitzten.

ARBEITSMITTEL / MEDIEN / LITERATURHINWEISE

Folie 1 (Christus übergibt an Papst und Kaiser …), 2 Informationsblätter, 1 Arbeitsblatt

Zusatz: 46 59492 „Heinrich und der Papst“ (68 min)

TAFELBILD / FOLIEN

Christus übergibt an Papst und Kaiser verschiedene Symbole ihrer Gewalt.

I. **Hinführung:**

Folie 1 (Christus übergibt an Papst und Kaiser …)

S. beschreiben die weltlichen und kirchlichen Herrschaftssymbole.

Zielangabe

TA: **Der Papst als Oberhaupt der Kirche**

III. **Erarbeitung:**

AA/EA/PA – Info-Blätter 1/2

1. Welche Bedeutung hatte der Bischof von Rom?
2. Beschreibe die Rangordnung der Kirche im Mittelalter!
3. Wie kam es zu Spannungen zwischen kirchlicher und geistlicher Macht?

Auswertung/LSG

zu 1: Besondere Stellung – Sitz beim Grab des heiligen Petrus – großen Einfluss bei Glaubensfragen

zu 2: Papst – Bischöfe, Kardinäle, Äbte – Priester, Mönche

zu 3: Seit Otto dem Großen geriet das Papsttum zunehmend in Abhängigkeit vom Kaiser – römische Adelsfamilien und deutscher Kaiser bestimmten, wer Papst wurde – die Auseinandersetzungen um die tatsächliche Macht spitzten sich zu

III. **Vertiefung:**

Gesamtwiederholung

IV. **Sicherung:**

Eintrag AB

V. **Ausweitung:**

Impuls

L: Der Papst ist immer noch Oberhaupt der katholischen Kirche.

S: Benedikt XVI. ist derzeit Papst in Rom.

Der Papst als Oberhaupt der Christenheit

Der Papst ist geistliches Oberhaupt der Christenheit

Schon sehr frühzeitig war dem Bischof von Rom eine herausragende Stellung zugekommen, weil sich sein Bischofssitz beim Grab des heiligen Petrus befand. Christus hatte zu seinem Apostel Petrus gesagt, „Du sollst der Felsen sein, auf dem ich meine Kirche baue," und ihm den Auftrag gegeben, die ersten Christen zu führen. Schon die ersten Nachfolger von Petrus wurden als dessen Stellvertreter auf Erden angesehen. Sie trafen Entscheidungen in Glaubensfragen und führten den Vorsitz bei Versammlungen der Bischöfe. Seit dem 6. Jahrhundert wurde ihnen der Name „papa" zuerkannt, aus dem sich das Wort „Papst" ableitete.

Die Mitglieder der Kirche stehen in einer festen Rangordnung

Der Erzkaplan[1] sorgte im Frankenreich dafür, dass Bischöfe, Priester und Mönche ihre Ämter und Aufgaben zuverlässig erfüllten. In Deutschland hatte Bonifatius im Auftrag des Papstes Bistümer[2] gegründet, die von Bischöfen verwaltet wurden.

Mehrere dieser Bistümer wurden einem Erzbischof unterstellt, der über das kirchliche Leben in diesen Bistümern wachte.

Nur der Bischof durfte in seinem Bistum Priester weihen. Zweimal im Jahr berief der Bischof die Priester seiner Diözese[3] zu einer Versammlung ein. Er selbst besuchte die einzelnen Pfarreien seines Bistums und kümmerte sich darum, dass Priester und Ordensleute ihr Amt gewissenhaft ausübten.

Auf diese Weise war die Rangordnung (Hierarchie) innerhalb der Kirche klar festgelegt.

Rangordnung in der Kirche

[1] **Erzkaplan:** auch Erzkanzler genannt, stand der königlichen Hofkapelle (= Verwaltungseinheit: Hier sind alle am Königshof tätigen Geistlichen zusammengefasst) vor.

[2] **Bistum:** kirchlicher Verwaltungsbezirk.

[3] **Diözese:** anderes Wort für Bistum.

Spannungen zwischen geistlicher und weltlicher Macht

Seit der Kaiserkrönung Karls des Großen durch Papst Leo III. gab es ein Bündnis zwischen der geistlichen Macht des Papstes und der weltlichen Macht des Königs.

Nach der Kaiserkrönung Ottos des Großen aber wurde das Papsttum immer mehr vom Kaiser abhängig.

Otto der Große und seine Nachfolger haben mit ihrer Politik entscheidend dazu beigetragen, dass sich Bischöfe und Äbte im Laufe der Zeit mehr um weltliche Aufgaben als um ihre geistlichen Aufgaben kümmerten. Viele Bischöfe waren zugleich mächtige Fürsten, die sich mehr um ihre Belange und die Macht des Kaisers sorgten als um das Wohl der Gläubigen.

Viele Bischöfe und Äbte wurden vom Kaiser mit einem Amt bedacht, weil er ihnen großes Vertrauen entgegenbrachte. Manche Kirchenfürsten waren nicht einmal Priester und oft sorgten reiche Adelsfamilien mit viel Geld dafür, dass ihr Sohn einen Bischofsthron erhielt.

Wenn jemand bereit und in der Lage war, viel Geld zu investieren, konnte er auch Papst werden. Es war nicht genau festgelegt, wer eigentlich den Papst wählen durfte. So kam es, dass Familien des römischen Adels und deutsche Kaiser die Wahl des Papstes bestimmten. Zeitweise gab es sogar zwei und drei Päpste gleichzeitig.

Da die Päpste als weltliche Herrscher über den Vatikan auch Bündnisse mit anderen Herrschern geschlossen hatten, waren die Päpste auch immer in kriegerische Auseinandersetzungen verwickelt.

Einigkeit bestand nur darüber, dass die Macht von Kaiser und Papst gottgegeben war.

So spitzten sich allmählich die Auseinandersetzungen um die tatsächliche Vorherrschaft zu, bis zwei mächtige Persönlichkeiten aufeinanderprallten: König Heinrich IV.[1] und Papst Gregor VII.[2]

Papst Gregor VII. kämpfte um die Unabhängigkeit des Papsttums.

1 **König Heinrich IV. (1050–1106):** ab 1056 König; ab 1105 Kaiser des Heiligen Römischen Reiches. Vor allem druch seinen genialen Schachzug, dem Gang nach Canossa bekannt.

2 **Papst Gregor VII. (1020–1085):** war Papst von 1073–1085. Bedeutender Papst aufgrund seiner Kirchenreformen (Inhalt: Verhältnis weltliche/kirchliche Macht).

GESCHICHTE	NAME: __________	KLASSE: ____	DATUM: ________	NR. ____

Der Papst als Oberhaupt der Kirche

Dem Bischof von __________ war in der Christenheit schon frühzeitig eine besondere Stellung zugekommen, da sein Bischofssitz beim Grab des heiligen __________ war. Schon die ersten Nachfolger im Bischofsamt wurden als dessen Stellvertreter auf Erden gesehen. Sie hatten großen Einfluss und entschieden in Fragen des __________.

Seit dem 6. Jahrhundert führten sie den Namen __________, aus dem sich das Wort __________ ableitet.

Die Rangordnung innerhalb der Kirche (= Hierarchie) war eindeutig festgelegt.

Trage ein:
Bischöfe – Mönche – Priester – Kardinale – Äbte – Papst

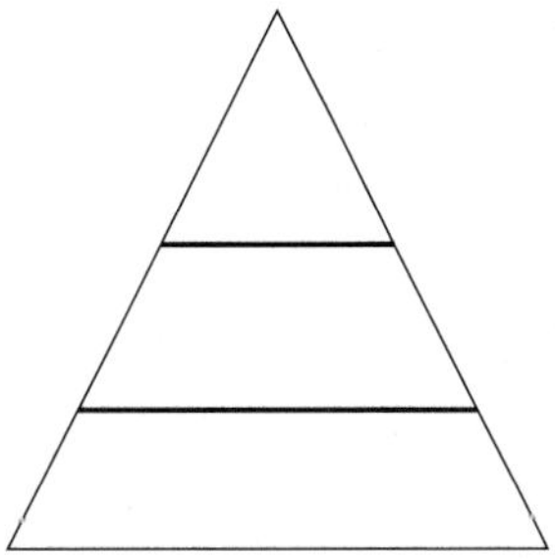

Seit der Kaiserkrönung Ottos des Großen geriet das Papsttum in Abhängigkeit vom Kaiser. Viele kirchliche Würdenträger sorgten sich oft mehr um die __________ __________ als um das Wohl der Kirche.

Oft kauften sich reiche Adelsfamilien mit viel Geld für einen ihrer Söhne einen __________. Für eine große Summe Geld konnte man auch __________ werden.

So bestimmten im Laufe der Zeit __________ und __________, wer Papst wurde. Zeitweise gab es sogar __________ Päpste.

Weil der Papst als weltlicher Herrscher über den Kirchenstaat auch Bündnisse mit anderen Herrschern einging, waren Päpste zudem immer in __________ verwickelt.

Einig war man sich nur darüber, dass die Stellung von Kaiser und Papst von __________ gegeben war.

Die Auseinandersetzungen um die tatsächliche Macht spitzten sich immer mehr zu, bis zwei mächtige Persönlichkeiten aufeinandertrafen:

__________ und __________.

GESCHICHTE | NAME: ______ | KLASSE: ____ | DATUM: ______ | NR. ____

Der Papst als Oberhaupt der Kirche

Dem Bischof von *Rom* war in der Christenheit schon frühzeitig eine besondere Stellung zugekommen, da sein Bischofssitz beim Grab des heiligen *Petrus* war. Schon die ersten Nachfolger im Bischofsamt wurden als dessen Stellvertreter auf Erden gesehen. Sie hatten großen Einfluss und entschieden in Fragen des *Glaubens*. Seit dem 6. Jahrhundert führten sie den Namen *„papa"*, aus dem sich das Wort *„Papst"* ableitet.

Die Rangordnung innerhalb der Kirche (= Hierarchie) war eindeutig festgelegt.

Trage ein:
Bischöfe – Mönche – Priester – Kardinale – Äbte – Papst

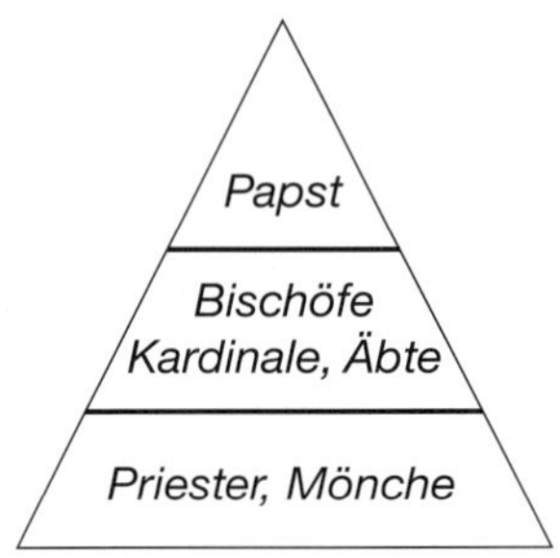

Seit der Kaiserkrönung Ottos des Großen geriet das Papsttum in Abhängigkeit vom Kaiser. Viele kirchliche Würdenträger sorgten sich oft mehr um die *Macht des Kaisers* als um das Wohl der Kirche.

Oft kauften sich reiche Adelsfamilien mit viel Geld für einen ihrer Söhne einen *Bischofsthron*. Für eine große Summe Geld konnte man auch *Papst* werden.

So bestimmten im Laufe der Zeit *römische Adelsfamilien* und *deutsche Kaiser*, wer Papst wurde. Zeitweise gab es sogar *zwei oder drei* Päpste.

Weil der Papst als weltlicher Herrscher über den Kirchenstaat auch Bündnisse mit anderen Herrschern einging, waren Päpste zudem immer in *Kriege* verwickelt.

Einig war man sich nur darüber, dass die Stellung von Kaiser und Papst von *Gott* gegeben war.

Die Auseinandersetzungen um die tatsächliche Macht spitzten sich immer mehr zu, bis zwei mächtige Persönlichkeiten aufeinandertrafen:

König Heinrich IV. und *Papst Gregor VII.*

THEMA

Wie kam es zum Konflikt zwischen Kaiser und Papst?

LERNZIELE

Die Ursachen für den Gang nach Canossa erläutern können.

Den Kirchenbann als wichtigste Waffe des Papstes begreifen.

Erfahren, dass Papst Gregor VII. den Kirchenbann gegen Heinrich IV. nach dessen „Gang nach Canossa" wieder auflöste.

Bewusst machen, dass damit jedoch die Auseinandersetzungen noch nicht beendet waren.

Erkennen, dass erst mit dem Wormser Konkordat ein vorläufiger Frieden erreicht wurde.

ARBEITSMITTEL / MEDIEN / LITERATURHINWEISE

Folie 1 (Heinrich IV. bittet die Markgräfin Mathilde von Tuszien …), 2 Informationsblätter, 1 Arbeitsblatt

Zusatz: 46 59492 „Heinrich und der Papst" (68 min)

TAFELBILD / FOLIEN

Heinrich IV. bittet die Markgräfin Mathilde von Tuszien und den Abt Hugo von Cluny um Fürsprache bei Papst Gregor VII.

I. **Hinführung:**

Folie 1 (Heinrich IV. bittet die Markgräfin Mathilde von Tuszien ...)	S. betrachten das Bild.
Zielangabe	TA: **Wie kam es zum Konflikt zwischen Kaiser und Papst?**

II. **Erarbeitung:**

1. TZ: Gang nach Canossa – Ursachen

Informationsblatt 1/ EA/PA/GA-Auswertung LSG	S: Papst Gregor VII. stellt päpstlichen Führungsanspruch heraus – Heinrich IV. lässt den Papst absetzen – Papst spricht den Kirchenbann aus

2. TZ: Gang nach Canossa

Informationsblatt 1/ EA/PA/GA-Auswertung LSG	S: König Heinrich braucht die Versöhnung – Papst Gregor zieht sich auf die Burg Canossa zurück – Papst befreit Heinrich vom Kirchenbann

III. **Vertiefung:**

Gesamtwiederholung/ Informationsblatt 2/	S: Die Auseinandersetzungen sind noch nicht beendet – Frieden erst mit dem Wormser Konkordat

IV. **Sicherung:**

Eintrag AB

V. **Ausweitung:**

Impuls	L: Der „Gang nach Canossa" ist heute eine Redewendung.
	S: Symbol für eine Bitte um Vergebung, für einen Bußgang

Der Konflikt zwischen Kaiser und Papst

Der Gang nach Canossa

Zu Beginn des 11. Jahrhunderts kamen Ideen auf, Kirche und Staat zu trennen. Französische Mönche forderten, die Missstände in der Kirche zu beseitigen.

Geistliche Ämter sollten nicht mehr käuflich sein; Fürsten und Könige sollten keine kirchlichen Ämter mehr vergeben und Laien sollten keine kirchlichen Ämter mehr übernehmen können.

Als Gregor VII. zum Papst gewählt wurde, begann er sofort, diese Reformen durchzusetzen und machte dabei den Führungsanspruch des Papstes deutlich.

Damit war der Machtkampf mit Heinrich IV. eingeläutet.

Der deutsche König hatte Bischöfe und Äbte ernannt, denen er vertraute. Bei dieser Investitur[1] erhielten sie aus der Hand des Königs Ring und Stab als Zeichen ihrer Würde. Für den König war das Investiturrecht von großer Bedeutung, denn nur auf diese Weise konnte er sicher sein, dass die von ihm ernannten Bischöfe und Äbte zuverlässige Gefolgsleute blieben.

Nun duldete aber Papst Gregor VII. diese Investitur durch den deutschen König nicht mehr. Als Papst Gregor dem König mit dem Kirchenbann drohte, ließ König Heinrich IV. den Papst absetzen. Daraufhin sprach dieser den Bann gegen den König aus.

Der Kirchenbann war die schärfste Waffe des Papstes. Ein von dem Kirchenbann Getroffener war aus der Kirche ausgeschlossen, durfte keinen Gottesdienst besuchen und konnte nicht auf ein christliches Begräbnis hoffen.

Im Winter 1076/1077 zieht König Heinrich IV. deshalb nach Rom. Papst Gregor macht sich mittlerweile zum Deutschen Reich auf, um in Augsburg über Heinrich IV. zu Gericht zu sitzen.

Diesen Gerichtstag, den deutsche Fürsten gewünscht hatten, möchte Heinrich verhindern. Der Kirchenbann bedeutet für Heinrich eine Absetzung, wenn er nicht innerhalb eines Jahres gelöst wird. Die Fürsten haben ihm ein Ultimatum gestellt:

„Befreie dich innerhalb eines Jahres vom Kirchenbann oder wir müssen einen neuen König wählen!“

Heinrich erscheint ohne Soldaten in Italien. Er würde zwar Unterstützung erhalten, weil er gerade in Oberitalien eine große Anhängerschaft hat, die mit ihm gegen Papst Gregor in den Krieg ziehen würde, aber seine Probleme wären damit nicht gelöst: Er braucht die Versöhnung mit dem Papst und die Lösung des Kirchenbanns.

Als der Papst erfährt, dass Heinrich ihm entgegenkommt, zieht er sich auf die Burg Canossa zurück. Nun folgen lange Verhandlungen zwischen den Gesandten der beiden mächtigen Herrscher. Am Ende gibt der Papst im Januar 1077 nach:

Nach altem kirchlichem Brauch muss der König drei Tage lang im Büßergewand vor der Burg im Schnee stehen; erst dann befreit ihn der Papst vom Kirchenbann.

[1] **Investitur:** Einweisung in ein Amt; Verwendung von Symbolen (z. B. Zepter usw.).

Vorläufiger Ausgleich zwischen Kaiser und Papst

Die Auseinandersetzungen zwischen Heinrich IV. und Papst Gregor VII. waren aber mit dem Gang nach Canossa nicht beendet. Obwohl der Papst den deutschen König vom Kirchenbann befreit hatte, wählten die Fürsten trotzdem einen Gegenkönig. Heinrich trat gegen ihn zum Kampf an und besiegte ihn. Daraufhin ließ er einen Gegenpapst wählen und zog nach Rom. Papst Gregor floh nach Salerno und Heinrich wurde vom Gegenpapst zum Kaiser gekrönt.

Ein wirklicher Ausgleich zwischen Kirche und Staat gelang 1122 erst dem Nachfolger Heinrichs IV. in dem sogenannten Wormser Konkordat. Heinricht V. und Papst Kalixt II. einigten sich also in einem Vertrag auf folgende Bestimmungen:

Bischöfe und Äbte sind zukünftig durch hohe Geistliche ohne Einmischung des Kaisers zu wählen. Der Kaiser überträgt ihnen die Herrschaft über ihr Herrschaftsgebiet (weltliche Investitur); der Papst überträgt ihnen ihr kirchliches Amt (geistliche Investitur). Sie sind in allen religiösen Fragen dem Papst unterstellt.

Lange dauerte der Friede jedoch nicht. Bereits zu Beginn des 13. Jahrhunderts kam es erneut zu heftigen Auseinandersetzungen zwischen Papst und Kaiser.

GESCHICHTE NAME: ____________ KLASSE: ____ DATUM: ________ NR. ____

Der Konflikt zwischen Kaiser und Papst

Im 11. Jahrhundert kommt es zu einem Machtkampf zwischen König ______________

und Papst ______________.

Als der Papst dem deutschen König den Bann androht, geht dieser zum Gegenangriff über. Auf einer Reichsversammlung lässt er den Papst absetzen.

Daraufhin spricht der Papst den ______________ aus.

Dieser Bann kommt einer ______________ des Königs gleich.

König Heinrich IV. braucht die ______________ mit dem Papst und zieht mit einem kleinen Gefolge Richtung Italien. Als der Papst von dem Herannahen des Königs erfährt, zieht er sich auf die Burg ______________ zurück. Nach langen Verhandlungen signalisiert der Papst Bereitschaft, den Bann zu lösen. Ende Januar 1077 muss der König nach altem kirchlichen Brauch ______ Tage lang im Büßergewand vor der Burg im ______________ stehen, ehe der Papst ihn vom Bannfluch befreit.

Heinrich IV. bittet die Markgräfin Mathilde von Tuszien und den Abt Hugo von Cluny um Fürsprache bei Papst Gregor VII.

GESCHICHTE	NAME: ____________	KLASSE: ____	DATUM: ________	NR. ____

Der Konflikt zwischen Kaiser und Papst

Im 11. Jahrhundert kommt es zu einem Machtkampf zwischen König *Heinrich IV.* und Papst *Gregor VII.*.

Als der Papst dem deutschen König den Bann androht, geht dieser zum Gegenangriff über. Auf einer Reichsversammlung lässt er den Papst absetzen.

Daraufhin spricht der Papst den *Kirchenbann* aus.

Dieser Bann kommt einer *Absetzung* des Königs gleich.

König Heinrich IV. braucht die *Versöhnung* mit dem Papst und zieht mit einem kleinen Gefolge Richtung Italien. Als der Papst von dem Herannahen des Königs erfährt, zieht er sich auf die Burg *Canossa* zurück. Nach langen Verhandlungen signalisiert der Papst Bereitschaft, den Bann zu lösen. Ende Januar 1077 muss der König nach altem kirchlichen Brauch *drei* Tage lang im Büßergewand vor der Burg im *Schnee* stehen, ehe der Papst ihn vom Bannfluch befreit.

Heinrich IV. bittet die Markgräfin Mathilde von Tuszien und den Abt Hugo von Cluny um Fürsprache bei Papst Gregor VII.

Training „Mittelalter allgemein“

1. Ordne die folgenden Namen und Begriffe den einzelnen Kurzbeschreibungen zu:

Otto von Wittelsbach – Regensburg – Heinrich IV. – Dreifelderwirtschaft – Goldene Bulle – Kaiser Barbarossa – Widukind – Veroneser Klause – Papst – Pfalzen – Kirchenbann – Marken – Lechfeld – Heinrich der Löwe – Canossa – Aachen – Lehen

________________ Sachsenherzog

________________ von Bauern besiedelte Grenzgebiete

________________ Neuerung in der Landwirtschaft

________________ Königshöfe Karls des Großen

________________ Lieblingspfalz Karls des Großen

________________ hier wurden die Ungarn besiegt

________________ geliehene Ländereien

________________ anderer Name für Friedrich I.

________________ hier gerät Friedrich I. in einen Hinterhalt

________________ der Retter aus Bayern

________________ hier sammelten sich 1189 die Kreuzritter

________________ Rivale Friedrichs I.

________________ wichtigstes Dokument des Mittelalters

________________ geistliches Oberhaupt der Kirche im Mittelalter

________________ Gegner von Papst Gregor VII.

________________ schärfste Waffe des Papstes

________________ hier wurde Heinrich IV. vom Bann befreit

2. Trage in die Kreise das Prinzip der Dreifelderwirtschaft, die Kaiser Karl der Große eingeführt hat, ein!

1. Jahr ________ 2. Jahr ________ 3. Jahr ________

3. Ergänze den Lückentext und setze folgende Wörter ein:

Ungarn – Lehenswesen – Rechte – Pflichten – Frankenkönige – Kirchenfürsten – Karl der Große – Frankreich – päpstlicher – Deutsche Reich – kaiserlicher – hohe Adel – Otto der Große – Herzögen – Rom – 800 – Herzöge

Die politische Ordnung im Mittelalter

Die ersten Jahrhunderte des Mittelalters brachten für Europa politische Entwicklungen, durch die die weitere Geschichte wesentlich bestimmt wurde:

Die ____________ unterwarfen die benachbarten Länder und Stämme unter ihre Herrschaft. ____________ errichtete ein europäisches Großreich. Er war oberster Richter, Heerführer und Kirchenherr in seinem Reich und wurde im Jahr ________ in ____________ zum Kaiser gekrönt.

Unter Karls Nachfolgern entstanden ____________ und das ____________ ____________. Kaiser ____________ dehnte das Reich nach Norden und Osten aus und verteidigte es gegen feindliche Überfälle.

Im Jahr 955 besiegte er auf dem Lechfeld die ____________. Sein Reich regierte er mithilfe der ____________ und der ____________. Als Schutzherr der Kirche beanspruchte er eine herausgehobene Stellung unter den christlichen Königen.

Das ____________ war die Grundlage der gesamten politischen Ordnung im Mittelalter. Lehensherr und Lehensnehmer waren einander durch ____________ und ____________ verbunden.

Der ____________ wählte den König und hatte an der Herrschaft im Reich großen Anteil. So kam es häufig zu Konflikten zwischen mächtigen ____________ und dem König bzw. Kaiser.

Ebenso bedeutsam war der Gegensatz zwischen ____________ und ____________ ____________ Macht. Dabei ging es um die Vorherrschaft in der europäischen Christenheit.

Diese Auseinandersetzungen bestimmten wesentlich die Geschichte des Mittelalters.

GESCHICHTE	NAME: ____________	KLASSE: ____	DATUM: ________	NR. ____

Training „Mittelalter allgemein"

1. Ordne die folgenden Namen und Begriffe den einzelnen Kurzbeschreibungen zu:

   Otto von Wittelsbach – Regensburg – Heinrich IV. – Dreifelderwirtschaft – Goldene Bulle – Kaiser Barbarossa – Widukind – Veroneser Klause – Papst – Pfalzen – Kirchenbann – Marken – Lechfeld – Heinrich der Löwe – Canossa – Aachen – Lehen

Widukind	Sachsenherzog
Marken	von Bauern besiedelte Grenzgebiete
Dreifelderwirtschaft	Neuerung in der Landwirtschaft
Pfalzen	Königshöfe Karls des Großen
Aachen	Lieblingspfalz Karls des Großen
Lechfeld	hier wurden die Ungarn besiegt
Lehen	geliehene Ländereien
Kaiser Barbarossa	anderer Name für Friedrich I.
Veroneser Klause	hier gerät Friedrich I. in einen Hinterhalt
Otto von Wittelsbach	der Retter aus Bayern
Regensburg	hier sammelten sich 1189 die Kreuzritter
Heinrich der Löwe	Rivale Friedrichs I.
Goldene Bulle	wichtigstes Dokument des Mittelalters
Papst	geistliches Oberhaupt der Kirche im Mittelalter
Heinrich IV.	Gegner von Papst Gregor VII.
Kirchenbann	schärfste Waffe des Papstes
Canossa	hier wurde Heinrich IV. vom Bann befreit

2. Trage in die Kreise das Prinzip der Dreifelderwirtschaft, die Kaiser Karl der Große eingeführt hat, ein!

1. Jahr	2. Jahr	3. Jahr
Winterfrucht	*Sommerfrucht*	*Brache*

3. Ergänze den Lückentext und setze folgende Wörter ein:

Ungarn – Lehenswesen – Rechte – Pflichten – Frankenkönige – Kirchenfürsten – Karl der Große – Frankreich – päpstlicher – Deutsche Reich – kaiserlicher – hohe Adel – Otto der Große – Herzögen – Rom – 800 – Herzöge

Die politische Ordnung im Mittelalter

Die ersten Jahrhunderte des Mittelalters brachten für Europa politische Entwicklungen, durch die die weitere Geschichte wesentlich bestimmt wurde:

Die *Frankenkönige* unterwarfen die benachbarten Länder und Stämme unter ihre Herrschaft. *Karl der Große* errichtete ein europäisches Großreich. Er war oberster Richter, Heerführer und Kirchenherr in seinem Reich und wurde im Jahr *800* in *Rom* zum Kaiser gekrönt.

Unter Karls Nachfolgern entstanden *Frankreich* und das *Deutsche Reich*. Kaiser *Otto der Große* dehnte das Reich nach Norden und Osten aus und verteidigte es gegen feindliche Überfälle.

Im Jahr 955 besiegte er auf dem Lechfeld die *Ungarn*. Sein Reich regierte er mithilfe der *Herzöge* und der *Kirchenfürsten*. Als Schutzherr der Kirche beanspruchte er eine herausgehobene Stellung unter den christlichen Königen.

Das *Lehenswesen* war die Grundlage der gesamten politischen Ordnung im Mittelalter. Lehensherr und Lehensnehmer waren einander durch *Rechte* und *Pflichten* verbunden.

Der *hohe Adel* wählte den König und hatte an der Herrschaft im Reich großen Anteil. So kam es häufig zu Konflikten zwischen mächtigen *Herzögen* und dem König bzw. Kaiser.

Ebenso bedeutsam war der Gegensatz zwischen *päpstlicher* und *kaiser-licher* Macht. Dabei ging es um die Vorherrschaft in der europäischen Christenheit.

Diese Auseinandersetzungen bestimmten wesentlich die Geschichte des Mittelalters.

THEMA

Alltagsleben in einem mittelalterlichen Dorf

LERNZIELE

Das Alltagsleben in einem mittelalterlichen Dorf kennenlernen.

Die große Bedeutung der Feldgeschworenen kennenlernen.

Grundzüge der Dreifelderwirtschaft im mittelalterlichen Dorf beschreiben können.

Neue Techniken in der Landwirtschaft kennenlernen.

Den „Schwarzen Tod“ als Katastrophe des Mittelalters begreifen.

Die Bedeutung von Hunger und Krankheit bewusst machen.

ARBEITSMITTEL / MEDIEN / LITERATURHINWEISE

Folie 1 (Die Kalenderbilder vermitteln den Alltag der Bauern ...), 4 Informationsblätter, 1 Arbeitsblatt

Zusatz: 46 53811 „Bauern und Grundherren“ (25 min)

TAFELBILD / FOLIEN

Die Kalenderbilder vermitteln den Alltag der Bauern im Mittelalter: Sie zeigen sie bei der Arbeit auf dem Feld, auf der Weide und auf dem Hof und illustrieren den Ablauf eines Bauernjahres.

I. **Hinführung:**

Folie 1 (Die Kalenderbilder vermitteln den Alltag der Bauern …)	S. betrachten und beschreiben die Bilder.
Zielangabe	TA: **Alltagsleben in einem mittelalterlichen Dorf**

II. **Erarbeitung:**

Informationsblätter 1–4/ Auswertung/LSG	
1. Leben in einem mittelalterlichen Dorf	1. Lichtmesstag – Dorfmeister Dorfrecht (Weistum) – Flur (Gemeindediener) – Feldgericht – besondere Rechte und Pflichten: Müller, Schmied und Bader.
2. Von Dorf, Flur und Feld	2. Dreifelderwirtschaft: Winterfeld, Sommerfeld, Brachfeld, Allmende
3. Neue Techniken	3. Düngung – Räderpflug – Egge – verbessertes Saatgut
4. Der „Schwarze Tod“	4. Pest in Europa – Hungersnöte
5. Hunger und Krankheit	5. Krankheiten als Strafe Gottes

III. **Vertiefung:**

Gesamtwiederholung

IV. **Sicherung:**

Eintrag AB

V. **Ausweitung:**

6. Die Folgen der Krisenjahre	6. Bevölkerungszahl geht zurück – Bauern verlassen ihre Höfe – „Wüstungen“

Bäuerliche Lebensformen

Das Leben in einem mittelalterlichen Dorf

Auf dem Dorf wurde nicht nur gearbeitet; die Bauern verstanden auch, zu feiern: die Taufe eines Kindes, Hochzeit und Leichenschmaus waren willkommene Anlässe, die Arbeit zu unterbrechen. Erntedank, Maitanz, Kirchweih und die Namensfeste verschiedener Heiliger wurden ebenfalls festlich begangen.

Das Kirchweihfest

Der Lichtmesstag am 2. Februar war ein Feiertag für das Gesinde, d. h. für Knechte und Mägde. Hier wurden sie für ein weiteres Jahr „gedingt" (angestellt).

Wichtige Einrichtungen im dörflichen Leben

Der Dorfmeister sorgte dafür, dass das Dorfrecht (Weistum) eingehalten wurde. Er schlichtete Streitigkeiten und verwaltete die Einnahmen und Ausgaben des Dorfes. Der Gemeindediener (Flur) musste wichtige Bekanntmachungen „ausschellen", wie z. B. den Erntebeginn oder die Ladung zur Waldarbeit.

Der Gemeindediener war gleichzeitig auch Nachtwächter und Polizeidiener (Büttel) des Dorfes. Sieben Männer (die „Siebener") stellten das Feldgericht. Sie waren von den Dorfbewohnern gewählt, um Grenzstreitigkeiten auf den Feldern zu schlichten. Dabei setzte man bei ihnen bestimmte Eigenschaften voraus, die ein „Feldgeschworener" haben musste: Ehrlichkeit, Gewissenhaftigkeit, Achtung vor dem Besitz des anderen und Verschwiegenheit. In dieses Ehrenamt wurde man auf Lebenszeit gewählt.

Nach der Bestellung der Felder im Frühjahr und im Herbst zogen die Feldgeschworenen über die Felder, um die Grenzsteine nachzusehen. Herausgeackerte Steine wurden wieder ersetzt, um die Besitzverhältnisse zu erhalten. Natürliche Landmarken wie der Lauf eines Baches zeigten ihnen die Richtung; Vermessungsgeräte und Karten gab es nicht. Die Maßeinheiten „Schritt" und „Fuß" gaben die Größen und geheime Zeichen unter den Steinen den Messpunkt an, wo die Steine gesetzt werden mussten.

Auch der Gefahr eines Brandes wurde auf dem Dorf begegnet. Die „Dreier" oder „Vierer" führten die Feuerbeschau im Dorf durch, um zu verhüten, dass durch schadhafte Herdstellen Häuser in Brand geraten konnten.

Besondere Pflichten und Rechte hatten der Müller, der Schmied und der Heilkundige (Bader) des Dorfes.

Von Dorf, Flur und Feld

Seit der Zeit Karls des Großen betrieben die Bauern die sogenannte „Dreifelderwirtschaft". Die Saatflur bestand dabei aus drei Teilen: dem Winterfeld, dem Sommerfeld und dem Brachfeld. Die Flure[1] waren in verschiedene Flächen (Gewanne[2]) eingeteilt.

Die Dreifelderwirtschaft

Innerhalb der Gewanne war die Zu- und die Abfahrt auf die Felder, die nicht durch Wege erreichbar waren, genau geregelt. Die Voraussetzung war, dass die Bauern in den einzelnen Gewannen die gleiche Feldfrucht anbauten (Flurzwang). Auch die Reihenfolge, in der die Äcker abgeerntet wurden, war genau festgelegt. Denn erst, wenn die Ernte erfolgt war, konnten die anderen Mitglieder der Gewanne auf die Äcker, die nicht über einen Weg erreichbar waren. Wälder, Wiesen, Wege, Gewässer, Lehm- und Sandgruben durften von allen Bauern genutzt werden. Diese Flurstücke nannte man Allmende.

Das Dorfrecht regelte, auf welche Weise die Flur zu bewirtschaften und die Allmende zu nutzen war.

[1] **Flur:** Flur ist ein anderes Wort für die landwirtschaftliche Nutzfläche einer Siedlung.
[2] **Gewanne:** Einteilung der Flur in Streifen, deren Länge zehnmal länger als die Breite ist, bedingt durch die Arbeit mit dem Pflug. Gewanne wurden vor allem in der Dreifelderwirtschaft angelegt.

Neue Techniken in der Landwirtschaft

Die Mönche hatten die Bauern gelehrt, ihre Felder besser zu bearbeiten. Düngung mit Stallmist konnte nur sehr spärlich vorgenommen werden, weil das Großvieh nur über die kurzen Wintermonate im Stall gehalten wurde. Deshalb streuten die Bauern auch Mergel (kalkhaltigen Ton) auf die Felder, um den Ernteertrag zu steigern.

Die Bauern wendeten auch die Stoppeldüngung an. Sie schnitten das Getreide nur zur Hälfte ab und ließen die untere Hälfte stehen. Das hatte zwei Vorteile: Das Vieh, das auf den abgeernteten Feldern gehütet wurde, hatte im Spätherbst noch etwas zu fressen und aus den untergepflügten Stoppelresten bildete sich neuer Humus.

Mit einem mit Eisen beschlagenen Räderpflug, der von Pferden gezogen wurde, konnte man den Boden umbrechen. Die Egge zerkleinerte die groben Schollen, die nach dem Winterfrost noch übrig geblieben waren. Mithilfe des verbesserten Saatgutes, mit dem die Klöster die Bauern versorgten, konnten auch ertragreiche Ernten erzielt werden.

Der „Schwarze Tod“

Um die Mitte des 14. Jahrhunderts brachte eine unheimliche Krankheit den Tod nach Europa. Von den Hafenstädten am Mittelmeer breitete sich die Pest aus, die im Jahr 1347 auf Sizilien durch Matrosen eingeschleppt wurde. Dort starben im gleichen Jahr 530 000 Menschen an dieser Krankheit.

1348 verbreitete sich die Pest über Frankreich und Spanien und griff 1349 auch nach Deutschland über; kein Gebiet blieb vom „Schwarzen Tod“ verschont.

In Deutschland starben während des ersten Pestjahres 1,2 Millionen Menschen. Handel und Gewerbe kamen nahezu zum Erliegen, die Felder konnten nicht mehr bestellt werden, die Handelszüge blieben aus. Große Hungersnöte waren die Folge, allgemeine Verzweiflung bestimmte das Leben der Menschen. Noch heute erinnern Pestsäulen an diese Zeit.

Am Rande der Stadt wurden sogenannte Pestspitäler eingerichtet.

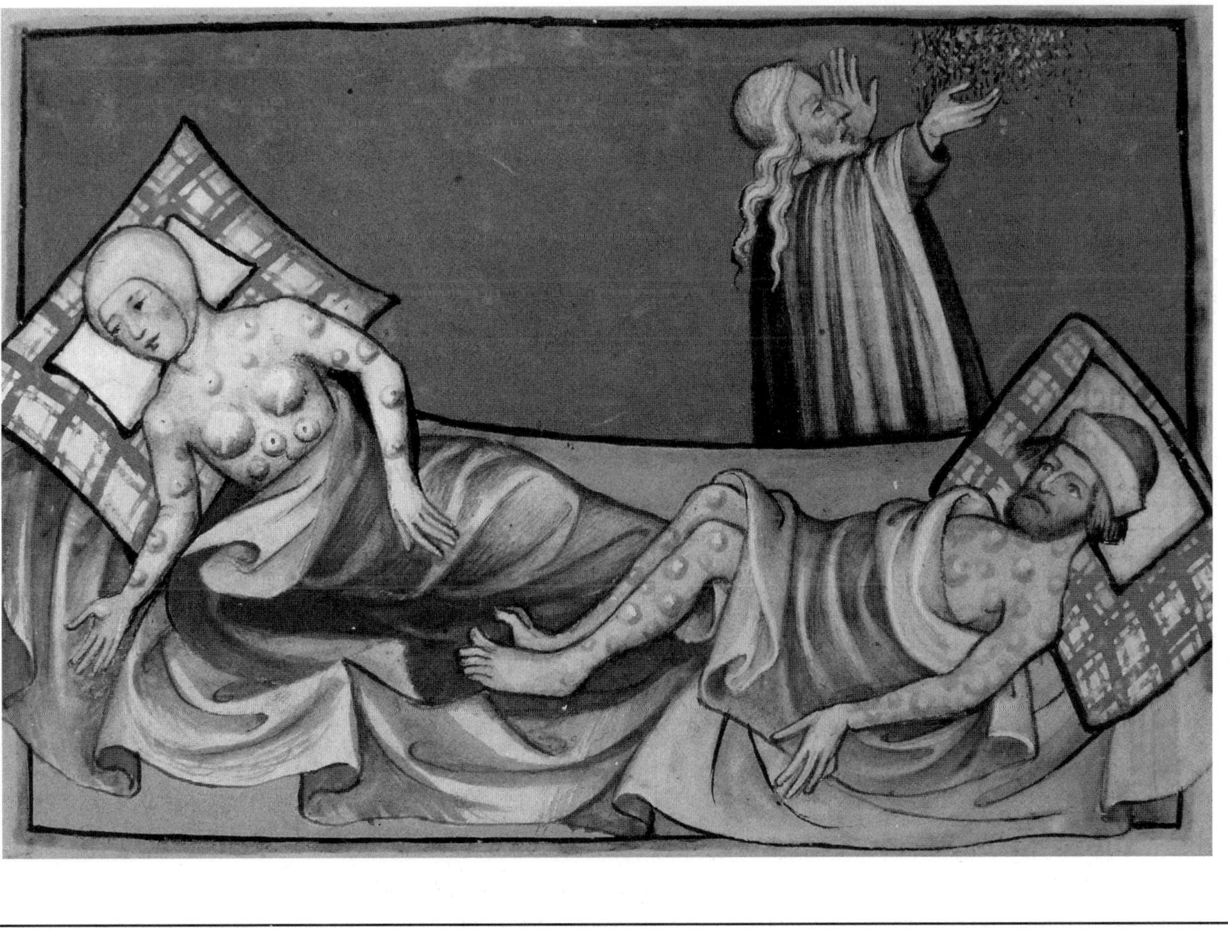

Hunger und Krankheit

In allen Ländern Europas hatten die Menschen an Hunger und Krankheiten zu leiden. Ausschlaggebend waren Missernten, schlechte Lagerung des Erntegutes, Ratten und Mäuse.

Der Hunger führte zur Krankheit. Die unterernährten Menschen hatten den Krankheiten keine Widerstandskraft mehr entgegenzusetzen, sodass eine Erkrankung meist den Tod bedeutete.

Eine Krankheit galt für viele Menschen als „Strafe Gottes". Deshalb versuchten viele Menschen durch Bittprozessionen und Wallfahrten, Gott zu versöhnen. Selbstgeißler zogen durch das Land. Mit Peitschenhieben schlugen sie ihren Körper blutig; sie verstanden sich als Mahnung an die ständige Gegenwart des Todes.

Die Folgen der Krisenjahre

Die Bevölkerungszahl ging immer weiter zurück. Viele Menschen starben aufgrund von Seuchen, Hungersnöten und Kriegen. Der Absatz landwirtschaftlicher Produkte wurde immer schwieriger und die Preise sanken. Für viele Bauern brachte diese Entwicklung große Not. Einerseits mussten sie ihre Abgaben an den Grundherrn zunehmend nicht nur in Naturalien, sondern in Geld zahlen; andererseits erhielten sie auf dem Markt für ihre Erzeugnisse immer weniger Geld.

Das Bild illustriert die Armut der Bauern.

So wurde es für die unfreien Bauern immer schwieriger, in Abhängigkeit vom Grundherrn ihren Dienst zu tun.

Da ihnen das Land ohnehin nicht gehörte, zogen viele es vor, ihre unrentablen Höfe zu verlassen. Die Stadt oder der Dienst bei einem anderen Herrn versprachen oft größere wirtschaftliche Sicherheit. So verließen in ganz Europa viele Bauern ihre Dörfer und Weiler[1]. Die Folge davon war, dass diese verlassenen Höfe als „Wüstungen" brach lagen oder von anderen Bauern als Weideland genutzt wurden.

[1] **Weiler:** Ansammlung von wenigen Häusern, kleiner als Dorf. In der Regel hat ein Weiler keine eigene Kirche.

GESCHICHTE	NAME: ______________	KLASSE: ____	DATUM: ________	NR. ___

Leben in einem mittelalterlichen Dorf

Trage die fehlenden Begriffe ein!

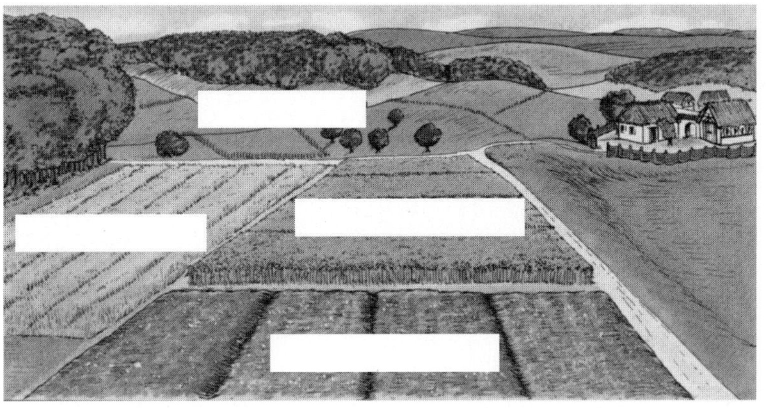

______________________: Er überwacht die Einhaltung des Dorfrechtes.

______________________: Tag, an dem das Getreidedreschen zu Ende war

______________________: Tag, an dem das Gesinde „gedingt“ wurde

______________________: der Gemeindediener

______________________: Polizeidiener des Dorfes

______________________: bestehend aus sieben ehrlichen Männern

______________________: der Heilkundige des Dorfes

______________________: Diese Männer sehen die Grenzsteine nach.

______________________: Bewirtschaftungsform des Mittelalters

______________________: Zwang, die gleiche Feldfrucht anzubauen

______________________: wurde am Martinstag verlesen

______________________: mittelalterliches Düngemittel

______________________: Düngung aus Stoppelresten

______________________: neue Pflugform

______________________: Gerät, das große Erdschollen zerkleinerte

______________________: der „Schwarze Tod“

______________________: Hierin sahen die Menschen ein Strafe Gottes.

Leben in einem mittelalterlichen Dorf

Trage die fehlenden Begriffe ein!

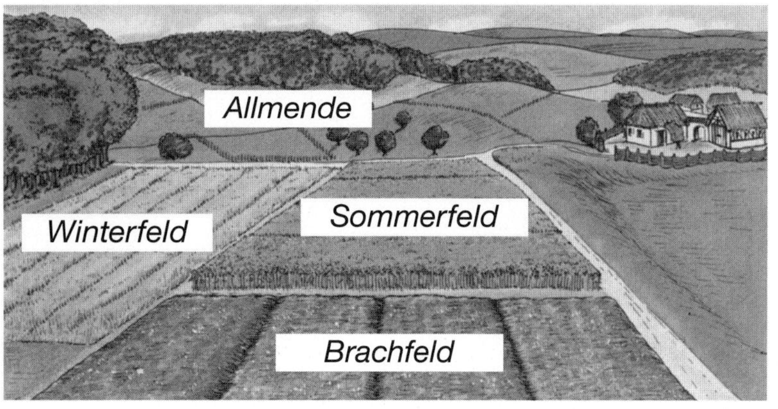

Dorfmeister : Er überwacht die Einhaltung des Dorfrechtes.

Flegelhenke : Tag, an dem das Getreidedreschen zu Ende war

Lichtmesstag : Tag, an dem das Gesinde „gedingt" wurde

Flur : der Gemeindediener

Büttel : Polizeidiener des Dorfes

Feldgericht : bestehend aus sieben ehrlichen Männern

Bader : der Heilkundige des Dorfes

Feldgeschworene : Diese Männer sehen die Grenzsteine nach.

Dreifelderwirtschaft : Bewirtschaftungsform des Mittelalters

Flurzwang : Zwang, die gleiche Feldfrucht anzubauen

Dorfrecht : wurde am Martinstag verlesen

Mergel : mittelalterliches Düngemittel

Stoppeldüngung : Düngung aus Stoppelresten

Räderpflug : neue Pflugform

Egge : Gerät, das große Erdschollen zerkleinerte

Pest : der „Schwarze Tod"

Krankheit : Hierin sahen die Menschen ein Strafe Gottes.

THEMA

Der Bauer und sein Grundherr

LERNZIELE

Erkennen, dass der Bauer ursprünglich ein freier Mann auf eigenem Grund und Boden war.

Bewusst machen, dass mit den immer länger dauernden Feldzügen nur noch große Bauern ihren Hof vernünftig bewirtschaften konnten.

Erfahren, dass sich die Bauern freiwillig in Abhängigkeit begaben, um vom Kriegsdienst freizukommen.

Bewusst machen, dass der Grundherr die Lebensbedingungen der bäuerlichen Bevölkerung bestimmte.

Erfahren, welche Abgaben und Leistungen die Bauern erbringen mussten.

Bewusst machen, dass viele Bauern in die Leibeigenschaft gerieten.

ARBEITSMITTEL / MEDIEN / LITERATURHINWEISE

Folie 1 (Bauern bei der Fronarbeit), 2 Informationsblätter, 1 Arbeitsblatt

Zusatz: 46 53811 „Bauern und Grundherrn“ (25 min)

TAFELBILD / FOLIEN

Bauern bei der Fronarbeit

I. **Hinführung:**

Folie 1 (Bauern bei der Fronarbeit)	S. beschäftigen sich mit dem Begriff „Fronarbeit“. (Arbeit mit dem Lexikon)
Zielangabe	TA: **Der Bauer und sein Grundherr**

II. **Erarbeitung:**

1. TZ: Der Bauer und sein Grundherr

Informationsblatt 1/ EA/PA/GA-Auswertung LSG	S: Der Bauer war früher ein freier Mann – der Kriegsdienst ist für viele kleine Bauern nicht mehr möglich – begeben sich in die Abhängigkeit vom Grundherrn – damit vom Kriegsdienst befreit

2. TZ: Grundherr bestimmt die Lebensbedingungen

Informationsblatt 2/ EA/PA/GA-Auswertung LSG	S: Bauern leisten Zins in Form von Naturalabgaben und Geld – dazu kommen Frondienste und der „Zehnt“ an die Kirche.

III. **Vertiefung:**

Gesamtwiederholung

IV. **Sicherung:**

Eintrag AB

V. **Ausweitung:**

3. TZ: Not der Bauern

Informationsblatt 2/ gemeinsames Erlesen	S: Wenn der Bauer seine Leistungen nicht mehr erbringen kann, steigt er allmählich ab in die Leibeigenschaft.

Der Bauer und sein Grundherr

Ursprünglich war ein Bauer sein eigener Herr auf Grund und Boden. Gleichzeitig war er aber zur Heerfolge verpflichtet, d. h., er musste seine Arbeit unterbrechen, wenn der König einen Feldzug durchführte. In der Zeit vor Karl dem Großen dauerten Kriege aber meist nicht lange und der Bauer konnte seine Arbeit bald wieder aufnehmen.

Mit der Ausdehnung des Reiches vereinnahmten aber auch die Feldzüge einen immer längeren Zeitraum, oft den ganzen Sommer lang. Aber nur Großbauern konnten es sich leisten, so lange ihrem Besitz fernzubleiben. Hier arbeiteten Knechte und Mägde auf dem Hof und sorgten für Anbau und Ernte.

Der kleine Bauer, der nicht auf die Unterstützung von Knechten und Mägden zurückgreifen konnte, fand nach der Rückkehr seinen Acker voller Unkraut, die Getreidefelder vom Wild verwüstet und sein Vieh oft krank vor.

Viele Bauern hatten sich freiwillig in die Abhängigkeit begeben, um dem Kriegsdienst zu entgehen. Sie übergaben ihren Besitz einem Grafen oder Bischof und nahmen es von ihm als Leihgut wieder zurück. Gegen Leistung bestimmter Abgaben und Dienste konnte der Bauer nun auf seinem Hof weiterhin arbeiten. Sein Grundherr übernahm dafür die Pflicht zur Heerfolge. Aus dem Bauer war ein Grundhold[1] geworden. Der Hof wurde weitervererbt und somit war auch für die Nachkommen gesorgt. Eigentümer war allerdings der Grundherr. Er konnte den Hof an einen anderen Grundherrn verkaufen; der Bauer erhielt dann einen neuen Herrn.

[1] **Grundholde:** Als Grundholde wurden im Mittelalter Bauern bezeichnet, die außerhalb des Fronhofes auf eigenen Bauernhöfen arbeiteten, aber Steuern an den Grundherren abgeben mussten.

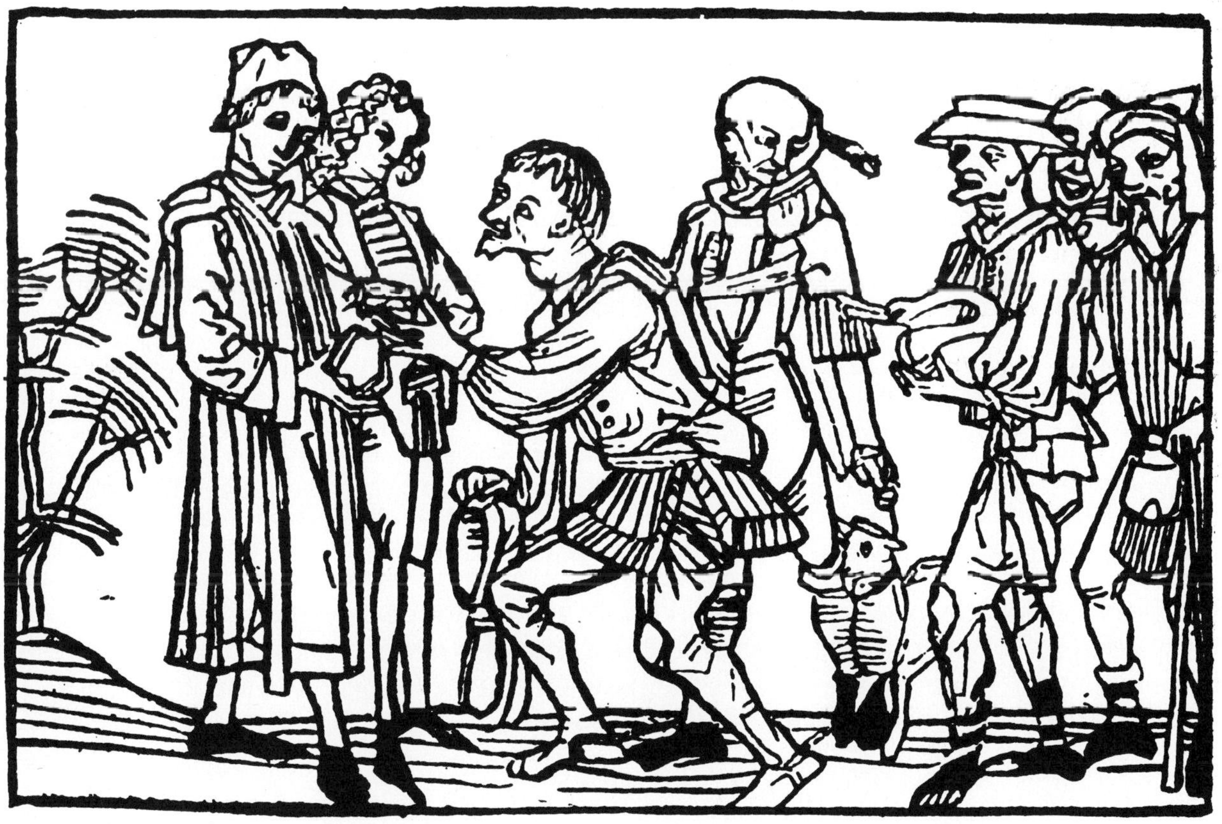

Bauern liefern ihren Grundherren den Zins ab.

Der Grundherr bestimmt die Lebensbedingungen der bäuerlichen Bevölkerung

Die Grundherrn und die Bauern hatten gegenseitige Verpflichtungen übernommen.

Der Grundherr sorgte für den Schutz seiner Abhängigen, sicherte als Gerichtsherr Recht und Ordnung und gewährte Unterstützung, indem er z. B. Saatgut bereitstellte und in Zeiten der Not Zinserleichterungen ermöglichte.

Dafür leisteten die abhängigen Bauern Zins in Form von Naturalien und Geld. Manche Bauern hatten auch die Pflicht, bei der Verteidigung des Umlandes zu helfen; Frondienste[1] kamen hinzu.

In den Fronverhältnissen war genau geregelt, an wie vielen Tagen der Woche der Bauer Arbeit zu leisten hatte, an welchen Tagen er bei der Jagd helfen, wann er bei Burgenbau dienen, Wege und Stege ausbessern und Holz schlagen musste.

Zu Zinszahlungen und Frondiensten kam auch noch der sogenannte „Zehnt" der Kirche hinzu: Die Bauern mussten den zehnten Teil ihrer Ernte an die Kirche abliefern.

[1] **Fron:** Fron ist die Bezeichnung für verschiedene Leistungen der Bauern für ihre Grundherren. Fron kommt aus dem Mittelhochdeutschen und heißt, „was den Herrn betrifft bzw. ihm gehört".

Leben auf dem Land – ein schweres Los

Große Abhängigkeit vom Wetter prägte das Leben auf dem Land. Wenn eine oder mehrere Ernten aufgrund von Dürre, Überschwemmung, einem Brand oder Hagel schlecht ausfielen, bestand die Gefahr einer Hungersnot, da es nur wenige Möglichkeiten gab, Vorräte anzulegen …

Zu den schwersten Arbeiten auf dem Land zählte die Vorbereitung des Bodens für die Aussaat im Frühjahr und im Herbst. Wenn die Bauern sich keine Zugtiere leisten konnten, mussten sie den Pflug selbst ziehen. Die harten Erdklumpen wurden teilweise mit Steinen zerschlagen; danach lockerte und glättete man den Boden mit einer Harke.

In manchen Dörfern gab es eine Egge, die von allen Dorfbewohnern benutzt wurde. Kinder folgten der Egge und mussten die Steine aus dem Boden entfernen.

Wenn das Land schließlich für die Aussaat bereit war, schnallten sich die Bauern kleine Holzkisten mit Saatgut über die Schultern und streuten den Samen mit der Hand aus.

Viele Bauern sinken in immer größere Not

Oft verlangte der Grundherr mehr, als der Bauer geben konnte. Missernten, Unwetter, Trockenheit und Nässe waren Gründe dafür, dass viele Bauern oft ihre Leistungen nicht in dem Maße erbringen konnten, wie sie es sollten.

Die Grundherrn jedoch wussten sehr wohl, wie sie die Abgaben eintreiben konnten.
So wurden viele Bauern immer mehr von ihren Grundherrn abhängig, bis sie ganz in die Leibeigenschaft gerieten. Dann allerdings hatten sie keine Möglichkeit mehr, den Hof ohne Einverständnis des Grundherrn zu verlassen.

Der Bauer und sein Grundherr

Bauern bei der Fronarbeit

Ursprünglich war der Bauer ein ____________ Mann auf ____________ Grund und Boden. Er war zur ____________ verpflichtet und musste an Feldzügen seines Königs teilnehmen. Als die Feldzüge aber immer länger wurden, konnten es sich nur noch Großbauern leisten, dem Hof lange fernzubleiben. Der ____________ fand nach seiner Rückkehr seinen Hof oft verwüstet vor.

Deshalb begaben sich viele Bauern freiwillig in Abhängigkeit, um vom ____________ ____________ freizukommen. Sie übergaben einem ____________ oder ____________ ihren Besitz und konnten gegen bestimmte Abgaben und Dienste ihren Hof weiter bewirtschaften. Der ____________ übernahm die Pflicht zur Heerfolge.

Die abhängigen Bauern hatten folgende Dienste und Abgaben zu leisten:

____

____

____

Wenn der Bauer allerdings seine Abgaben nicht mehr entrichten konnte, geriet er allmählich in eine immer stärker werdende Abhängigkeit, die letztlich in die ____________ mündete.

GESCHICHTE	NAME: ________	KLASSE: ____	DATUM: ______	NR. ___

Der Bauer und sein Grundherr

Bauern bei der Fronarbeit

Ursprünglich war der Bauer ein *freier* Mann auf *eigenem* Grund und Boden. Er war zur *Heerfolge* verpflichtet und musste an Feldzügen seines Königs teilnehmen. Als die Feldzüge aber immer länger wurden, konnten es sich nur noch Großbauern leisten, dem Hof lange fernzubleiben. Der *„kleine" Bauer* fand nach seiner Rückkehr seinen Hof oft verwüstet vor.

Deshalb begaben sich viele Bauern freiwillig in Abhängigkeit, um vom *Kriegs-dienst* freizukommen. Sie übergaben einem *Grafen* oder *Fürsten* ihren Besitz und konnten gegen bestimmte Abgaben und Dienste ihren Hof weiter bewirtschaften. Der *Grundherr* übernahm die Pflicht zur Heerfolge.

Die abhängigen Bauern hatten folgende Dienste und Abgaben zu leisten:

Zins in Form von Naturalabgaben und Geld, Hilfe bei der Verteidigung des Umlandes, Frondienste (Treiber bei der Jagd, Burgenbau, Wege und Stege ausbessern, Holz schlagen), der „Zehnt" an die Kirche

Wenn der Bauer allerdings seine Abgaben nicht mehr entrichten konnte, geriet er allmählich in eine immer stärker werdende Abhängigkeit, die letztlich in die *Leibeigenschaft* mündete.

THEMA

Der Ruf ins Neuland

LERNZIELE

Erfahren, dass Herzog Heinrich I. planmäßig Bauern und Bürger anwarb, nach Polen zu kommen.

Erfahren, dass sich viele Bauern den Werbern anschlossen und nach Osten zogen.

Erfahren, auf welche Weise die Landzuteilung erfolgte.

Bewusst machen, dass die Auswanderer harte Arbeit vor sich hatten.

Erkennen, dass in einem Zeitraum von 150 Jahren die Besiedlung Schlesiens abgeschlossen war.

Bewusst machen, dass auf vielen Gebieten der östlichen Länder deutsche Siedlungen entstanden, die über Jahrhunderte hinweg ihre Sprache und Kultur erhielten.

ARBEITSMITTEL / MEDIEN / LITERATURHINWEISE

Folie 1 (Neue Siedlungen entstehen im Osten), 4 Informationsblätter, 1 Arbeitsblatt

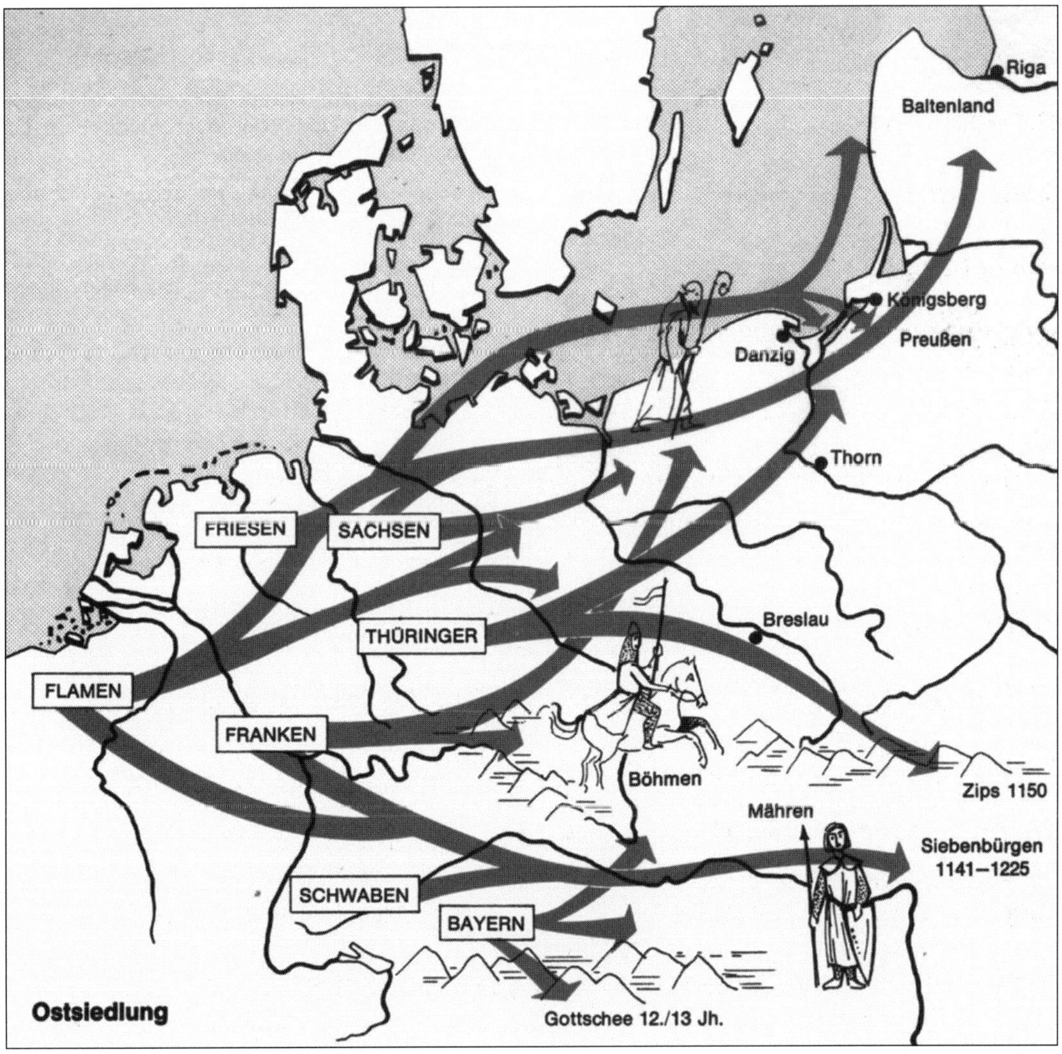

Neue Siedlungen entstehen im Osten

I.	**Hinführung:**	
	Folie 1 (Neue Siedlungen entstehen im Osten)	S. werten die Karte aus.
	Zielangabe	TA: **Der Ruf ins Neuland – Wie ging die Ostbesiedlung vor sich?**
II.	**Erarbeitung:**	
	Informationsblätter/ Auswertung LSG	
	1. Neues Land für die Bauern	S: Werber locken deutsche Bauern nach Polen – Land, keinen Frondienst, 10 Jahre Zinsfreiheit
	2. Im Wagenzug nach Osten	S: Landzuteilung – harte Arbeit – Rodung – Aussaat – Hausbau
	3. Schwerer Neubeginn	S: „Die Ersten haben den Tod, die Zweiten die Not, die Enkel ernten das Brot" – wirtschaftlicher Aufschwung des Landes
	4. Deutsche Siedlungsgebiete	S: Siedlungsgebiete in östlichen Ländern: Posen, Krakau, Lemberg, Prag, Böhmen, Mähren, Burgenland, Gotscheer Ländchen, Siebenbürgen …
III.	**Vertiefung:**	
	Gesamtwiederholung	
IV.	**Sicherung:**	
	Eintrag AB	
V.	**Ausweitung:**	
	Impuls	L: Bis 1945 leben die Deutschen in diesen Ländern.
		S: Vertreibung nach dem Zweiten Weltkrieg …

Neues Land für die Bauern

Seit Otto der Große sein Reich nach Osten ausgedehnt hatte, entstanden zwischen Polen und Deutschen Handels- und Kulturbeziehungen. Der Warenaustausch wurde ausgeweitet, Missionare und Priester verkündeten den christlichen Glauben und brachten viele Kenntnisse mit, die den Polen halfen, ihre Kultur zu erweitern.

Die neuen Klöster waren Vorbild für Landwirtschaft, Handwerk und Baukunst. Aber das weite Land beiderseits der Oder war dünn besiedelt, das Sudetenland war nahezu menschenleer.

Aus diesem Grund begann Herzog Heinrich I. von Schlesien Anfang des 13. Jahrhunderts planmäßig, deutsche Bauern, Ritter und Bürger ins Land zu rufen. Seine Werber zogen ins deutsche Reich, um siedlungswillige Bauern und Handwerker zu suchen. In Sachsen und Thüringen, an Main und Rhein fanden sie interessierte Neusiedler.

Im Reich war der Grund und Boden verteilt. Nur der Erstgeborene auf einem Bauernhof konnte das väterliche Erbe übernehmen. Die nachgeborenen Söhne arbeiteten als Knechte auf dem Hof oder sie mussten sich anderen Grundherren verdingen. Zins und Frondienste, Abhängigkeit und Leibeigenschaft, bedrückten viele Bauern. So fanden die Werber offene Ohren für ihr Angebot.

Im Namen des schlesischen Herzogs luden sie die Bauernsöhne ein, nach Polen zu kommen. Was sie versprachen, war verlockend: Jeder sollte eine „Hufe“[1] Land in einer Größe von ca. 16 ha erhalten. Darüber hinaus wurde 10 Jahre Zinsfreiheit zugesichert. Später sollten die Abgaben niedrig sein. Frondienste würde es in der neuen Heimat nicht geben.

[1] **Hufe:** Flächeneinheit, die die Besitzanteile an der Dorfflur angibt. Andere Begriffe für „Hufe“ sind „Hube“ oder „Lahn“. Eine Hufe entspricht in etwa 5 bis 30 ha, je nach Bodenbeschaffenheit. Die Hufe war auch Bemessungsgrundlage für die Höhe der zu leistenden Abgaben.

Im Wagenzug nach Osten

Viele Bauern und Handwerker schlossen sich den Werbern an. Den Winter über wurde die Reise vorbereitet und die Wagen mit Werkzeug, Ackergerät, Hausrat, Nahrung und Saatgut beladen. Im Frühjahr begann die beschwerliche Reise und reihenweise zogen mit Ochsen bespannte Wagen Richtung Osten. Wochenlang war der Treck unterwegs. Als die Menschen angekommen waren, wartete harte Arbeit auf sie: Unberührtes Land musste gerodet und für die erste Aussaat im Herbst vorbereitet werden. Der Bau eines Hauses noch vor dem Winter war lebensnotwendig.

Als der Wagenzug am Ziel der Fahrt ankam, verteilte der Werber das Land. Zu beiden Seiten des Weges fuhren die Wagen in bestimmten Abständen auf. Mit der Rute[1] wurde jedem ein Stück Land zugeteilt. Dort, wo der Wagen stand, sollte der Hof stehen, dahinter erstreckte sich dann in einem langen Streifen die Ackerflur.

Die Hufe waren meist doppelt so groß wie in der alten Heimat.

Dann wurde die Einteilung der Allmende vorgenommen. Anschließend bestimmten die Menschen ihren Dorfschulzen (Vorsteher des Bauerngerichts). Er erhielt ein doppelt so großes Land wie die anderen Bauern, außerdem wurden ihm besondere Rechte eingeräumt, z. B. eine Mühle oder eine Schänke zu betreiben.

In den Tälern der Sudeten zogen die Wagenzüge Anstiege hinauf. Hier entstanden Waldhufendörfer. Die Ackerstreifen wurden vom Gehöft aus den Hang aufwärts in den Wald hineingeschlagen.

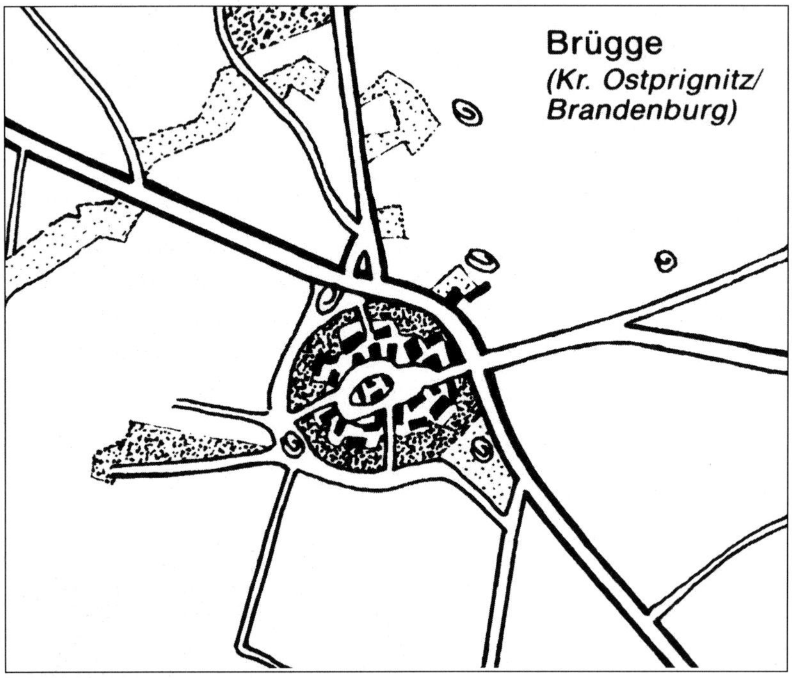

Rundling

Im offenen Gelände stellten die Menschen die Wagen zu einer Wagenburg zusammen. Der freie Platz in der Mitte wurde zum Dorfanger, der später einmal Kirche und Friedhof aufnehmen sollte. Um den Anger[2] wurden kreisförmig die Häuser angeordnet, hinter denen strahlenförmig die dazugehörigen Felder lagen. Die Zufahrtsstraße endete auf dem Kirchplatz. Die Kirche selbst war von Mauern umgeben und bot den Dorfbewohnern Schutz vor Überfällen. Diese Dorfform nennt man Rundling.

[1] **Rute:** Das Längenmaß variiert je nach Land, Region und Epoche. Im Deutschen Reich heiliger römischer Nation entsprach eine Rute zwischen 2,5 und 5,9 m.

[2] **Anger:** Ein Anger ist ein grasbewachsenes Land oder ein Dorfplatz, der von allen Mitgliedern genutzt werden konnte.

Schwerer Neubeginn

Die so entstandenen Gemeinwesen hatten schwere Jahre vor sich. Mit dem Scharpflug mussten schwere Böden aufgerissen werden, Sumpfland wurde entwässert, Wälder gerodet und die Dreifelderwirtschaft mit Fruchtwechsel und Flurzwang sollte in Gang kommen.

Die neuen Siedler mussten sich auf harte Bauernarbeit einstellen. Der Boden, der noch nie bebaut worden war, forderte ihre ganze Kraft. Ein Sprichwort aus dieser Zeit kennzeichnet die Situation der Menschen: „Die Ersten haben den Tod, die Zweiten die Not, die Enkel ernten das Brot."

Das Leben der slawischen Bewohner des Landes wurde von den Neusiedlern nicht beeinträchtigt; die immer schon ansässigen Slawen wurden nicht verdrängt oder unterdrückt. Im Gegenteil: die große Arbeitsleistung und die besseren Ernteerträge der deutschen Neuankömmlinge wurden allgemein bewundert. Die Slawen konnten von den neuen Siedlern vieles lernen und so am wirtschaftlichen Aufschwung des ganzen Landes teilhaben. Bald profitierten sowohl Neusiedler als auch Einheimische von dieser Entwicklung.

Zur gleichen Zeit entstanden in Schlesien die ersten Städte. Handwerker und Kaufleute kamen ins Land und schufen Städte nach deutschem Recht. Alle städtebaulichen Erfahrungen, die sie in der Heimat gemacht hatten, brachten sie mit ins Ostland. Um den Markt entstanden die Häuserblöcke, getrennt durch rechtwinklig sich schneidende Straßen. Durch den zunehmenden Marktverkehr mit der Landbevölkerung und den Fernhandel wuchsen die Städte sehr schnell. Die Bürger wurden wohlhabend; für Sicherheit sorgte das deutsche Stadtrecht, das sie vor Übergriffen schützte.

In knapp 150 Jahren war die Besiedlung Schlesiens abgeschlossen. Dabei waren über 1200 Dörfer und 120 Städte neu entstanden.

Aus dem Sachsenspiegel: Siedler errichten ein Dorf. Links im Bild übergibt der Grundherr dem Schulzen (= Person, die im Auftrag eines Herrn Abgaben einzieht) einen Leihebrief. Rechts zimmern Bauern ein Haus.

Deutsche Siedlungsgebiete in östlichen Ländern

Von Schlesien aus drangen deutsche Siedler in das Land von Weichsel und Warthe ein, um hier zu roden und Landwirtschaft zu betreiben. Neue Städtegründungen nach deutschem Recht folgten; so entstand im Jahr 1253 die Stadt Posen an dem Ort einer alten polnischen Siedlung. In dem Umkreis der Stadt entstanden 17 deutsche Dörfer.

Krakau wurde nach der Zerstörung durch die Mongolen wieder neu aufgebaut, die Stadt Lemberg neu gegründet. Allmählich formierte sich aber der Widerstand des polnischen Adels gegen die deutsche Einwanderung und der Strom der Neusiedler kam zum Erliegen.

Herrscher aus Böhmen riefen deutsche Bauern und Bergleute auf, in die menschenleere Gebiete zu kommen. Bald darauf besiedelten Bayern, Franken, Thüringer und Schlesier das Land. Der König von Böhmen wurde durch die Arbeit der deutschen Bergleute im Erzgebirge zum reichsten deutschen Lehensfürsten.

Im Inneren von Böhmen und Mähren entstanden viele deutsche Sprachinseln.

Als Kaiser Karl IV. Prag zu seiner Regierungsstadt machte, entstand dort die erste deutsche Universität. Deutsche Baumeister schufen die Karlsbrücke, vollendeten den Veitsdom und erneuerten den Hradschin, die Prager Burg.

Aber auch hier kam es zum Widerstand gegen deutsche Überfremdung. Deshalb ließ die Zuwanderung zu Beginn des 15. Jahrhunderts stark nach. Die Randgebiete Böhmens und Mährens und die meisten Städte blieben aber über Jahrhunderte hinweg von Deutschen besiedelt, bis diese nach 1945 aus ihrer angestammten Heimat vertrieben wurden.

Auch in Ungarn gründeten deutsche Bauern und Bürger neue Städte und Dörfer.

Im „Burgenland“ und im „Gotscheer Ländchen“ gab es viele deutsche Bauerndörfer.

In den Karpaten entstanden deutsche Städte, die vorwiegend von Bergmännern bewohnt waren. In Siebenbürgen wurden von den ungarischen Königen deutsche Bauern und Bürger angesiedelt.

Die vom Deutschen Ritterorden[1] um Kronstadt gegründeten Bauerndörfer verbanden sich mit den Siedlungen in Hermannstadt, Klausenburg und Bistriz zur „Sächsischen Gemeinschaft“ (man nannte dort die Einwanderer „Sachsen“). Auf dem Land im Karpatenbogen (im heutigen Rumänien) entstanden rund 250 Dörfer und eine Reihe von Städten.

Viele Jahrhunderte lang haben die Siebenbürger ihre Sprache und Kultur erhalten.
Die deutsche Sprache, deutsche Lieder und Gedichte waren dort ebenso zu Hause wie an Donau und Rhein.

[1] **Deutscher Ritterorden:** Orden, der im 12. Jahrhundert gegründet wurde, und für die Ostbesiedelung durch die Deutschen sehr wichtig war. Der Deutsche Orden besteht heute noch. Offiziell nennen sich die Ordensmitglieder „Brüder vom Deutschen Haus St. Mariens in Jerusalem“.

GESCHICHTE	NAME: ______________	KLASSE: ____	DATUM: __________	NR. ____

Neuansiedlung im Osten

Anfang des 13. Jahrhunderts begann Herzog I. von Schlesien planmäßig dafür zu werben, dass deutsche Bauern und Bürger nach __________ kommen.

Jeder sollte eine „__________" Land in einer Größe von ca. 16 ha erhalten.

Für die Neusiedler, die das Angebot annahmen, ging im __________ die Reise los.

Wochenlang waren sie unterwegs. In der Fremde erwartete die Bauern harte __________.

Unberührtes Land musste __________ und für die erste __________ im Herbst vorbereitet werden. Auch ein __________ musste gebaut werden, ehe es Winter wurde.

Die Slawen lernten viel von den Neusiedlern. In knapp __________ Jahren war die Besiedlung Schlesiens abgeschlossen. __________ Städte und über __________ Dörfer waren neu entstanden.

Auch in anderen östlichen Gebieten entstanden deutsche Siedlungen:

____

____

Im Laufe der Zeit versiegte dann aber der Strom der Neusiedler, da sich Polen und Tschechen aus Angst vor __________ gegen die weitere Besiedlung durch Deutsche wehrten. Viele Jahrhunderte lang aber konnten die Deutschen im Osten ihre __________ und __________ erhalten.

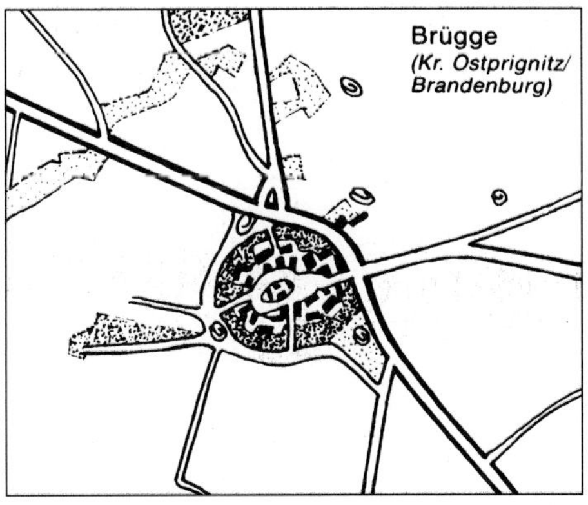

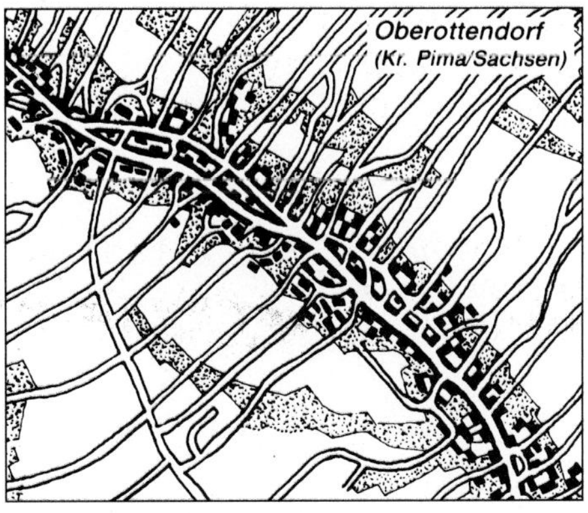

Rundling und Waldhufendorf waren die am meisten verbreiteten Dorfformen im Neusiedelland

GESCHICHTE	NAME: ________	KLASSE: ____	DATUM: ______	NR. ___

Neuansiedlung im Osten

Anfang des 13. Jahrhunderts begann Herzog I. von Schlesien planmäßig dafür zu werben, dass deutsche Bauern und Bürger nach *Polen* kommen.

Jeder sollte eine *„Hufe“* Land in einer Größe von ca. 16 ha erhalten.

Für die Neusiedler, die das Angebot annahmen, ging im *Frühjahr* die Reise los.

Wochenlang waren sie unterwegs. In der Fremde erwartete die Bauern harte *Arbeit*.

Unberührtes Land musste *gerodet* und für die erste *Aussaat* im Herbst vorbereitet werden. Auch ein *Haus* musste gebaut werden, ehe es Winter wurde.

Die Slawen lernten viel von den Neusiedlern. In knapp *150* Jahren war die Besiedlung Schlesiens abgeschlossen. *120* Städte und über *1200* Dörfer waren neu entstanden.

Auch in anderen östlichen Gebieten entstanden deutsche Siedlungen:

Die Städte Krakau, Lemberg, Posen, Prag; in Böhmen und Mähren,

in Ungarn, in den Karpaten, in Siebenbürgen.

Im Laufe der Zeit versiegte dann aber der Strom der Neusiedler, da sich Polen und Tschechen aus Angst vor *Überfremdung* gegen die weitere Besiedlung durch Deutsche wehrten. Viele Jahrhunderte lang aber konnten die Deutschen im Osten ihre *Sprache* und *Kultur* erhalten.

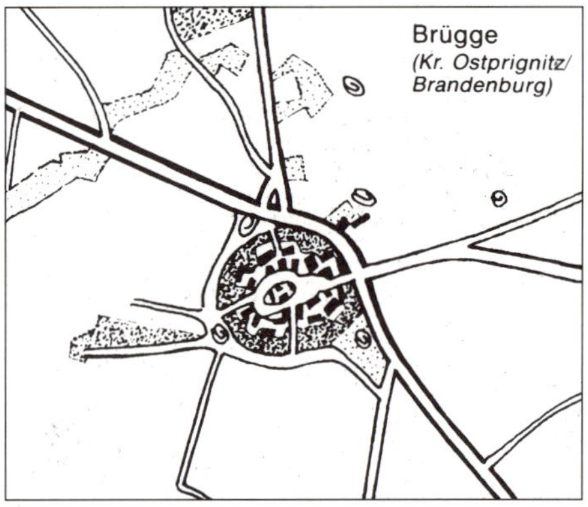

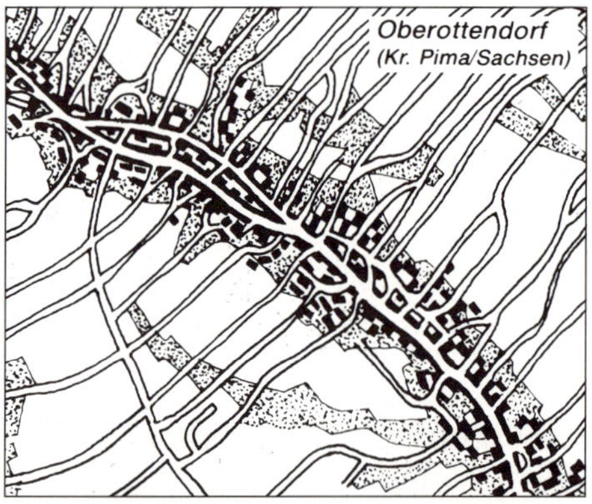

Rundling und Waldhufendorf waren die am meisten verbreiteten Dorfformen im Neusiedelland

GESCHICHTE	NAME: ____________	KLASSE: ____	DATUM: ________	NR. ____

Training „Bäuerliche Lebensformen“

Ergänze den Lückentext und setze folgende Wörter ein:

Zins – Abhängigkeit – Dorfrecht – Räderpflug – Missernten – Pest – Ostsiedlung – Böhmen – kulturelle – Notzeiten – Fron – Landbautechnik – Pommern – Grundherrn – Hungersnöten

Bäuerliche Lebensformen

Das Leben der Bauern im Mittelalter wurde geprägt durch die verschiedenen Arbeiten während des Jahreslaufs. Die Höfe und Felder, auf denen sie arbeiteten, gehörten nicht ihnen, sondern wurden von einem ________________ für bestimmte Abgaben in Form von Naturalien und Geld (________) überlassen.

Außerdem waren sie verpflichtet, eine festgelegte Anzahl von Tagen mit ihren Gespannen auf den Gütern des Grundherrn zu arbeiten oder andere Dienste zu verrichten (________). Der Herr vertrat sie bei Gericht, zog für sie in den Krieg und versorgte sie in ________________ mit Saatgut und Nahrungsmitteln.

Die ________________ der Bauern von ihrem Grundherrn war zwar verschieden groß (Hörige, Leibeigene), aber sie war immer gegeben.

Das ________________ (Weistum) ermöglichte es den Bauern, einige Angelegenheiten selbst zu regeln. Verbesserte Methoden in der ________________ und neue Arbeitsgeräte (________________) ließen die Erträge steigen.

Aber das Bauernleben wurde nicht allein von Arbeit geprägt. Kindstaufe, Hochzeit und Leichenschmaus, Kirchweih und Namenstage, die Feste des Kirchenjahres, Maitanz und Erntedank gaben willkommene Anlässe zum Festefeiern.

Schlimme Zeiten erlebten Bauern infolge von ________________, Überschwemmung, Viehseuchen, Schädlingsbefall und Unwettern. Sie führten häufig zu schrecklichen ________________ in ganz Europa. Krankheit und Armut waren die Folge. An der ____________ starben viele Millionen Menschen in Europa.

Rodung und ________________ boten die Möglichkeit, sich von den Lasten der Grundherrschaft zumindest teilweise zu befreien. Viele Bauern gewannen durch die Auswanderung nach ________________, Schlesien, West- und Ostpreußen, nach ____________ und Ungarn ein größeres Maß an persönlicher Freiheit. Sie haben die ________________ und wirtschaftliche Entwicklung dieser Gebiete stark beeinflusst.

GESCHICHTE	NAME: ____________	KLASSE: ____	DATUM: ________	NR. ___

Training „Bäuerliche Lebensformen“

Ergänze den Lückentext und setze folgende Wörter ein:

Zins – Abhängigkeit – Dorfrecht – Räderpflug – Missernten – Pest – Ostsiedlung – Böhmen – kulturelle – Notzeiten – Fron – Landbautechnik – Pommern – Grundherrn – Hungersnöten

Bäuerliche Lebensformen

Das Leben der Bauern im Mittelalter wurde geprägt durch die verschiedenen Arbeiten während des Jahreslaufs. Die Höfe und Felder, auf denen sie arbeiteten, gehörten nicht ihnen, sondern wurden von einem *Grundherrn* für bestimmte Abgaben in Form von Naturalien und Geld (*Zins*) überlassen.

Außerdem waren sie verpflichtet, eine festgelegte Anzahl von Tagen mit ihren Gespannen auf den Gütern des Grundherrn zu arbeiten oder andere Dienste zu verrichten (*Fron*). Der Herr vertrat sie bei Gericht, zog für sie in den Krieg und versorgte sie in *Notzeiten* mit Saatgut und Nahrungsmitteln.

Die *Abhängigkeit* der Bauern von ihrem Grundherrn war zwar verschieden groß (Hörige, Leibeigene), aber sie war immer gegeben.

Das *Dorfrecht* (Weistum) ermöglichte es den Bauern, einige Angelegenheiten selbst zu regeln. Verbesserte Methoden in der *Landbautechnik* und neue Arbeitsgeräte (*Räderpflug*) ließen die Erträge steigen.

Aber das Bauernleben wurde nicht allein von Arbeit geprägt. Kindstaufe, Hochzeit und Leichenschmaus, Kirchweih und Namenstage, die Feste des Kirchenjahres, Maitanz und Erntedank gaben willkommene Anlässe zum Festefeiern.

Schlimme Zeiten erlebten Bauern infolge von *Missernten*, Überschwemmung, Viehseuchen, Schädlingsbefall und Unwettern. Sie führten häufig zu schrecklichen *Hungersnöten* in ganz Europa. Krankheit und Armut waren die Folge. An der *Pest* starben viele Millionen Menschen in Europa.

Rodung und *Ostsiedlung* boten die Möglichkeit, sich von den Lasten der Grundherrschaft zumindest teilweise zu befreien. Viele Bauern gewannen durch die Auswanderung nach *Pommern*, Schlesien, West- und Ostpreußen, nach *Böhmen* und Ungarn ein größeres Maß an persönlicher Freiheit. Sie haben die *kulturelle* und wirtschaftliche Entwicklung dieser Gebiete stark beeinflusst.

THEMA

Das Kloster im Mittelalter

LERNZIELE

Erkennen, dass die Mönche des Klosters nicht nur beteten, sondern auch als Bauern, Handwerker und Wissenschaftler tätig waren.

Den Leitspruch „Ora et labora!“ kennenlernen.

Den Tagesablauf der Mönche beschreiben können.

Bewusst machen, dass die geistlichen Grundherrn auch weltliche Macht ausübten.

Erkennen, dass die Bauern an die Klöster Abgaben zu leisten hatten und Frondienste ausüben mussten.

Das Sprichwort „Unterm Krummstab ist gut leben“ interpretieren können.

ARBEITSMITTEL / MEDIEN / LITERATURHINWEISE

Folie 1 (Ein Mönch in seiner Studierstube), 2 Informationsblätter, 1 Arbeitsblatt

Zusatz: 46 56463 „Mönche und Klöster I“ (16 min)
46 56464 „Mönche und Klöster II“ (16 min)

Ein Mönch in seiner Studierstube. Er vervielfältigte beispielsweise bedeutende Handschriften.

I. **Hinführung:**

Folie 1 (Ein Mönch in seiner Studierstube)
S. erörtern, was der Mönch gerade macht.

Zielangabe
TA: **Das Kloster im Mittelalter**

II. **Erarbeitung:**

1. TZ: Das Leben im Kloster

Informationsblatt 1/ EA/PA/GA-Auswertung LSG
S: Die Mönche sollten nicht nur beten, sondern arbeiteten auch als Bauern, Handwerker, Wissenschaftler – Leitspruch: „Ora et labora!“ („Bete und arbeite!“) nach Benedikt von Nursia

2. TZ: Das Kloster als Grundherr

Informationsblatt 2/ EA/PA/GA-Auswertung LSG
S: Äbte waren geistliche und weltliche Herrscher – die Bauern hatten Abgaben und Frondienste zu leisten – wirtschaftliche Interessen der Klöster

III. **Vertiefung:**

Gesamtwiederholung

IV. **Sicherung:**

Eintrag AB

V. **Ausweitung:**

Impuls
L: Den Bauern, die für die Klöster arbeiteten, ging es nicht so schlecht wie den Bauern, die den weltlichen Herren dienten.

S: „Unter dem Krummstab ist gut leben.“

Mönchische Lebensformen

Lebensformen nach der Regel des heiligen Benedikt

Benedikt von Nursia[1] hatte im Jahre 529 auf dem Monte Cassino in Italien eine Mönchsgemeinschaft gegründet. Solche Klöster gab es in der Kirche des Oströmischen Reiches schon länger. Die Mönche sollten aber nicht nur im Gebet verharren, sondern auch über die Klostermauern hinaus wirken. Sie sollten zu Lehrmeistern des Glaubens werden, aber auch zu Lehrern der Landwirtschaft und des Handwerks, der Baukunst und der Wissenschaften.

„Ora et labora!" („Bete und arbeite!") war der Leitspruch, den Benedikt seinen Mönchen gab. Bevor sie fest in den Orden aufgenommen wurden, mussten sie die Gelübde des Gehorsams, der Armut und der Keuschheit ablegen. Sie sollten ihnen helfen, die gestellten Aufgaben zu erfüllen.

Gebet und Arbeit bestimmten den Tagesablauf der Mönche. In der Klosterkirche trafen sich die Mönche zu Messe und Chorgebet. Mehrmals am Tag und in der Nacht rief sie die Glocke zum gemeinsamen Lob Gottes.

Die übrige Zeit gehörte der Arbeit. In Schreibstube und Bibliothek studierten die Mönche das Wissen ihrer Zeit und schrieben es auf. In der Landwirtschaft und in den Werkstätten arbeiteten Brüder als Bauern und Handwerker. Im Hospital des Klosters wurden viele Kranke aufgenommen, die wegen ihrer Gebrechen anderswo keine Bleibe fanden. Witwen und Waisen, Arme und Hilfsbedürftige wurden betreut.

Der hl. Benedikt und ein weiterer Abt (nach einer alten Miniatur).

[1] **Benedikt von Nursia:** Benedikt wurde um 480 in Nursia, das liegt in Italien (Nähe Perugia) geboren und starb 547 auf dem Monte Cassino. Als Sohn reicher Landbesitzer konnte er in Rom studieren. Durch die Sittenlosigkeit seiner Mitstudenten zog er sich aber in eine Höhle zurück und lebte dort drei Jahre für sich. Danach wurde er Klostervorsteher des Klosters Vicovaro, dem er eine neue Ordnung gab. Dort musste er aufgrund seiner unbequemen Neuordnungen das Kloster wieder verlassen, gründete dann weitere neue Klöster, bis er 547 auf dem Monte Cassino ein Kloster gründete, das heute als Stammhaus der Benediktiner gilt. Im Rückblick wird er als der Begründer der organisierten klösterlichen Pflege angesehen.

Das Kloster als Grundherr

Der mittelalterliche Grundbesitz der Klöster ging auf Stiftungen von König, Herzog und Adel zurück. Die Äbte stellten nicht nur geistliche Führung der Mönchsgemeinschaften dar, sie übten als Grundherrn auch weltliche Macht aus.

Die Stifter der Landschenkungen handelten hauptsächlich aus religiösen Gründen, wollten sie zum einen ihr eigenes Seelenheil retten und zum anderen aber auch zur Verbreitung des Glaubens beitragen. Ebenso waren wirtschaftliche Interessen im Spiel. So sorgten die Klöster dafür, dass in großen Forstgebieten, in Flussniederungen und in den Alpentälern gerodet und Landbau betrieben wurde.

Die Grundholden der Klöster bekamen als Starthilfe Vieh, Saatgut und Wirtschaftsgeräte und Unterstützung bei Missernten, Kriegs- und Naturkatastrophen.

Im Gegenzug erhielten die Klöster Abgaben und Frondienste, wie andere Grundherrn auch. Die Fürsorge der kirchlichen Grundherrn war aber doch oft größer als die der weltlichen. Diese Tatsache belegt ein altes Sprichwort aus dieser Zeit: „Unterm Krummstab ist gut leben!“[1]

Beispiel eines Krummstabs

[1] **„Unterm Krummstab ist gut leben!“:** Der Krummstab heißt auch Bischofs- oder Abtsstab. Das Sprichwort bedeutet, dass man unter kirchlicher Macht besser leben konnte und keine Leibeigenschaft zu erwarten hatte.

GESCHICHTE	NAME: ____________	KLASSE: ____	DATUM: ________	NR. ____

Das Kloster im Mittelalter

Die Mönche der Klöster sollten nicht nur beten, sondern auch über die Klostermauern hinaus tätig werden. Sie sollten zu Lehrmeistern des ______________, aber auch zu Lehrern der ______________ und des ______________, der ______________ und der ______________ werden.

„______________“ („Bete und arbeite!“) war der Leitspruch, den Benedikt von Nursia seinen Mönchen gegeben hatte.

Gebet und Arbeit bestimmten den Tagesablauf der Mönche. In der ______________ trafen sie sich zum Gebet, in der Landwirtschaft arbeiteten Mönche als ______________, in den ______________ als Handwerker.

Die Äbte waren nicht nur geistliche Führer ihrer Mönchsgemeinschaften, sie übten als ______________ auch weltliche Macht aus. Die Bauern leisteten dem Kloster ______________ und ______________, wie jedem anderen Grundherrn auch.

Das Sprichwort „______________ ______________“ deutet darauf hin, dass die Bauern unter ihrem kirchlichen Grundherrn relativ bequem leben konnten.

Ein Auszug aus dem Echternacher Evangelienbuch. Die Darstellungen vermitteln einen Überblick über die Arbeitsweise, die Geräte und die Kleidung der Bauern.

GESCHICHTE	NAME: ______	KLASSE: ___	DATUM: ______	NR. ___

Das Kloster im Mittelalter

Die Mönche der Klöster sollten nicht nur beten, sondern auch über die Klostermauern hinaus tätig werden. Sie sollten zu Lehrmeistern des *Glaubens*, aber auch zu Lehrern der *Landwirtschaft* und des *Handwerks*, der *Baukunst* und der *Wissenschaften* werden.

„Ora et labora!“ („Bete und arbeite!“) war der Leitspruch, den Benedikt von Nursia seinen Mönchen gegeben hatte.

Gebet und Arbeit bestimmten den Tagesablauf der Mönche. In der *Klosterkirche* trafen sie sich zum Gebet, in der Landwirtschaft arbeiteten Mönche als *Bauern*, in den *Werkstätten* als Handwerker.

Die Äbte waren nicht nur geistliche Führer ihrer Mönchsgemeinschaften, sie übten als *Grundherrn* auch weltliche Macht aus. Die Bauern leisteten dem Kloster *Abgaben* und *Frondienste*, wie jedem anderen Grundherrn auch.

Das Sprichwort *„Unter Krummstab ist gut leben!“* deutet darauf hin, dass die Bauern unter ihrem kirchlichen Grundherrn relativ bequem leben konnten.

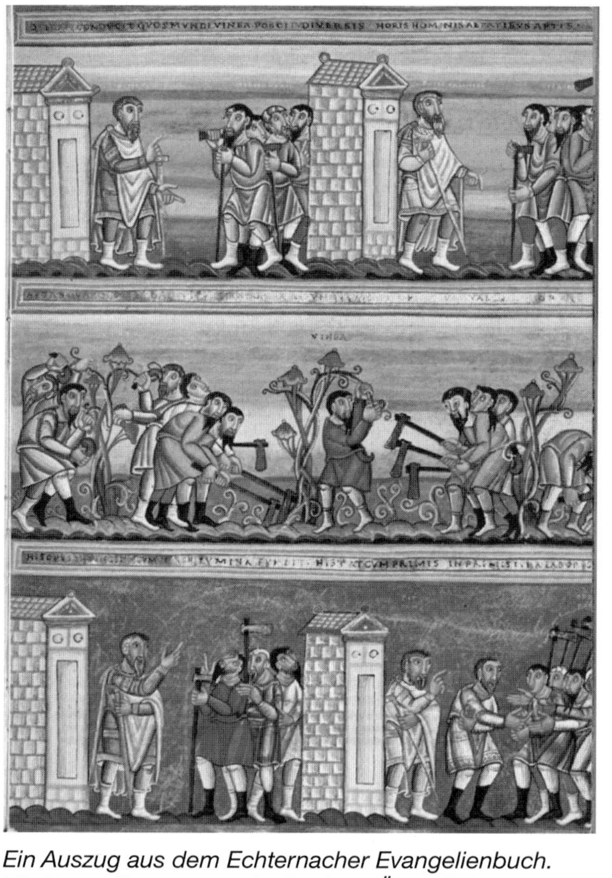

Ein Auszug aus dem Echternacher Evangelienbuch. Die Darstellungen vermitteln einen Überblick über die Arbeitsweise, die Geräte und die Kleidung der Bauern.

THEMA

In einer romanischen Kirche

LERNZIELE

Merkmale des romanischen Baustils kennenlernen.

Bewusst machen, dass dieser Baustil in Italien seinen Ursprung hatte.

Die romanische Kirche als „Burg Gottes“ kennenlernen.

Das Christusbild der Romanik beschreiben können.

Den romanischen Baustil erkennen.

ARBEITSMITTEL / MEDIEN / LITERATURHINWEISE

Folie 1 (Eine romanische Kirche), 2 Informationsblätter, 1 Arbeitsblatt

TAFELBILD / FOLIEN

Eine romanische Kirche

I. **Hinführung:**

Folie 1 (Eine romanische Kirche)	S. betrachten das Foto.
Zielangabe	TA: **In einer romanischen Kirche**

II. **Erarbeitung:**

1. TZ: Die Romanik

Informationsblatt 1/ EA/PA/GA-Auswertung LSG	S: Vorbild Italien – großräumige Kirchenbauten – Rundbogen = „Römische Bogen“

2. TZ: Die „Burg Gottes“

Informationsblatt 1/ EA/PA/GA-Auswertung LSG	S: Kriegerische Haltung des Christentums zeigt sich im Kirchenbau – Gottesburgen – mächtige Mauern – dunkler Innenraum – Mittelschiff – Seitenschiffe – Chor, Apsis – Krypta – Rundbogenfenster

III. **Vertiefung:**

Gesamtwiederholung

IV. **Sicherung:**

Eintrag AB

V. **Ausweitung:**

Informationsblatt 2/ Das Christusbild in der Romanik	S: Jesus wirkt gütig – er zeigt sich als der überlegene Herrscher: Jesus ist König, auch im Leid.

Die Romanik – große Bauwerke nach italienischem Vorbild

Kaiser, Fürsten und Klöster standen im Wettstreit miteinander, wenn es darum ging, große Kirchen zu bauen, wie sie nördlich der Alpen bisher unbekannt waren. Vorbilder für die Baumeister waren dabei die Basiliken in Italien. Nach ihrer Herkunft bezeichnete man diese Art zu bauen als romanischen Baustil.

Die italienischen Baumeister wurden zu Vorbildern der Architekten in Deutschland.

In den spätrömischen Kirchen war der Hauptraum der Kirche durch Säulenreihen von den niedrigeren Seitenschiffen getrennt. Die Last der Hauptmauern wurde durch Rundbogen auf die tragenden Säulen verteilt. Die Baumeister nördlich der Alpen übernahmen diese „Römischen Bogen“ als tragende Bauteile in den Kirchenbau.

Die „Burg Gottes“

Vom 11. bis zum 13. Jahrhundert war das Christentum an vielen kriegerischen Auseinandersetzungen beteiligt. Die Ritter wurden in den Kreuzzügen zu „Soldaten Christi“, die Bedrohung durch die Mauren aus Spanien veranlasste auch im Westen Europas eine ständige Verteidigungsbereitschaft, die sich nun im Kirchenbau zeigte.

Mächtige Gesteinsmassen wurden zu „Gottesburgen“ aufgetürmt. Große, mit Türmen bewehrte Mauern unterstrichen das äußere Bild einer festen Burg:
Der Innenraum, den man durch das festungsartige „Westwerk“ betrat, lag im Dunkeln. Das hohe Mittelschiff war von einem Tonnengewölbe überdeckt, dessen Tragmauern von viereckigen Pfeilern[1] und gedrungenen Rundsäulen getragen wurden. Zu beiden Seiten des Mittelschiffs befanden sich die Seitenschiffe.

In der Verlängerung des Mittelschiffs erhoben sich Chor (= erhöhter Kirchenraum mit Hauptaltar) und Apsis (= Altarnische) einige Stufen über den Boden des Schiffes.

Darunter befand sich die Krypta, eine Gruftkapelle, in der meist die Gebeine des Kirchenpatrons und sonstige Reliquien verehrt wurden.

Im Wandteil oberhalb der Säulenbogen waren die Rundbogenfenster[2] angebracht, die mit kunstvollen Glasmalereien versehen waren und den Innenraum der Kirche in ein geheimnisvolles Licht tauchten.

Wie jede Stilrichtung war auch der romanische Kirchenbau einem stetigen Wandel unterworfen. Das Tonnengewölbe[3] wurde zum Kreuzgewölbe[4] und später zum Kreuzrippengewölbe[5]. Das tragende Haupt der Säulen (= Kapitell) wandelte sich vom einfachen Würfelkapitell[6] zum künstlerisch gestalteten Bildkapitell[7].

[1] **Pfeiler:** Ein Pfeiler ist eine senkrechte Stütze.
[2] **Rundbogenfenster:** Eine Technik, die es bereits bei den Römern gab.
[3] **Tonnengewölbe:** Die Wölbung sieht wie eine Tonne aus.
[4] **Kreuzgewölbe:** Die Wölbung sieht wie ein Kreuz aus. Vier Elemente treffen sich.
[5] **Kreuzrippengewölbe:** Hier werden zuerst die Rippen gebaut. Das Gewölbe hat keine tragende Funktion.
[6] **Würfelkapitell:** Das Ende einer Säule ist mit würfelförmigen Aufsatz. Unten sind die Ecken abgerundet.
[7] **Bildkapitell:** Das Ende der Säule enthält Tiere und Menschen. Es können ganze Szenen dargestellt sein und über mehrere Kapitelle sogar eine Geschichte erzählt werden.

Klosterkirche Maria Laach

Das Christusbild in der Romanik

Um die Jahrtausendwende beginnt der Bau der großen Dome. Der romanische Stil mit seinem besondern Kennzeichen, den Rundbögen, entsteht. Kirchen und Dome gleichen Himmelsburgen, fest gefügt und monumental. Die Menschen dieser Zeit leben dem Reich Gottes entgegen. Sinnbild der Nähe des Herrn sind die Kirchen, die sie bauen. Sie bieten – wie die Nähe Gottes – Sicherheit.

Jesus wirkt bei diesen Darstellungen älter als er bei seiner Kreuzigung sein konnte. Nicht hart und vorwurfsvoll, sondern gütig und voller Erbarmen ist der Blick des Gekreuzigten. In ihm zeigt sich Jesus als der überlegene Herrscher. Ihm kommt alle Macht zu. Er hat die Kraft, alles Leid zu tragen: Jesus ist König, auch im Leid.

Romanische Kreuzigungsdarstellung (Kölner Dom)

GESCHICHTE	NAME: ______	KLASSE: ____	DATUM: ______	NR. ____

In einer romanischen Kirche

Der Baustil der Romanik kommt aus ________________. Sein besonderes Merkmal

ist der ________________.

Weitere bestimmende Merkmale:

____

____

Das Christusbild der Romanik zeigt Jesus als ______________________________.

Erläutere, warum folgende Bilder Beispiele für den romanischen Stil sind!

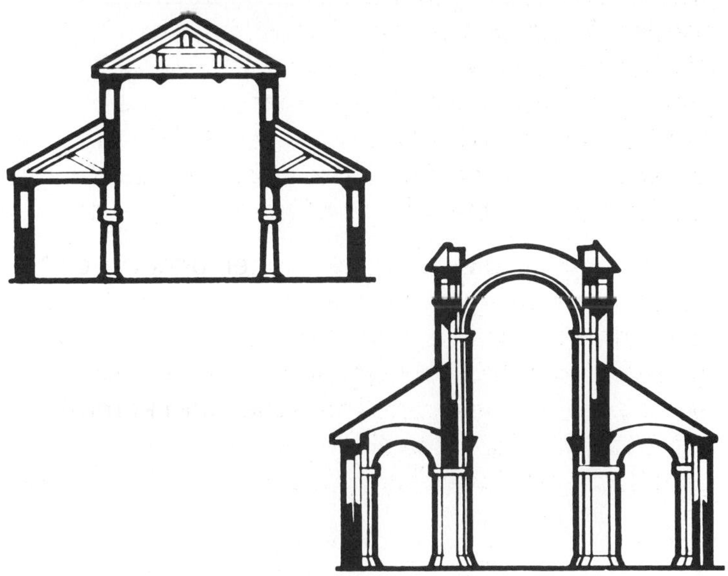

In einer romanischen Kirche

Der Baustil der Romanik kommt aus *Italien*. Sein besonderes Merkmal ist der *Rundbogen*.

Weitere bestimmende Merkmale:

Mächtige Mauern, Rundbogenfenster, dunkler Innenraum, Mittelschiff mit Seitenschiffen, Rundsäulen, erhöhter Chor und Apsis, Kreuzgewölbe.

Das Christusbild der Romanik zeigt Jesus als *König und Herrscher*.

Erläutere, warum folgende Bilder Beispiele für den romanischen Stil sind!

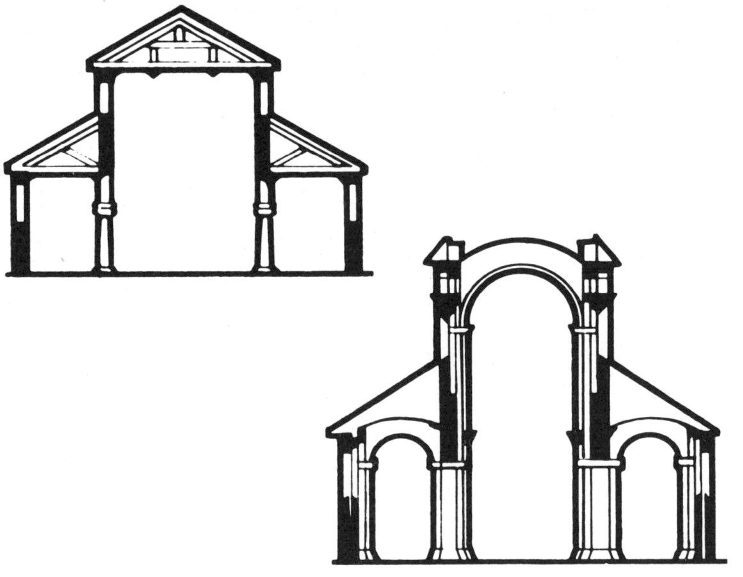

THEMA

Klöster als Mittelpunkt des religiösen und kulturellen Lebens

LERNZIELE

Erkennen, dass Klöster Mittelpunkt religiösen Lebens waren.

Die Bedeutung der Klöster für Kunst und Wissenschaft bewusst machen.

Die Bedeutung der Klosterschulen beschreiben können.

Bewusst machen, dass aus den Klöstern bedeutende Frauen hervorgegangen sind.

Die Bedeutung der Klöster für die Landwirtschaft beurteilen können.

Die Klöster als Zentren des Handwerks begreifen.

Bewusst machen, dass die Klöster des Mittelalters Zentren des religiösen und kulturellen Lebens waren.

ARBEITSMITTEL / MEDIEN / LITERATURHINWEISE

Folie 1 (Ein Klosterplan), 3 Informationsblätter, 1 Arbeitsblatt

Zusatz: 46 56463 „Mönche und Klöster I" (16 min)
46 56464 „Mönche und Klöster II" (16 min)

TAFELBILD / FOLIEN

Ein Klosterplan. In der Mitte steht die Hauptkirche. An die Kirche schließt der Kreuzgang an.

I. **Hinführung:**	
Folie 1 (Ein Klosterplan)	S. betrachten den Plan.
Zielangabe	TA: **Klöster als Mittelpunkt des religiösen und kulturellen Lebens. Welche Bedeutung hatte das Kloster für die Menschen?**
II. **Erarbeitung:**	
Informationsblätter 1–4/ EA/PA/GA-Auswertung LSG	
1. TZ: Religiöses Leben	S: Hilfe für Arme – Zisterzienser – Prämonstratenser – Dominikaner Franziskaner
2. TZ: Kunst und Wissenschaft	S: Werke der Dichtkunst und Geschichtsschreibung – Albertus Magnus – Wissen der Zeit wird aufgeschrieben
3. TZ: Klosterschulen	S: Unterrichtssprache Latein – Rechnen, Raumlehre, Erdkunde, Naturkunde, Musik, Astronomie, Männer- und Frauenklöster – Hildegard von Bingen
4. TZ: Landwirtschaft	S: besseres Saatgut – neue Anbaumethoden – Düngung – Weitergabe der Kenntnisse an Bauern
5. TZ: Handwerk	S: Mühle, Backstube, Schmiede, Schreinerei, Buchbinderei, Kloster als Ursprung handwerklichen Könnens
III. **Vertiefung:**	
Gesamtwiederholung	
IV. **Sicherung:**	
Eintrag AB	

Klöster sind Mittelpunkte religiösen Lebens

Die Klöster waren stets um die Erneuerung des christlichen Lebens bemüht.

Einige Orden predigten in einer Zeit, in der sich Geldwesen und Wohlstand verbreiteten, den Wert der Armut und trösteten die Armen. Die Orden der Prämonstratenser und Zisterzienser nahmen sich besonders der Bauern an und missionierten in den Ostgebieten. Franziskaner und Dominikaner bauten ihre Klöster in den Städten, verkündeten dort das Wort Gottes und galten als Vorbild.

Die Mönche pflegten Kunst und Wissenschaft

Noch zu Lebzeiten des heiligen Benedikt begannen Mönche damit, das Wissen ihrer Zeit zu sammeln und niederzuschreiben. Gebetbücher, Erläuterungsschriften, das Alte und das Neue Testament geben ein eindrucksvolles Zeugnis vom Fleiß der Mönche. Die Bücherschätze der Klöster beinhalten auch frühe Werke der Dichtkunst: Das „Wessobrunner Gebet" schildert den Beginn der Schöpfungsgeschichte.

Daneben entstanden auch große Werke der Geschichtsschreibung: Albertus Magnus, ein Dominikanermönch aus Lauingen/Bayern, beschäftigte sich neben Theologie und Philosophie auch mit Studien der Naturwissenschaft. Allein sein schriftlicher Nachlass umfasst ca. 40 Bände.

Klosterschulen unterrichteten Knaben und Mädchen

Die Klöster richteten Schulen ein, in denen junge Mönche ausgebildet wurden. Aber auch Kinder, die nicht im Kloster bleiben wollten, konnten sie besuchen. Die Unterrichts- und Umgangssprache war Latein. Nur die neu eingetretenen Schüler durften sich zu Beginn in ihrer Muttersprache unterhalten.

Die Klosterschule forderte absolute Integration. Wer störte, musste fasten, wurde eingesperrt oder mit der Rute bestraft.

Nachdem die Schüler die lateinische Sprache in Wort und Schrift gelernt hatten, versuchten sie sich in der mündlichen Ausdrucksweise zu verbessern. Sie hielten Reden, dichteten Verse und erklärten die Heilige Schrift.

Weitere Fächer waren Rechnen und Raumlehre, Erdkunde und Naturkunde. Im Musikunterricht pflegten sie den Kirchengesang, in der Astronomie (= Sternkunde) lernten sie den Sternenhimmel kennen.

Neben den Klöstern für Männer gab es auch Klöster für Frauen. Sie stellten kunstvolle Handarbeiten her, betreuten Arme und Kranke, erweiterten ihr Wissen über die Heilkunst, die Musik und die lateinische Sprache. Mädchen aus vornehmen adeligen Familien wurden in den Frauenklöstern dazu erzogen, mit ihren Mitmenschen gesittet, ihrem Stand entsprechend, umzugehen.

Hildegard von Bingen lebte von 1098 bis 1179. Sie gehörte einem Orden der Benediktinerinnen an. Ab 1136 war sie auch Äbtissin, d. h. „Vorsteherin" des Klosters. Sie schrieb sehr viele Werke, die sich u. a. mit Medizin, Religion und Musik befassten.

Die Klöster des Mittelalters brachten große Frauen hervor: Die Äbtissin Hildegard von Bingen war die bedeutendste Naturforscherin und Ärztin ihrer Zeit.

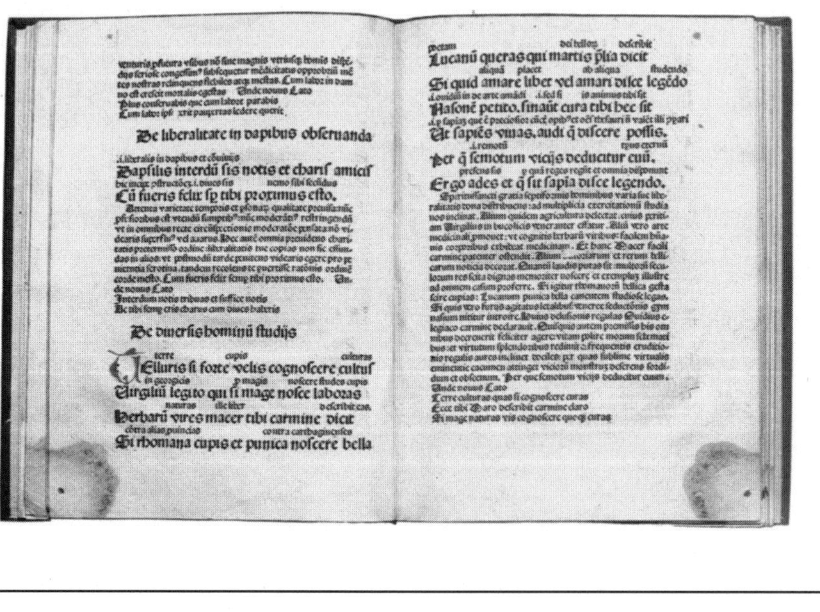

Die Bedeutung der Klöster für die Landwirtschaft

Die landwirtschaftlichen Betriebe der Mönche wurden zum Vorbild für die Bauern der Umgebung. Die Mönche konnten ihre Erfahrungen im Ackerbau und in der Viehzucht untereinander austauschen und gewannen dadurch neue Einsichten.

Sie züchteten neues Saatgut und verbesserten die Bodenbearbeitung, sodass höhere Ernteerträge erzielt werden konnten. Sie förderten den Obstbau und erarbeiteten neue Methoden zur Zucht und Pflege des Tierbestandes. Sie bauten Gemüse an, erweiterten das Wissen über Gewürz- und Heilkräuter und begannen, in einigen Gegenden Deutschlands Wein anzubauen.

Dieses Wissen gaben die Mönche an die Bauern der Umgebung weiter. Sie versorgten die Bauern mit Saatgut und unterrichteten sie in den neuen Techniken des Ackerbaus, lehrten sie das Veredeln der Obstbäume und stellten ihnen Zuchtvieh aus den Ställen des Klosters zur Verfügung.

Auch Erkenntnisse zur Verbesserung des Bodens gaben die Mönche an die Bauern weiter. Kalkmergel und Mist wurde zur Düngung des Bodens verwendet und bestimmte Anbaufolgen trugen zur besseren Nutzung der Dreifelderwirtschaft bei.

Die Versorgung des Klosters mit Nahrung war durch das Gemeinschaftswerk der Mönche gesichert. Für das Umland wurde das Kloster zu einer Stätte der Bildung und Ausbildung; die Mönche waren die Lehrmeister der Bauern.

Die Klöster – Zentren des Handwerks

Die Mönche arbeiteten in Werkstätten aller Art für ihre Gemeinschaft. Sie waren in der Mühle und in der Backstube, in der Schmiede, der Schreinerei und Buchbinderei tätig. Aber auch als Goldschmiede und Bildhauer arbeiteten sie mit großem handwerklichen Geschick und künstlerischem Einfühlungsvermögen an der Ausstattung von Kirche und Kloster. Von der Kunstfertigkeit, mit der sie Edelmetalle bearbeiteten, zeugen reich verzierte Reliquienschreine[1].

Besonders prachtvoll gestalteten sie Bucheinbände. Elfenbein wurde mit Messer und Stichel zu wertvollen Buchdeckeln, Gold und Silber zu originellen „Schließen" verarbeitet, Edelsteine in kunstvollen Fassungen verankert.

Viele dieser handwerklichen Tätigkeiten wurden im Laufe der Zeit von Laien aus dem Umland übernommen. So wurde das Kloster auch zum Ursprung handwerklichen Könnens in der jeweiligen Umgebung.

Reliquie

[1] **Reliquie:** Eine Reliquie ist ein Körperteil oder ein Gegenstand aus dem persönlichen Besitz eines Heiligen. Die Gläubigen verehren diese Dinge.

GESCHICHTE	NAME: ______	KLASSE: ______	DATUM: ______	NR. ______

Welche Bedeutung hatte das Kloster für die Menschen des Mittelalters?

Ein Kloster zur Zeit des Mittelalters glich einer befestigten ______. Vor der Klosteranlage lagen die Besitzungen wie ______. Manchmal zählte sogar eine Burg zum Besitz. Es handelte sich dabei meist um Schenkungen.

Die Klosteranlage an sich bestand aus einem Kreuzgang, einem Speisesaal, dem Schlafsaal und den Wirtschaftsgebäuden.

Die Mönche lebten nach strengen ______. Jedem Mönch war eine feste Aufgabe zugeteilt, die den Alltag des Klosters organisierte. Zu den besonders wichtigen Aufgaben zählte die Arbeit in der ______. Hier wurden Handschriften vervielfältigt. Darüber hinaus mussten alle Mönche ______.

Die Klosterschule bildete Jungen aus, die für den geistlichen Stand bestimmt waren. Aber auch Söhne aus adeligen Familien, die später einmal nicht in die kirchliche Laufbahn eintraten, wurden zur Erziehung und Ausbildung ins Kloster gegeben. Sie lernten dort ______.

Auch in den ______ herrschten strenge Regeln. Ähnlich wie bei den Mönchen mussten die Nonnen ______ und ______. Sie verrichteten z.B. ______ und wirkten Teppiche. Außerdem arbeiteten sie als ______. Ein berühmtes Beispiel ist ______ ______. In den Schulen der Nonnenklöster wurden hauptsächlich Mädchen aus adeligem Hause unterrichtet.

Im Mittelalter hatten Klöster ______ Einfluss. Sie lernten den Bauern, wie sie mit modernen Techniken den Ertrag ihrer Felder steigern konnten bzw. wie man Nutztiere pflegt und züchtet.

Mönch und Laie in einer Schreibstube

GESCHICHTE	NAME: ______________	KLASSE: _____	DATUM: _________	NR. ____

Welche Bedeutung hatte das Kloster für die Menschen des Mittelalters?

Ein Kloster zur Zeit des Mittelalters glich einer befestigten *Stadt*. Vor der Klosteranlage lagen die Besitzungen wie *Felder, Wiesen, Wälder, Dörfer*. Manchmal zählte sogar eine Burg zum Besitz. Es handelte sich dabei meist um Schenkungen. Die Klosteranlage an sich bestand aus einem Kreuzgang, einem Speisesaal, dem Schlafsaal und den Wirtschaftsgebäuden.

Die Mönche lebten nach strengen *Regeln*. Jedem Mönch war eine feste Aufgabe zugeteilt, die den Alltag des Klosters organisierte. Zu den besonders wichtigen Aufgaben zählte die Arbeit in der *Klosterbibliothek*. Hier wurden Handschriften vervielfältigt. Darüber hinaus mussten alle Mönche *Gott dienen*.

Die Klosterschule bildete Jungen aus, die für den geistlichen Stand bestimmt waren. Aber auch Söhne aus adeligen Familien, die später einmal nicht in die kirchliche Laufbahn eintraten, wurden zur Erziehung und Ausbildung ins Kloster gegeben. Sie lernten dort *lesen, schreiben, rechnen und die lateinische Sprache*.

Auch in den *Nonnenklöstern* herrschten strenge Regeln. Ähnlich wie bei den Mönchen mussten die Nonnen *beten* und *arbeiten*. Sie verrichteten z. B. *Handarbeiten* und wirkten Teppiche. Außerdem arbeiteten sie als *Ärztinnen und Pflegerinnen*. Ein berühmtes Beispiel ist *Hildegard von Bingen*. In den Schulen der Nonnenklöster wurden hauptsächlich Mädchen aus adeligem Hause unterrichtet.

Im Mittelalter hatten Klöster *großen* Einfluss. Sie lernten den Bauern, wie sie mit modernen Techniken den Ertrag ihrer Felder steigern konnten bzw. wie man Nutztiere pflegt und züchtet.

Mönch und Laie in einer Schreibstube

GESCHICHTE

NAME: ______________ KLASSE: ____ DATUM: ________ NR. ____

Training „Mönchische Lebensformen“

1. Beide Bilder symbolisieren das Fundament der Glaubensregeln, nämlich: „Ora et labora!“

Beschreibe anhand der beiden Bilder, was damit gemeint ist, und gib den Satz in der deutschen Sprache wieder!

„____!“

Die fünf Miniaturen zeigen Tätigkeiten und Tugenden der Mönche. Kannst du erklären, was abgebildet ist?

____

____

____

____

____

____

2. Ergänze den Lückentext und setze die folgen Wörter ein:

Kranke – Glaubens – Geschichte – Handwerker – Burg Gottes – Hilfsbedürftige – Dichtkunst – Klosterschulen – Wissen ihrer Zeit – landwirtschaftlichen – romanischen – Rundbogen – Weltenherrscher – Bete und arbeite! – Bauern – Adeligen

Lebensgemeinschaften nach der Regel des heiligen Benedikt von Nursia entstanden auch in den Klöstern unserer Heimat. Unter dem Leitsatz „Ora et labora!" („____________ ____________") lebten die Mönche nach der Ordensregel in Gehorsam und Armut. Ihr Wirken ging aber auch über die Klostermauern hinaus.

Sie waren nicht nur Lehrmeister des ____________. In Schreibstube und Bibliothek studierten sie das ____________ und schrieben es auf.

Sie arbeiteten als ____________ und ____________.

Im Hospital des Klosters sorgten sie für ____________ und Gebrechliche.

Aber auch Arme und ____________ wurden betreut.

Werke der ____________ sind uns aus den Klöstern ebenso überliefert wie Bücher wissenschaftlichen Inhalts und Aufzeichnungen aus der ____________.

In den ____________ wurden junge Mönche und Nonnen herangebildet und die Kinder der ____________ unterrichtet. Nach strengen Regeln erlernten sie das Wissen ihrer Zeit und wurden im religiösen Geist erzogen.

Die Klöster waren Vorbild in Rodung und Ackerbau und ihre ____________ Betriebe wurden zum Beispiel für die Bauern des Umlandes.

Vom 10. bis zum 12. Jahrhundert entstanden in Europa viele Klöster und Kirchen im ____________ Baustil. Auch Kunstwerke in Malerei und Plastik tragen diese Stilformen. ____________ und starke, mit Würfelkapitellen geschmückte Säulen sind tragende Bauteile in der „____________".

Romanische Bildwerke zeigen Jesus Christus als ____________.

Training „Mönchische Lebensformen“

1. Beide Bilder symbolisieren das Fundament der Glaubensregeln, nämlich: „Ora et labora!“

Beschreibe anhand der beiden Bilder, was damit gemeint ist, und gib den Satz in der deutschen Sprache wieder!

„*Bete und arbeite*!“

Die fünf Miniaturen zeigen Tätigkeiten und Tugenden der Mönche. Kannst du erklären, was abgebildet ist?

Disziplin und Gehorsam (dafür stehen Pfeile, Strick und Schild)

geistliches Studium

Enthaltsamkeit (s. leere Teller)

betender Mönch (s. vor Engel kniend)

Gotteslob (symbolisiert durch Posaune und Orgel)

2. Ergänze den Lückentext und setze die folgen Wörter ein:

Kranke – Glaubens – Geschichte – Handwerker – Burg Gottes – Hilfsbedürftige – Dichtkunst – Klosterschulen – Wissen ihrer Zeit – landwirtschaftlichen – romanischen – Rundbogen – Weltenherrscher – Bete und arbeite! – Bauern – Adeligen

Lebensgemeinschaften nach der Regel des heiligen Benedikt von Nursia entstanden auch in den Klöstern unserer Heimat. Unter dem Leitsatz „Ora et labora!" *(„Bete und arbeite!")* lebten die Mönche nach der Ordensregel in Gehorsam und Armut. Ihr Wirken ging aber auch über die Klostermauern hinaus.

Sie waren nicht nur Lehrmeister des *Glaubens*. In Schreibstube und Bibliothek studierten sie das *Wissen ihrer Zeit* und schrieben es auf.

Sie arbeiteten als *Bauern* und *Handwerker*.

Im Hospital des Klosters sorgten sie für *Kranke* und Gebrechliche.

Aber auch Arme und *Hilfsbedürftige* wurden betreut.

Werke der *Dichtkunst* sind uns aus den Klöstern ebenso überliefert wie Bücher wissenschaftlichen Inhalts und Aufzeichnungen aus der *Geschichte*.

In den *Klosterschulen* wurden junge Mönche und Nonnen herangebildet und die Kinder der *Adeligen* unterrichtet. Nach strengen Regeln erlernten sie das Wissen ihrer Zeit und wurden im religiösen Geist erzogen.

Die Klöster waren Vorbild in Rodung und Ackerbau und ihre *landwirtschaftlichen* Betriebe wurden zum Beispiel für die Bauern des Umlandes.

Vom 10. bis zum 12. Jahrhundert entstanden in Europa viele Klöster und Kirchen im *romanischen* Baustil. Auch Kunstwerke in Malerei und Plastik tragen diese Stilformen. *Rundbogen* und starke, mit Würfelkapitellen geschmückte Säulen sind tragende Bauteile in der *„Burg Gottes"*.

Romanische Bildwerke zeigen Jesus Christus als *Weltenherrscher*.

THEMA

Leben auf der Ritterburg

LERNZIELE

Erfahren, dass die Ritter die unterste Schicht des Adels darstellten.
Bewusst machen, dass Kriegsknechte in den Ritterstand aufsteigen konnten.
Erfahren, dass die Ritter für ihre Dienste eine Burg als Lehen erhielten.
Aussehen und Aufgaben einer mittelalterlichen Burg beschreiben können.
Bewusst machen, dass der Alltag auf einer Burg rau und hart war.
Den Alltag auf einer Ritterburg beschreiben können.

ARBEITSMITTEL / MEDIEN / LITERATURHINWEISE

Folie 1 (Skizze einer Burganlage), 1 Informationsblatt, 1 Arbeitsblatt

Zusatz: 46 56527 „Ritter“ (18 min)
46 66522 „Die Burg als Wehrbau“ (15 min)
46 66523 „Die Burg als Wohnbau“ (16 min)
46 40265 „Eine Burg wird lebendig“

TAFELBILD / FOLIEN

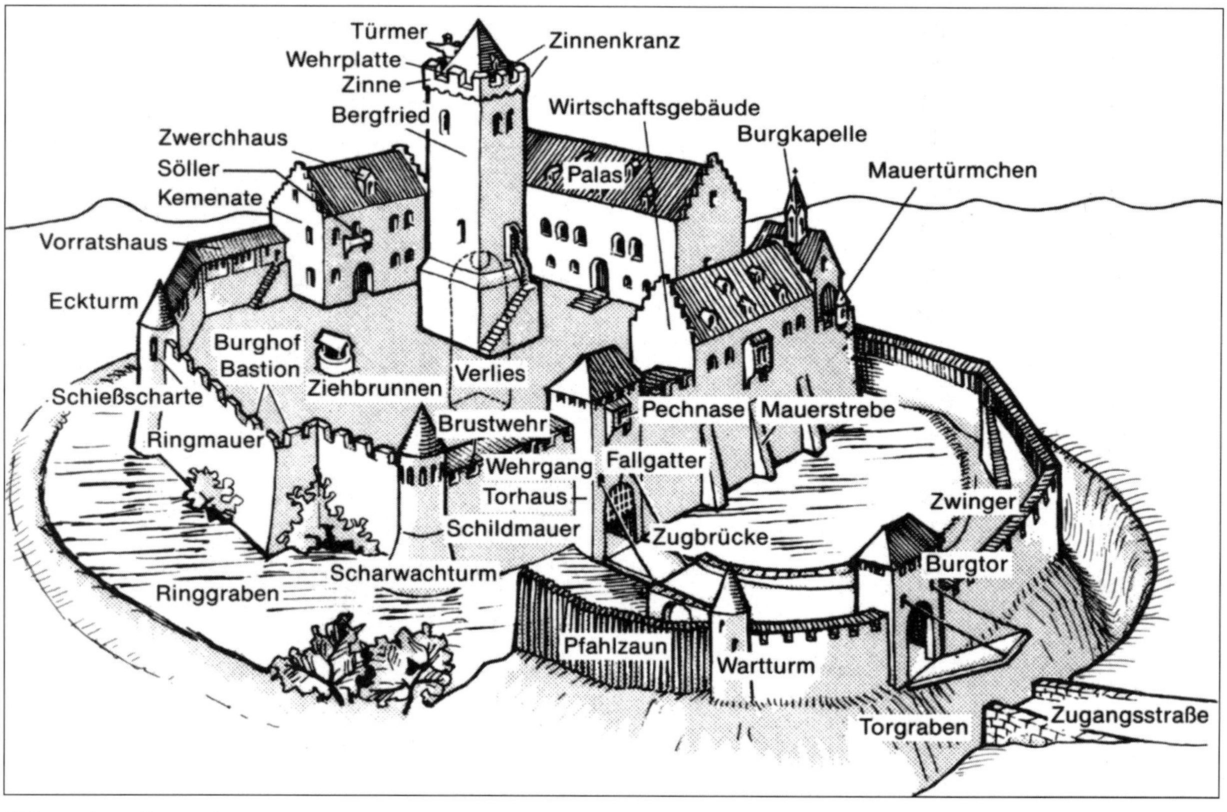

Skizze einer Burganlage

I. **Hinführung:**

Folie 1 (Skizze einer Burganlage)	S. beschäftigen sich mit der Skizze und schlagen unbekannte Begriffe nach.
Zielangabe	TA: **Leben auf der Ritterburg**

II. **Erarbeitung:**

1. TZ: Der Ritterstand

Informationsblatt 1/ EA/PA/GA-Auswertung LSG	S: unterste Schicht des Adels – Kriegsknechte können Ritter werden – Lohn für ihre Dienste: eine Burg als Lehen

2. TZ: Im Schutz der Burgmauern

Informationsblatt 1/ EA/PA/GA-Auswertung LSG	S: Burgen an schwer zugänglichen Orten – Sicherheit in Kriegszeiten – Wehranlagen, Zugbrücken, Zinnen, Burgkapelle, Bergfried, Verlies, Schatzkammer

III. **Vertiefung:**

3. TZ: Ritterlicher Alltag

Informationsblatt 2 – 4/ EA/PA/GA-Auswertung LSG	S: Das Leben in der Burg war rau – Wohn- und Schlafräume oft feucht – nur wenige Räume heizbar – Abwechslung durch Jagd, Turnier, fahrende Sänger

IV. **Sicherung:**

Eintrag AB

V. **Ausweitung:**

Impuls	L: Heute sind Ritterburgen vor allem im Sommer Attraktionen.

Der Ritterstand

Dem Adelsstand gehörten Könige, Herzöge, Grafen und Bischöfe an. Sie herrschten als Grundherrn über große Ländereien und die Menschen, die hier lebten und arbeiteten. Die Ritter waren die unterste Schicht des Adels.

Im ursprünglichen Sinn bezeichnete man als Ritter nur die Reiterkrieger aus dem Adel, die mit den Königen oder anderen Mächtigen in den Krieg zogen. Im 11. und 12. Jahrhundert konnten dann auch unfreie Dienstmannen und Kriegsknechte in den Ritterstand aufsteigen. Als Lohn für ihre Dienste bekamen die Ritter ein Lehen; meist eine Burg mit dazugehörigem Landbesitz und den ansässigen Bauern.

Im Schutz der Burgmauern

Burgen und Ruinen zeugen heute noch von der ehemaligen Macht der Ritter. Das Wort „Burg" kommt von „bergen" und das war auch der Sinn einer Burg. Deshalb wurden die Burgen an Felsen und unzugänglichen Höhen gebaut. Die schwer zugänglichen Befestigungen boten einen sicheren Schutz vor Feinden.

An Flussschleifen, Seeufern und hinter breiten Wassergräben ließen die Ritter von ihren Bauern Wasserburgen bauen. Eine mittelalterliche Burg musste immer bereit zur Verteidigung sein. Deshalb musste nicht nur Platz für den Burgherrn und seine Familie vorhanden sein, sondern auch für Krieger, Pferde und Vorräte, um eine längere Verteidigung der Burg zu ermöglichen.

Während eines Krieges zogen sich die ritterliche Familie und die Bauern der Umgebung hinter die Burgmauern zurück. Hinter den Wehranlagen und ausgestattet mit Vorratsspeichern konnte man in relativer Sicherheit leben.

Meist gelangte man über eine Zugbrücke in das Innere der Burg. Mächtige Mauern mit Wehrgängen, Pechnasen und Zinnen umschlossen den Burghof. Die Wohnräume der ritterlichen Familie und die große Halle für Zusammenkünfte und Feste befanden sich im Palas. Daneben gehörten auch die Burgkapelle sowie zahlreiche Wohn- und Wirtschaftsgebäude für das Gesinde, für Tiere und Geräte zur Burganlage. Der Bergfried war Aussichts- und Wachturm. Im Kellergeschoss der Burg befanden sich meist das Verlies und die Schatzkammer.

Ritterlicher Alltag

Das Leben in der drangvollen Enge einer Burg war rau. Den Kriegern waren gute Sitten fremd, Knechte, Mägde und die übrigen Menschen mussten miteinander zusammenleben und den engen Raum in den Gebäuden und auf den Hofflächen mit zahlreichen Tieren teilen.

Die Wohn- und Schlafstellen waren oft feucht. Vor allem in der kalten Jahreszeit blies der Wind durch die mit Tüchern verhängten oder mit Stroh verstopften Fensteröffnungen; Scheiben waren noch unbekannt. Zu beheizen waren in der Regel nur die Halle und die Kemenate, das Frauengemach. Gegessen wurde, was der jeweilige Boden und das Jagdwild hergaben. Abwechslung boten die Jagd, Turniere oder der Besuch eines „fahrenden Sängers". Manche Ritterfrauen konnten vorlesen oder musizieren. So blieb die Lebensweise der Burgbewohner lange Zeit anspruchslos und karg.

GESCHICHTE	NAME: ____________	KLASSE: ____	DATUM: ________	NR. ____

Leben auf der Ritterburg

Die unterste Schicht des Adels stellten die __________ dar. Im 11. und 12. Jahrhundert stiegen auch Kriegsknechte in den Ritterstand auf. Der Dienstadel wurde mit dem ________________ verschmolzen. Als Lohn für ihre Dienste erhielten die Ritter ein Lehen; meist eine ________ mit Landbesitz und Bauern.

Eine mittelalterliche Burg musste immer zur ________________ bereit sein.

Sie bot vielen Menschen Schutz vor den Feinden.

Das Leben in der Burg war hart: Wohn- und Schlafstellen oft ________________, ________________ waren noch unbekannt, heizbar waren nur die Halle und die ________________.

Abwechslung bot die ________________, Kampfspiele (________________) oder der Besuch eines „________________“.

Szene aus einem Ritterturnier. Diese Form des Kampfes nennt man Tjost – ein Zweikampf zu Pferde.

GESCHICHTE	NAME: ____________	KLASSE: ____	DATUM: ________	NR. ____

Leben auf der Ritterburg

Die unterste Schicht des Adels stellten die *Ritter* dar. Im 11. und 12. Jahrhundert stiegen auch Kriegsknechte in den Ritterstand auf. Der Dienstadel wurde mit dem *Geburtsadel* verschmolzen. Als Lohn für ihre Dienste erhielten die Ritter ein Lehen; meist eine *Burg* mit Landbesitz und Bauern.

Eine mittelalterliche Burg musste immer zur *Verteidigung* bereit sein.

Sie bot vielen Menschen Schutz vor den Feinden.

Das Leben in der Burg war hart: Wohn- und Schlafstellen oft *feucht*, *Fensterscheiben* waren noch unbekannt, heizbar waren nur die Halle und die *Kemenate*.

Abwechslung bot die *Jagd*, Kampfspiele (*Turniere*) oder der Besuch eines *„fahrenden Sängers“*.

Szene aus einem Ritterturnier. Diese Form des Kampfes nennt man Tjost – ein Zweikampf zu Pferde.

THEMA

Die Ritter im Mittelalter

LERNZIELE

Die Phasen der Erziehung zum Ritter beschreiben können.

Bewusst machen, dass der Knappe durch die Schwertleite in den Ritterstand aufgenommen wurde.

Erfahren, dass viele Ritter neben Waffen auch die Kunst pflegten.

Den Minnesang als bedeutende Dichtungsform des Mittelalters kennenlernen.

Über die Erziehung der Mädchen berichten können.

Bewusst machen, dass das Rittertum ein europäischer Stand war, der das ganze Mittelalter prägte.

Bewusst machen, dass in unserer Sprache noch viele Redensarten und Begriffe aus der Rittersprache erhalten sind.

ARBEITSMITTEL / MEDIEN / LITERATURHINWEISE

Folie 1 (Eine Ritterrüstung), 4 Informationsblätter, 1 Arbeitsblatt

Zusatz:
46 40245 „Rittertum/höfische Erziehung“ (15 min)
46 10461 „Wie kam der Ritter in die Rüstung?“ (25 min)

TAFELBILD / FOLIEN

Eine Ritterrüstung

I. **Hinführung:**

Folie 1 (Eine Ritterrüstung)	S. versuchen die einzelnen Bestandteile der Rüstung zu benennen.
Zielangabe	TA: **Die Ritter im Mittelalter**

II. **Erarbeitung:**

Informationsblätter 1–4/
ES/PA/GA-Auswertung LSG

1. TZ: Erziehung zum Ritter	S: Ritter empfinden sich als besonderen Stand.
2. TZ: Ausbildung zum Pagen	S: Bis zum siebten Jahr auf der Burg – dann Ausbildung zum Pagen
3. TZ: Der Knappe	S: Mit 14 Jahren wird der Page zum Knappen – Benehmen verfeinern – Ausbildung im Reiten
4. TZ: Erziehung der Mädchen	S: Mädchen sollten lernen, den Haushalt gut versorgen zu können.
5. TZ: Der Knappe wird Ritter	S: Aufnahme in den Ritterstand durch die „Schwertleite“
6. TZ: Ritterliche Dichtkunst	S: Verehrung der Frauen im Minnesang
7. TZ: Ein europäischer Stand	S: Rittertum wird zum Vorbild für Europa

III. **Vertiefung:**

Gesamtwiederholung

IV. **Sicherung:**

Eintrag AB

V. **Ausweitung:**

Redensarten aus der Rittersprache:

sich die Sporen verdienen
auf dem hohen Ross sitzen
für jemanden eine Lanze brechen
sattelfest sein
Böses im Schilde führen

Die Erziehung zum Ritter

Die Lebensweise auf den meisten Burgen war einfach und bescheiden. Trotzdem empfanden sich die Ritter als besonderen Stand. Da es ihre Aufgabe war, das Reich zu verteidigen und in den Kampf zu ziehen, schätzten sie sich höher ein als Bürger und Bauern. Seit dem 12. Jahrhundert entwickelten sich bei den Rittern bestimmte Grundeinstellungen, die allen zeigen sollten, dass sie tugendhafte und gebildete Menschen waren. Die Basis für diese ritterliche Standeskultur wurde in der Erziehung geschaffen.

Die Ausbildung zum Pagen

Der ritterliche Knabe wuchs bis zu seinem siebten Lebensjahr auf der Burg bei den Eltern auf. Dann schickte der Ritter seinen Sohn an den Hof eines befreundeten Adeligen oder an den Hof des Lehensherrn. Dort wurde er von der Burgherrin zum Edelknaben oder Pagen erzogen. Er lernte, sich „bei Hofe" richtig zu benehmen. Dazu musste er Tischmanieren lernen, höflich gegenüber Älteren, vor allem Damen sein, lernen, Gäste zu betreuen und zu unterhalten.

Er musste auch singen, Harfe, Laute oder Fiedel spielen können; das alles gehörte zur höfischen Erziehung.

Der Burgkaplan übernahm den Unterricht in Religion, Lesen, Schreiben und Rechnen. Auch Latein und Französisch standen auf dem Stundenplan. Manche Pagen wurden auch in nahe gelegenen Klosterschulen unterrichtet.

Der Knappe als Vorstufe des Ritters

Im Alter von 14 Jahren wurde aus dem Pagen ein Knappe. Auch weiterhin wurde darauf geachtet, dass er sein Benehmen bei Tisch, bei der Unterhaltung und bei allen festlichen Anlässen verfeinerte. Gleichzeitig schrieb er Gedichte und erlernte das Schachspiel.

Der Schwerpunkt der Erziehung lag jetzt aber auf den Fähigkeiten, die er später als Reiterkrieger brauchte: Reiten, Werfen, Fechten, Springen und Schwimmen. Er übernahm die Versorgung der Pferde des Burgherrn und begleitete ihn auf die Jagd, zu Turnieren und Festen. Wenn er mit seinem Herrn als Schild- und Fahnenträger (= Fähnrich) in den Krieg ziehen musste, lernte er aus nächster Nähe das Kriegshandwerk kennen.

Dabei wurde ihm vieles bewusst, was er als Page noch nicht einordnen konnte:

- was Tapferkeit bedeutet, was es bedeutet, treu und beständig zu seinem Herrn und seinen Mitkämpfern zu stehen. Schon als Knappe wurde er darauf vorbereitet, alle ritterlichen Tugenden, die aus dem christlichen Glauben stammten, einzuüben:
- Selbstbeherrschung, Schonung des unterlegenen Feindes, Hilfsbereitschaft gegenüber Armen und Schwachen, Befolgung aller kirchlichen Gebote.

Der Knappe wird Ritter

Mit dem 21. Lebensjahr wurde aus dem Knappen ein Ritter. Ein großer Tag begann: Nachdem er gebeichtet hatte, verbrachte er die Nacht auf den Knien im Gebet in der Kirche. Am Morgen folgte eine feierliche Messe, in deren Verlauf der Knappe in den Ritterstand aufgenommen wurde. Die Verwandten, befreundete Ritter und manchmal sogar der König waren dabei anwesend.

Ein Priester segnete den Knappen und seine Waffen und erinnerte ihn ausdrücklich an die ritterlichen Tugenden. Der Knappe gelobte, Kaiser und Reich zu dienen, die Kirche und ihren Diener vor Feinden zu bewahren, für den Glauben zu kämpfen, Witwen und Waisen zu beschützen und in allen Dingen beständig und maßvoll zu sein.

Anschließend empfing der künftige Ritter in der sogenannten Schwertleite[1] Gürtel, Schwert und Sporen. Der anwesende König oder der Burgherr legten ihm das Schwert auf die Schulter und „schlugen" ihn damit zum Ritter. Lanze, Schild und Fahne wurden von Knappen bereitgehalten. Nun konnte er seine Aufgabe als Ritter erfüllen.

Erziehung der Mädchen

Von den kämpferischen Elementen abgesehen, erhielten die Mädchen die gleiche Erziehung wie die Knaben. Sie konnten sogar oftmals besser lesen, schreiben, singen, musizieren und dichten. Viele mussten strenge Klosterschulen besuchen.

Das hauptsächliche Ziel der Mädchenbildung war jedoch, den Haushalt gut versorgen zu können und den Rittern das Leben so angenehm wie möglich zu machen. Deshalb lernten die Mädchen kochen, spinnen, weben, nähen, sticken und schöne Teppiche knüpfen.

[1] **Schwertleite:** Durch die Aushändigung der Waffen wird der junge Krieger in den Kreis der Wehrfähigen aufgenommen. Später wurde dieses Ritual durch den Ritterschlag abgelöst.

Ritterliche Dichtkunst

Die Interessen vieler Ritter gingen über den bloßen Umgang mit Waffen hinaus; aufgrund ihrer Vorbildung fühlten sich viele zur Kunst hingezogen, insbesondere zur Dichtung. Eine besondere Rolle spielte hier die Verehrung der Frauen in Liedern und Gedichten, im sogenannten „Minnesang". Der bekannteste deutsche Dichter war Walther von der Vogelweide[1].

Andere ritterliche Dichter besangen in Heldenliedern Personen und Taten aus der germanischen Zeit und dem Mittelalter; ein sehr bekanntes Heldenepos aus dieser Zeit ist das Nibelungenlied[2]. Gottfried von Straßburg[3] erzählt in der traurigen Liebesgeschichte von „Tristan und Isolde", Wolfram von Eschenbach[4] berichtet, wie „Parzifal" nach vielen Prüfungen Ritter und Gralskönig wird.

1 **Walther von der Vogelweide:** Er wurde um 1170 geboren und lebte bis etwa 1230. Walther von der Vogelweide wurde nur einmal urkundlich erwähnt, daher wissen wir von ihm nicht sehr viel.

Under der linden
an der heide,
dâ unser zweier bette was,
dâ mugt ir vinden

schône beide
gebrochen bluomen unde gras.
vor dem walde in einem tal,
tandaradei,
schône sanc diu nahtegal.

2 **Nibelungenlied:** In dem Heldenlied wird die Geschichte einer Königsfamilie erzählt. Im Mittelpunkt steht Kriemhild und ihre Liebe zu Siegfried. Durch Intrigen und Missverständnisse wird Siegfried getötet, Kriemhild heiratet später Etzel, rächt sich aber an ihren Brüdern und deren Gefolgsleuten, die sie für den Tod ihres Ehemannes verantwortlich macht. Letztendlich wird sie selbst getötet, nachdem sie dafür gesorgt hat, dass ihre Brüder sterben.

3 **Gottfried von Straßburg:** Auch über Gottfried von Straßburg weiß man sehr wenig. Er lebte wohl um 1210. Sein berühmtestes Werk, „Tristan und Isolde", geht auf eine französische Vorlage zurück.
Gedaehte mans ze guote niht, (Die erste Strophe aus „Tristan und Isolde")
von dem der werlde guot geschiht,
sô waere ez allez alse niht,
swaz guotes in der werlde geschiht.

4 **Wolfram von Eschenbach:** Er wurde um 1170 in Eschenbach bei Ansbach geboren und starb nach 1220. Neben dem Parzival, schrieb er auch sehr viele Lieder. Im Anschluss findet sich der Anfang eines Liedes.

Ez ist nu tac!
daz ich wol mac
mit wârheit jehen, ich wil niht langer sîn.

diu vinster naht
hât uns nu brâht
ze leide mir den morgenlîchen schîn.

Mittelhochdeutsch ist gar nicht so schwer. Versucht die Textauszüge laut zu lesen und ihr werdet viel verstehen!

Ein europäischer Stand

Die ritterlichen Tugenden wurden bald in ganz Europa zum Vorbild für alle Gruppen der mittelalterlichen Gesellschaft. Alle Adeligen nannten sich jetzt Ritter und auch Bürger und Bauern übernahmen ritterliche Bräuche. Einen Höhepunkt im Leben eines Ritters stellten die Kampfspiele, sogenannte Turniere, dar.

Zwei wichtige Formen waren dabei weit verbreitet. Beim Tjost ritten zwei Kämpfer mit angelegter Lanze und vorgehaltenem Schild aufeinander zu und versuchten, sich aus dem Sattel zu heben.

Der Buhurt war ein Haufenkampf, in dem eine Schlacht nachgeahmt wurde.

Bis heute haben sich viele Redensarten und Begriffe, die aus der Rittersprache stammen, erhalten: z. B: „sich die Sporen verdienen“[1], „auf dem hohen Ross sitzen“[2], „für jemanden eine Lanze brechen“[3], „sattelfest sein“[4], „Böses im Schilde führen“[5]. Das Rittertum hatte sich zu einem europäischen Stand entwickelt, der eine ganze Epoche prägte.

[1] **sich die Sporen verdienen:** Beim Ritterschlag wurden den jungen Rittern goldene Sporen angeschnallt. „Verdient“ hatten sie die Sporen aber erst nach dem Erfolg in einer Schlacht oder einem Turnier. Übertragen bedeutet dies, dass Erfahrung erst dazu führt, dass man sich etwas verdient hat.

[2] **Auf dem hohen Ross sitzen** meint heute überheblich und hochmütig sein. Durch die Position auf dem Pferd hoben sich die Ritter von den anderen ab.

[3] **für jemanden eine Lanze brechen:** Hiermit ist gemeint, dass man sich für jemanden stark einsetzt. Diese Redewendung ist dem Turnierwesen des Mittelalters entnommen und bedeutet, dass ein Ritter für die Ehre einer anderen Person ein Turnier austrägt.

[4] **Sattelfest sein** bedeutet eine Position sicher innehaben. Auch diese Redewendung stammt aus dem Turnierwesen.

[5] **Böses im Schilde führen:** Auf jedem Schild eines Ritters war ein Symbol bzw. ein Wahlspruch abgebildet. Dies gab die Identität des Ritters bekannt. So konnten Kundige alleine anhand des Wappens ablesen, ob es sich um Freunde oder Feinde handelte. Übertragen meint diese Redewendung, etwas Unrechtes vorhaben.

Ein Zweikampf. Abgebildet ist diese Szene in einer „Parzival-Handschrift“.

GESCHICHTE	NAME: ______	KLASSE: ____	DATUM: ______	NR. ____

Die Ritter im Mittelalter

Die Erziehung zum Ritter vollzog sich in verschiedenen Altersstufen:

Bis 7 Jahre: Der Knabe wuchs auf der Burg bei seinen ______________ auf.

7–13 Jahre: Erziehung zum Edelknaben (__________). Er lernte, sich richtig zu ______________, Gäste zu ______________________________________.

14–21 Jahre: Jetzt wurde aus dem Pagen ein ______________.
Das Hauptaugenmerk lag nun auf den Fähigkeiten, die er als Reiterkrieger benötigte: ______________________________________

21. Lebensjahr: Der Knappe wurde durch die „______________" in den Ritterstand aufgenommen.

Viele Ritter interessierten sich nicht nur für den Umgang mit Waffen, sondern hatten auch großes Interesse an der ____________. Eine besondere Bedeutung erlangten dabei Gedichte, die die Verehrung der Frauen zum Inhalt hatten, der sogenannte „______________".

Die Erziehung der Mädchen hatte ihren Schwerpunkt im künstlerischen Bereich.

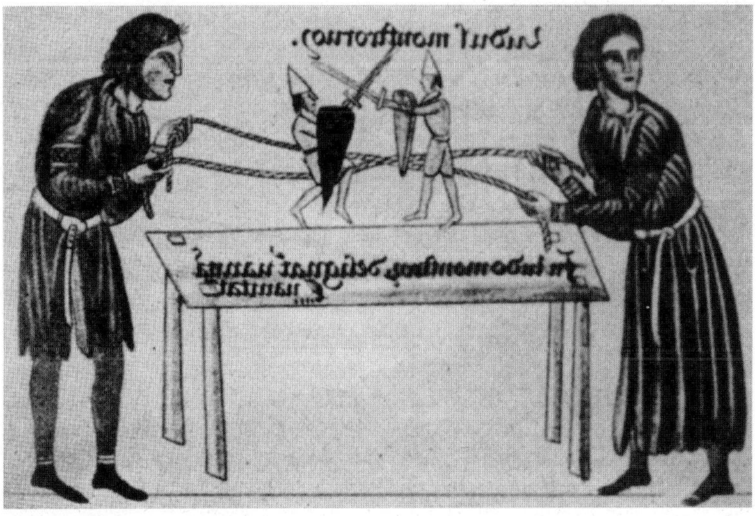

Kinderspiel mit Ritterfiguren

GESCHICHTE	NAME: ______	KLASSE: ____	DATUM: ______	NR. ___

Die Ritter im Mittelalter

Die Erziehung zum Ritter vollzog sich in verschiedenen Altersstufen:

Bis 7 Jahre: Der Knabe wuchs auf der Burg bei seinen *Eltern* auf.

7–13 Jahre: Erziehung zum Edelknaben (*Page*). Er lernte, sich richtig zu *benehmen*, Gäste zu *unterhalten, Harfe spielen, Lesen, Schreiben, Rechnen, Religion, Latein*.

14–21 Jahre: Jetzt wurde aus dem Pagen ein *Knappe*. Das Hauptaugenmerk lag nun auf den Fähigkeiten, die er als Reiterkrieger benötigte: *Reiten, Fechten, Werfen, Springen, Schwimmen.*

21. Lebensjahr: Der Knappe wurde durch die *„Schwertleite“* in den Ritterstand aufgenommen.

Viele Ritter interessierten sich nicht nur für den Umgang mit Waffen, sondern hatten auch großes Interesse an der *Kunst*. Eine besondere Bedeutung erlangten dabei Gedichte, die die Verehrung der Frauen zum Inhalt hatten, der sogenannte *„Minnesang“*.

Die Erziehung der Mädchen hatte ihren Schwerpunkt im künstlerischen Bereich.

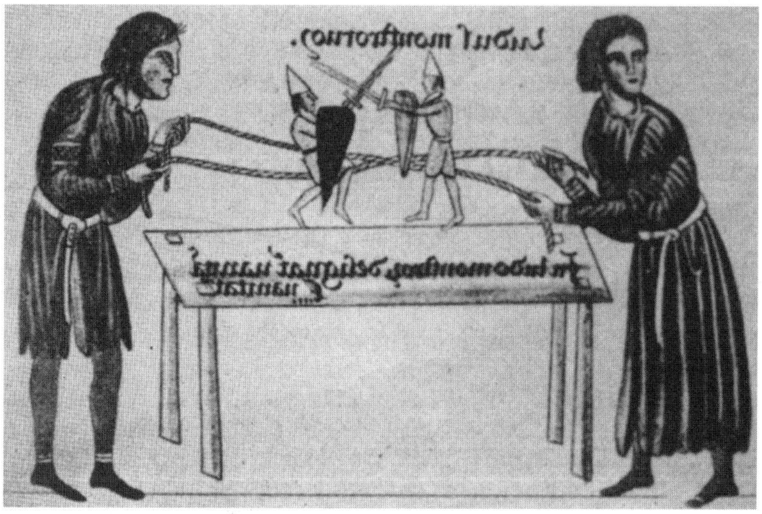

Kinderspiel mit Ritterfiguren

THEMA

Das Heilige Land unter der Herrschaft des Islam

LERNZIELE

Bewusst machen, dass sich ab dem 7. Jahrhundert der Islam weiter ausbreitete.

Erkennen, dass auch Palästina unter islamischen Einfluss geriet.

Bewusst machen, dass Christen und Moslems über Jahrhunderte hinweg gut miteinander auskamen.

Erfahren, dass diese Phase mit dem Auftreten der Seldschuken endet.

Erfahren, dass Papst Urban II. zu Kreuzzügen aufrief.

Erfahren, dass die Kreuzritter 1099 Jerusalem eroberten.

Bewusst machen, dass Kreuzritter Gräueltaten an Frauen und Kindern begingen.

ARBEITSMITTEL / MEDIEN / LITERATURHINWEISE

Folie 1 (Die Ausbreitung des Islam), 2 Informationsblätter, 1 Arbeitsblatt

TAFELBILD / FOLIEN

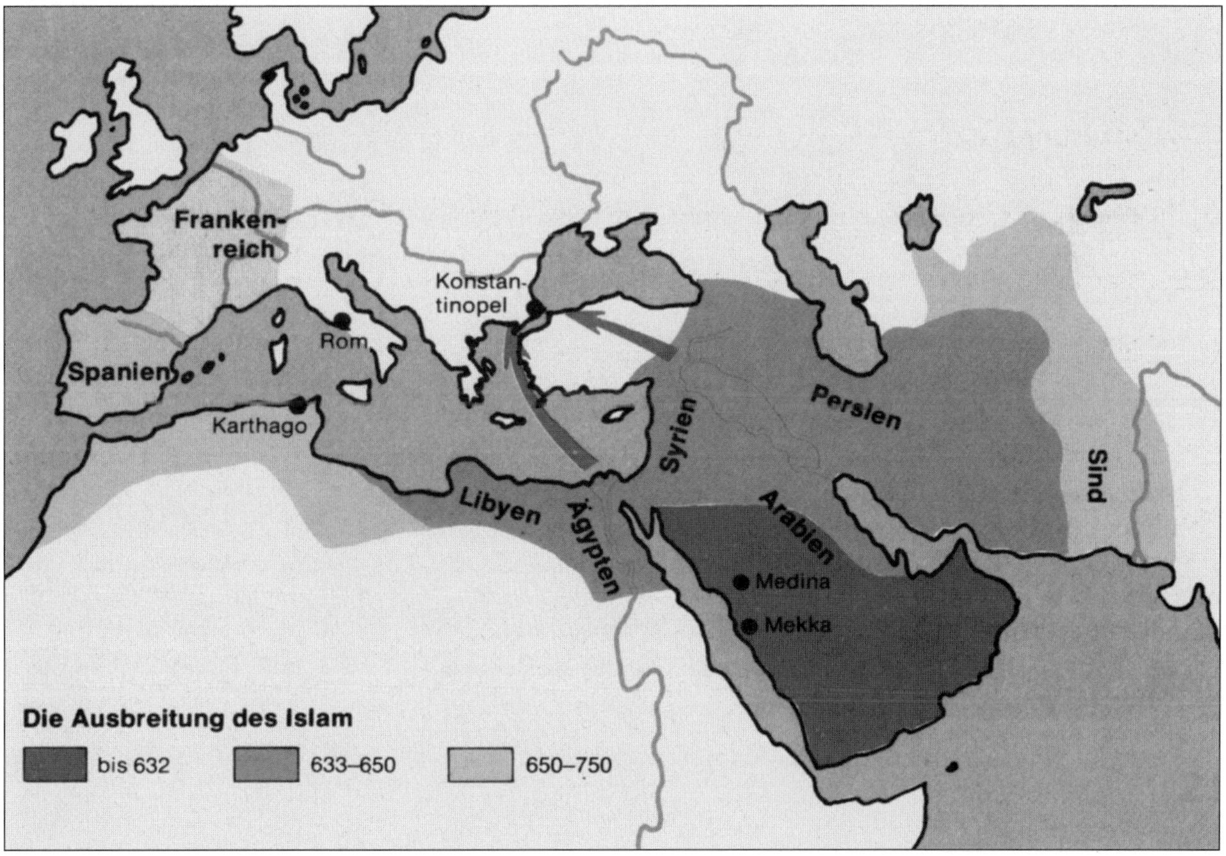

Die Ausbreitung des Islam

I.	**Hinführung:**	
	Folie 1 (Die Ausbreitung des Islam)	S. betrachten die Karte.
	Zielangabe	TA: **Das Heilige Land unter der Herrschaft des Islam**
II.	**Erarbeitung:**	
	1. TZ: Herrschaft des Islam	
	Informationsblatt 1/ EA/PA/GA-Auswertung LSG	S: Muhammed gründet den Islam – rasche Ausbreitung – auch Palästina gerät unter islamischen Einfluss – Christen und Muslime kommen gut miteinander aus – Ende durch das Auftreten der Seldschuken
	2. TZ: Der erste Kreuzzug	
	Informationsblatt 2/ EA/PA/GA-Auswertung LSG	S: Papst Urban II. ruft dazu auf, Palästina zu befreien – erster Kreuzzug 1096 – Eroberung Jerusalems 1099 – Gräueltaten an Frauen und Kindern
III.	**Vertiefung:**	
	Gesamtwiederholung	
IV.	**Sicherung:**	
	Eintrag AB	
V.	**Ausweitung:**	
	Islamische Staaten als hoch entwickelter Kulturkreis	

Das Heilige Land unter der Herrschaft des Islam

Um das Jahr 610 gründete der arabische Kaufmann Muhammed in Mekka eine neue Religion – den Islam, der sich schnell verbreitete. Der Koran, die Heilige Schrift der Muslime, forderte die Gläubigen auf, den Islam notfalls mit dem Schwert in einem „Heiligen Krieg“ zu verbreiten. Innerhalb von 100 Jahren entstand auf diese Weise ein islamisches Großreich, das von den Grenzen Indiens im Osten über Nordafrika hinweg bis nach Spanien reichte. Nun bedrohten die Araber das Frankenreich.

Auch Palästina, das Land, in dem das Christentum entstanden war, geriet unter die Herrschaft des Islam. Die islamischen Herrscher hatten aber nichts dagegen, wenn Christen die heiligen Stätten in Bethlehem und Jerusalem besuchten. Die Pilger lernten dabei auch einen hoch entwickelten Kulturkreis kennen, hatten die Araber doch Erkenntnisse und Errungenschaften der Griechen und Römer weiterentwickelt.

So bekamen die Europäer nun die antike Kultur auf neue Weise vermittelt. Vor allem in der Mathematik, der Seefahrt, der Medizin und in vielen Künsten hatten die Araber große Fortschritte erzielt. Christen und Muslime kamen über die folgenden Jahrhunderte gut miteinander aus.

Im 11. Jahrhundert änderte sich dies. Die türkischen Seldschuken[1] eroberten im Jahr 1071 Kleinasien und zwangen Syrien und Palästina unter ihre Herrschaft; gleichzeitig bedrohten sie Konstantinopel. Berichte wurden laut, dass christliche Pilger von ihnen misshandelt oder getötet wurden.

[1] **Seldschuke:** Angehöriger eines türkischen Volksstammes

Szene aus einer persischen Handschrift entnommen: Zu sehen ist Muhammed nach der Eroberung einer befestigten Stadt. Über dem Propheten schwebt der Engel Gabriel.

„Gott will es!“

Die Meldungen über Misshandlungen und die Ermordung von christlichen Pilgern nahm Papst Urban II. zum Anlass, während einer Kirchenversammlung 1095 in Clermont (Frankreich) die Christen aufzufordern, die heiligen Stätten in Palästina zu befreien.

Nach den jahrelangen Auseinandersetzungen zwischen Papst und Kaiser zeigte er damit zugleich, wer die Führung über die abendländische Christenheit innehatte.

Den Teilnehmern an einem solchen Kreuzzug wurde der Nachlass aller Sünden versprochen. Unter dem Ruf: „Gott will es!“ hefteten sich Tausende von Rittern, Geistlichen, Bürgern und Bauern ein rotes Kreuz, das Zeichen der Kreuzfahrer, auf die Schultern.

Papst Urban II. ruft zum Kreuzzug auf.

Besonders die Ritter waren von dieser Forderung begeistert. Zu deren Tugenden gehörte der Kampf für das Christentum und bald (1096) brachen unter der Führung von Gottfried von Bouillon[1] Ritter aus Frankreich, England und Italien zum ersten Kreuzzug auf. Drei Jahre später stand das Heer der Kreuzfahrer nach unbeschreiblichen Strapazen und Verlusten vor Jerusalem. Fünf Wochen dauerte der Kampf um die Stadt; bei der Einnahme Jerusalems begingen die Kreuzritter an Frauen und Kindern schreckliche Gräueltaten.

Gottfried von Bouillon wurde zum „Beschützer des Heiligen Grabes“ gewählt. Durch eine Herrschaft, die auf Ausgleich zwischen Christen und Muslimen gerichtet war, versuchte er, das Ansehen der Kreuzfahrer zu verbessern.

[1] **Gottfried von Bouillon:** Herzog von Lothringen, geboren um 1060, gestorben 1100.

GESCHICHTE	NAME: ______________	KLASSE: ___	DATUM: ________	NR. ___

Das Heilige Land unter der Herrschaft des Islam

Ab dem 7. Jahrhundert breitete sich der ____________ immer weiter aus. Auch Palästina geriet unter islamische Herrschaft. Die meisten Herrscher hatten aber nichts dagegen, wenn ________________ die heiligen Stätten in ________________ und ________________ besuchten.

So waren Christen und Moslems über Jahrhunderte hinweg gut miteinander ausgekommen. Dies änderte sich im 11. Jahrhundert.

Die türkischen ________________ hatten 1071 Kleinasien erobert. ________________ und ________________ kam unter ihre Herrschaft, die Stadt ____________________ wurde von ihnen bedroht.

Christliche Pilger wurden von ihnen misshandelt oder getötet.

Diese Schreckensmeldungen nahm Papst ________________ zum Anlass, in einer Rede im Jahr ________ die Christen aufzufordern, die heiligen Stätten in Palästina zu ________________.

Unter dem Ruf „________________“ erklärten sich Tausende zu einem ____________ bereit.

Im Jahr ________ brachen Ritter aus Frankreich, England und Italien zum ersten Kreuzzug auf. Sie erreichten im Jahr ________ Jerusalem. Nach einigen Wochen eroberten sie die Stadt ________________. Viele Frauen und Kinder fielen den schrecklichen ________________ der Kreuzritter zum Opfer.

Eroberung Jerusalems. Die Szene ist aus dem Chorfenster der Kirche St. Denis entnommen.

GESCHICHTE	NAME: ____________	KLASSE: ____	DATUM: ________	NR. ____

Das Heilige Land unter der Herrschaft des Islam

Ab dem 7. Jahrhundert breitete sich der ___*Islam*___ immer weiter aus. Auch Palästina geriet unter islamische Herrschaft. Die meisten Herrscher hatten aber nichts dagegen, wenn ___*Christen*___ die heiligen Stätten in ___*Bethlehem*___ und ___*Jerusalem*___ besuchten.

So waren Christen und Moslems über Jahrhunderte hinweg gut miteinander ausgekommen. Dies änderte sich im 11. Jahrhundert.

Die türkischen ___*Seldschuken*___ hatten 1071 Kleinasien erobert.

___*Syrien*___ und ___*Palästina*___ kam unter ihre Herrschaft, die Stadt ___*Konstantinopel*___ wurde von ihnen bedroht.

Christliche Pilger wurden von ihnen misshandelt oder getötet.

Diese Schreckensmeldungen nahm Papst ___*Urban II.*___ zum Anlass, in einer Rede im Jahr ___*1095*___ die Christen aufzufordern, die heiligen Stätten in Palästina zu ___*befreien*___.

Unter dem Ruf ___*„Gott will es!"*___ erklärten sich Tausende zu einem ___*Kreuzzug*___ bereit.

Im Jahr ___*1096*___ brachen Ritter aus Frankreich, England und Italien zum ersten Kreuzzug auf. Sie erreichten im Jahr ___*1099*___ Jerusalem. Nach einigen Wochen eroberten sie die Stadt ___*Jerusalem*___. Viele Frauen und Kinder fielen den schrecklichen ___*Gräueltaten*___ der Kreuzritter zum Opfer.

Eroberung Jerusalems. Die Szene ist aus dem Chorfenster der Kirche St. Denis entnommen.

THEMA

Die Zeit der Kreuzzüge

LERNZIELE

Erkennen, dass viele Kreuzfahrer nicht nur aus christlichen Motiven an den Kreuzzügen teilnahmen.

Bewusst machen, dass Kreuzfahrer Reichtümer erwerben wollten.

Erfahren, dass im Mittelmeerraum zahlreiche Kreuzritterburgen entstanden.

Bewusst machen, dass die Kreuzzüge ihr eigentliches Ziel verfehlten.

Bewusst machen, dass die Begegnung mit der islamischen Kultur große Auswirkungen auf Europa hatte.

Die Ritterorden kennenlernen.

ARBEITSMITTEL / MEDIEN / LITERATURHINWEISE

Folie 1 (Kreuzfahrer auf dem Weg ins Heilige Land), 2 Informationsblätter, 1 Arbeitsblatt

Zusatz: 46 67908 „Der erste Kreuzzug, eine Massenbewegung" (16 min)
46 67909 „Die Eroberung Jerusalems 1099" (16 min)

TAFELBILD / FOLIEN

Kreuzfahrer auf dem Weg ins Heilige Land

I. **Hinführung:**

Folie 1 (Kreuzfahrer auf dem Weg ins Heilige Land)	S. beschreiben das Bild.
Zielangabe	TA: **Die Zeit der Kreuzzüge**

II. **Erarbeitung:**

1. TZ: Die Fragwürdigkeit der Kreuzzüge

Informationsblatt 1/ EA/PA/GA-Auswertung LSG	S: Viele Kreuzfahrer wollen Reichtum erwerben – Handel mit dem Osten – Kreuzritterburgen im Mittelmeerraum – insgesamt sieben Kreuzzüge – besonders verwerflich: der Kinderkreuzzug – bis 1291 gehen alle Eroberungen wieder verloren

2. TZ: Auswirkungen der Kreuzzüge

Informationsblatt 2/ EA/PA/GA-Auswertung LSG	S: Die Kreuzfahrer lernen eine neue Welt kennen – hoher Stand der Wissenschaften im islamisch geprägten Kulturraum regen die Europäer zu neuen Leistungen an

III. **Vertiefung:**

Gesamtwiederholung

IV. **Sicherung:**

Eintrag AB

V. **Ausweitung:**

Die Ritterorden/ gemeinsames Erlesen	S: Johanniter – Templer – Deutschherren (der Deutsche Orden)

Die Fragwürdigkeit der Kreuzzüge

Bei der Eroberung Jerusalems war deutlich geworden, dass ritterliche Ideale in unmenschliche Grausamkeiten umgeschlagen waren. Viele Kreuzfahrer waren von vornherein ins Heilige Land gezogen, um dabei große Reichtümer zu erwerben.

Mitgereiste Kaufleute machten durch die neuen Handelsbeziehungen mit dem Osten ihr Glück. Seide, Teppiche, Gewürze und Kunstschätze fanden reiche Käufer. Einige Fürsten gründeten auf dem Weg zu den heiligen Stätten neue Staaten, in denen künftig ihre Lehensmänner herrschten. Oft kam es auch zwischen diesen christlichen Herrschern zum Streit. In Griechenland, auf Mittelmeerinseln und auf dem östlichen Festland entstanden Kreuzritterburgen. Sie kündeten davon, dass manch verarmter Ritter hier ein mächtiger Herr über Land und Leute wurde.

Bis zum Jahr 1270 riefen die Päpste noch zu sechs weiteren Kreuzzügen auf. Fürsten aus ganz Europa, Könige und Kaiser, unter ihnen Friedrich Barbarossa auf dem dritten Kreuzzug, kämpften mit wechselndem Glück im Heiligen Land. Besonders verantwortungslos war die Unterstützung des sogenannten „Kinderkreuzzugs" im Jahr 1212, in dessen Verlauf Tausende von Frauen und Kindern ihr Leben lassen mussten.

Bis 1291 gingen alle Eroberungen wieder verloren. Verträge gewährten den Pilgern künftig den Zugang zu den heiligen Stätten.

CHRONIK

- **1. Kreuzzug 1096–1099**
  u. a. Gottfried von Bouillon,
  Balduin von Flandern,
  Bohemund von Tarent
- **2. Kreuzzug 1147–1149**
  Kaiser Konrad III.,
  König Ludwig VII. von Frankreich
- **3. Kreuzzug 1189–1192**
  Friedrich I. Barbarossa
- **4. Kreuzzug 1202–1204**
  Bonifaz von Montferrat,
  Balduin von Flandern
- **5. Kreuzzug 1228–1229**
  Kaiser Friedrich II.
- **6. Kreuzzug 1248–1254**
  Ludwig IX. der Heilige, Frankreich
- **7. Kreuzzug 1270**
  Ludwig IX.

Die Ritterorden

Schon im 11. Jahrhundert gründeten italienische Kaufleute in Jerusalem eine Bruderschaft zur Pflege erkrankter und verwundeter Pilger. Bald trat aber neben den Pflichten in der Krankenpflege der Kriegsdienst mit der Waffe in den Vordergrund.

Die Johanniter, wie die Mönchsritter bald genannt wurden, trugen auf schwarzem Mantel ein achtspitziges Kreuz als Ordenszeichen.

Sieben französische Ritter gründeten 1118 einen Ritterorden zum Schutz der Jerusalempilger. Sie nannten sich nach ihrem Mutterhaus in der Nähe des ehemaligen Tempels Salomons in Jerusalem „Templer". Der Templerorden, der bald dem Papst allein unterstellt war, genoss Zehnt- und Zollfreiheit. So gelangten die Ordensritter rasch zu großem Reichtum.

1190, während des dritten Kreuzzugs, stifteten Kaufleute in Jerusalem das „Spital der heiligen Maria vom Hause der Deutschen in Jerusalem". Schon im Jahr 1198 wurde die weltliche Bruderschaft in einen geistlichen Ritterorden umgewandelt. So entstand der „Deutsche Orden" („Deutschherren").

Kreuzritter im Gebet, aus einem englischen Manuskript (12. Jahrhundert)

Die Auswirkungen der Kreuzzüge

Obwohl die Kreuzzüge letztlich keinen Erfolg brachten, hatten sie dennoch wichtige Auswirkungen auf das Abendland. Ritter aus allen Teilen Europas waren sich begegnet und entwickelten ein einheitliches Standesbewusstsein. Die Kreuzfahrer hatten eine völlig neue Welt kennengelernt. So viele prunkvolle Bauwerke, so kunstvoll ausgestaltete Räume hatten sie noch nie zuvor gesehen. Das hohe Niveau der Wissenschaften und der Künste hatte das Abendland überrascht. Dies alles wirkte sich auf den Lebensstil, die Sitten und das Wissen der Europäer aus.

Die ursprüngliche Idee der Kreuzzüge, die christlichen Stätten zu befreien, wurde nicht dauerhaft erreicht. Eines aber brachten die Kreuzzüge: Sie weiteten den Blick der Europäer durch den Vergleich mit einer fremden Kultur und regten zu neuen Leistungen und zum Nachdenken an.

GESCHICHTE	NAME: ____________	KLASSE: ____	DATUM: ________	NR. ____

Die Kreuzzüge

Viele Kreuzfahrer nahmen nicht nur aus christlichen Motiven an den Kreuzzügen teil, sondern wollten vor allem ____________________ erwerben.

Mitgereiste Kaufleute trieben ____________________; ihre Kunden zahlten viel Geld für ____.

Einige Fürsten gründeten auf dem Weg nach Palästina neue ____________________, in Griechenland, auf Mittelmeerinseln und auf dem östlichen Festland entstanden ____________________.

Bis zum Jahr 1270 riefen die Päpste noch zu weiteren ____________________ Kreuzzügen auf. Tausende Kinder und Frauen starben beim sogenannten „____________________“.

Obwohl die Kreuzzüge letztendlich ihr Ziel nicht erreichten, hatten sie dennoch wichtige Auswirkungen auf Europa: Die islamische ____________________ und der hohe Stand der ____________________ und ____________________ beeindruckte die Kreuzfahrer.

Der Vergleich mit dieser Kultur beeinflusste den Lebensstil, die Sitten und das ____________________ der Europäer.

Nicht nur Adelige zogen ins Heilige Land, sondern auch einfache Leute, selbst Kinder.

GESCHICHTE	NAME: ______	KLASSE: ____	DATUM: ______	NR. ____

Die Kreuzzüge

Viele Kreuzfahrer nahmen nicht nur aus christlichen Motiven an den Kreuzzügen teil, sondern wollten vor allem *Reichtümer* erwerben.

Mitgereiste Kaufleute trieben *Handel*; ihre Kunden zahlten viel Geld für *Seide, Teppiche, Gewürze und Kunstschätze*.

Einige Fürsten gründeten auf dem Weg nach Palästina neue *Staaten*, in Griechenland, auf Mittelmeerinseln und auf dem östlichen Festland entstanden *Kreuzritterburgen*.

Bis zum Jahr 1270 riefen die Päpste noch zu weiteren *sechs* Kreuzzügen auf. Tausende Kinder und Frauen starben beim sogenannten *„Kinderkreuzzug“*.

Obwohl die Kreuzzüge letztendlich ihr Ziel nicht erreichten, hatten sie dennoch wichtige Auswirkungen auf Europa: Die islamische *Kultur* und der hohe Stand der *Wissenschaften* und *Künste* beeindruckte die Kreuzfahrer.

Der Vergleich mit dieser Kultur beeinflusste den Lebensstil, die Sitten und das *Wissen* der Europäer.

Nicht nur Adelige zogen ins Heilige Land, sondern auch einfache Leute, selbst Kinder.

THEMA

Der Deutsche Orden im Osten

LERNZIELE

Bewusst machen, dass sich im Verlauf der Kreuzzüge Ritterorden gebildet hatten: Templer, Johanniter, Deutschherrn.

Erfahren, dass nach dem Scheitern der Kreuzzüge diesen Orden von Fürsten neue Missions- und Siedlungsgebiete zugewiesen wurden.

Erfahren, dass ungarische und polnische Herrscher die Deutschherrn ins Land holten.

Erfahren, dass der Orden ein geschlossenes Staatsgebiet von Pommern bis zum Peipussee gründete.

Erfahren, dass es zwischen Polen/Litauen und den Deutschherrn in Tannenberg zu einer Schlacht kam, in der die Ritter vernichtend geschlagen wurden.

Bewusst machen, dass damit ein für die weitere Geschichte bedeutender Konfliktfall zwischen Deutschen und Polen entstanden ist.

ARBEITSMITTEL / MEDIEN / LITERATURHINWEISE

Folie 1 (Burgen des Deutschen Ritterordens), 2 Informationsblätter, 1 Arbeitsblatt

TAFELBILD / FOLIEN

Burgen des Deutschen Ritterordens

I. **Hinführung:**

Folie 1 (Burgen des Deutschen Ritterordens)

S. betrachten die Karte.

Zielangabe

TA: **Der Deutsche Orden im Osten**

II. **Erarbeitung:**

1. TZ: Ein neues Aufgabenfeld

Informationsblatt 1/ EA/PA/GA-Auswertung LSG

S: Templer, Johanniter und Deutschherrn haben keine Aufgabe mehr – neue Missions- und Siedlungsgebiete im Osten – Ungarn und Polen holen die Deutschherrn ins Land

2. TZ: Der Deutsche Orden begründet einen Staat.

Informationsblatt 1/ EA/PA/GA-Auswertung LSG

S: Der Orden erobert das Land der Pruzzen – Ordensstaat wird begründet, der von Pommern bis nach Estland reicht

III. **Vertiefung:**

Gesamtwiederholung

IV. **Sicherung:**

Eintrag AB

V. **Ausweitung:**

3. TZ: Der Konflikt mit Polen

Informationsblatt 2/ gemeinsames Erlesen

S: Schlacht bei Tannenberg zwischen dem Orden und Polen/Litauen endet mit der Niederlage der Ritter.

Ein neues Aufgabenfeld für Ritter in Preußen

Im Verlauf der Kreuzzüge schlossen sich einige Ritter zu geistlichen Orden zusammen: so die Templer, die Johanniter und die Deutschherrn. Sie übernahmen die Aufgabe, die heiligen Stätten zu schützen und die Pilger zu betreuen. Nach dem Scheitern der Kreuzzüge bestand aber diese Aufgabe nicht mehr und so kam es vielen Rittern sehr gelegen, dass ihnen Fürsten in ganz Europa neue Missions- und Siedlungsgebiete zuwiesen.

1211 holte der ungarische König die Deutschherrn ins Land, 1226 tat es ihm der polnische Herzog Konrad von Masowien nach. Hier sollten die Deutschherrn die heidnischen Pruzzen[1], die im Norden Polens lebten und immer wieder in sein Land einfielen, bekämpfen und missionieren. Konrad schenkte dem Orden dafür das Land um Kulm. Auch Kaiser und Papst waren damit einverstanden. Darüber hinaus bestätigten sie, dass alle Gebiete, die die Ritter künftig erobern würden, dem Orden als Herrschaftsgebiete zufallen sollten.

Der Deutsche Orden begründet einen Staat

Die Deutschherrn machten sich an die Aufgabe, die Pruzzen zum christlichen Glauben zu bekehren. Obwohl die Pruzzen heftigen Widerstand leisteten, eroberte der Orden in schweren Kämpfen ihr Land. Mächtige Burgen wie die Marienburg, Elbing und Königsberg sicherten die Herrschaft.

Durch die Vereinigung mit dem Ritterorden der Schwertbrüder kamen auch die baltischen Länder Kurland, Livland und Estland in den Besitz des Deutschen Ordens. Nur die Litauer konnten ihre Freiheit bewahren. Als 1309 auch die Gebiete Westpreußen und Danzig an den Orden fielen, bestand nun ein geschlossenes Herrschaftsgebiet von Pommern bis zum Peipussee.

Mit der Eroberung wurde gleichzeitig auch die kulturelle Erschließung des Landes vorangetrieben. Deutsche Siedler wurden ins Land geholt; sie gründeten Dörfer und Städte. Die Bevölkerung der Pruzzen verschmolz allmählich mit den Einwanderern. Landwirtschaft und Handel erlebten eine Blütezeit. Auch Architektur, Malerei und Dichtkunst erreichten ein hohes Niveau.

Ein berühmtes Mitglied des Deutschen Ritterordens: Hermann von Salza

[1] **Pruzzen:** Pruzzen ist die Bezeichnung für einen baltischen Volksstamm, auf die der geografische Namen „Preußen" zurückgeht. Ihr Gebiet erstreckte sich zwischen der Weichsel und der Minge.

Der Konflikt mit Polen

Aufgrund der räumlichen Ausdehnung an der Ostseeküste durch den Deutschen Orden hatten die Länder Polen und Litauen keinen Zugang zum Meer. Beide versuchten deshalb, den Einfluss des Ordens zurückzudrängen. Dabei fanden sie auch innerhalb des Herrschaftsgebietes des Deutschen Ordens Unterstützung. Die schon seit mehreren Generationen ansässigen Einwanderer forderten eine Beteiligung an der Regierung des Landes; die Kaufleute wehrten sich gegen die Handelsgeschäfte, die der Orden betrieb, weil sie eine starke Konkurrenz darstellten, der Landadel protestierte gegen die Oberhoheit der Rittermönche.

Als die polnische Königin Jadwiga (1374–1399) den Litauerfürsten Jagiello (1348–1434) heiratete, entstand ein litauisch-polnisches Großreich, das den Deutschen Orden ernsthaft bedrohte.

Im Jahr 1410 kam es zur Schlacht bei Tannenberg, bei der die Ritter vernichtend geschlagen wurden. 1466 musste der Ordensstaat dem polnischen König wichtige Gebiete überlassen; der Rest musste die Lehenshoheit der Polen anerkennen.

Damit war ein Konfliktpotenzial zwischen dem Deutschen Reich und Polen entstanden, das in der weiteren Geschichte der beiden Völker eine große Rolle spielen sollte.

GESCHICHTE	NAME: __________	KLASSE: _____	DATUM: __________	NR. _____

Der deutsche Orden im Osten

Im Verlauf der Kreuzzüge entstanden die sogenannten Ritterorden:

______________________________. Sie __________

die heiligen Stätten und ______________ die Pilger. Nach dem Scheitern der

Kreuzzüge hatten sie jedoch keine großen ______________ mehr zu erfüllen.

So kam es vielen Rittern gelegen, dass ihnen von Fürsten in ganz Europa neue

______________ und ______________ zugewiesen wurden.

Herrscher aus ______________ und ______________ riefen die Deutschherren ins Land.

Im Osten begründeten die Deutschherren einen Staat, der von ______________

bis nach ______________ reichte. Durch seine Ausdehnung an der Ostseeküste

hatte der Ordensstaat die Länder ______________ und ______________

vom Meer abgeschnitten. Beide Länder versuchten deshalb, den Einfluss des Ordens

______________. Im Jahr 1410 kam es bei ______________ zu einer

Schlacht zwischen dem Ordensstaat und dem ______________ Großreich,

in dem die Ritter vernichtend geschlagen wurden. Damit war ein Konfliktpotenzial

zwischen dem ______________ und ______________ entstanden, das

in der weiteren Geschichte der beiden Völker eine große Rolle spielen sollte.

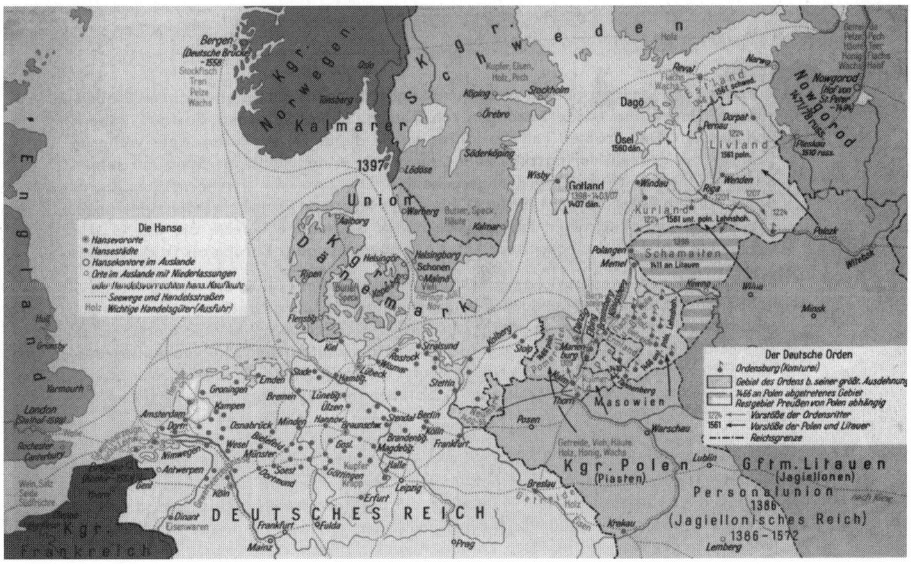

Der Deutsche Orden

GESCHICHTE	NAME: ______________	KLASSE: ____	DATUM: ________	NR. ___

Der deutsche Orden im Osten

Im Verlauf der Kreuzzüge entstanden die sogenannten Ritterorden: *Templer, Johanniter, Deutschherrn*. Sie *schützten* die heiligen Stätten und *betreuten* die Pilger. Nach dem Scheitern der Kreuzzüge hatten sie jedoch keine großen *Aufgaben* mehr zu erfüllen. So kam es vielen Rittern gelegen, dass ihnen von Fürsten in ganz Europa neue *Missions-* und *Siedlungsgebiete* zugewiesen wurden. Herrscher aus *Ungarn* und *Polen* riefen die Deutschherren ins Land. Im Osten begründeten die Deutschherren einen Staat, der von *Pommern* bis nach *Estland* reichte. Durch seine Ausdehnung an der Ostseeküste hatte der Ordensstaat die Länder *Polen* und *Litauen* vom Meer abgeschnitten. Beide Länder versuchten deshalb, den Einfluss des Ordens *zurückzudrängen*. Im Jahr 1410 kam es bei *Tannenberg* zu einer Schlacht zwischen dem Ordensstaat und dem *litauisch-polnischen* Großreich, in dem die Ritter vernichtend geschlagen wurden. Damit war ein Konfliktpotenzial zwischen dem *Deutschen Reich* und *Polen* entstanden, das in der weiteren Geschichte der beiden Völker eine große Rolle spielen sollte.

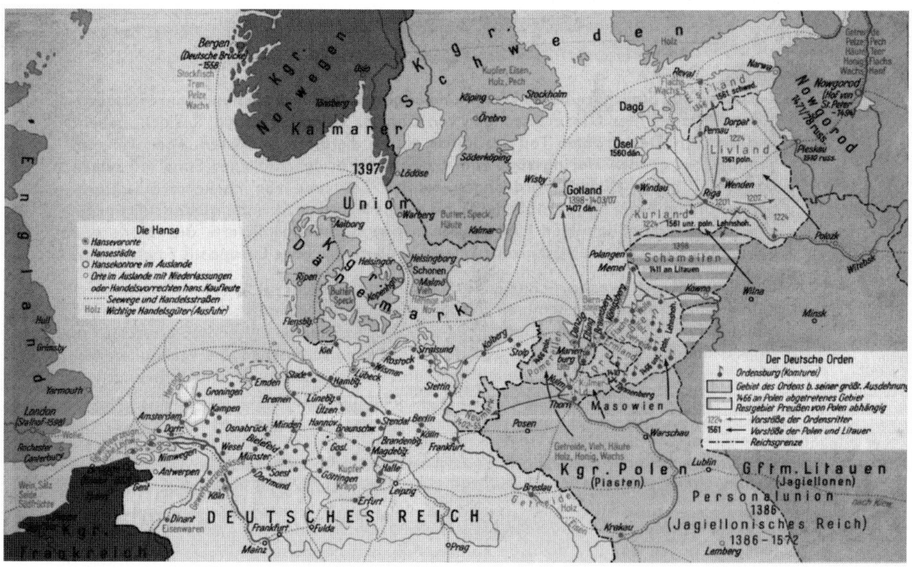

Der Deutsche Orden

GESCHICHTE	NAME: ______	KLASSE: ____	DATUM: ______	NR. ____

Training „Ritterliche Lebensformen“

1. Ordne die Begriffe den Themenbereichen „Leben auf der Ritterburg“ und „Die Ritter im Mittelalter“ zu! Erkläre, was mit diesen Begriffen gemeint ist!

   Ritterschlag – Pechnase – Page – Schatzkammer – feuchte Schlafräume – Turniere – fahrende Sänger – Schwertleite – Verlies – Knappe – Lanze – Standeskultur – Minnesang – Wehrgang – Wolfram von Eschenbach

Leben auf der Ritterburg	***Die Ritter im Mittelalter***
______	______
______	______
______	______
______	______

2. Rätsel: Finde die korrekten Begriffe zu den Beschreibungen! Sind alle Lösungen richtig, ergibt sich ein Motto aus dem Themenbereich „Kreuzzüge“! Die Nummern in den Klammern geben den gesuchten Buchstaben an (z. B.: (1) ⇒ der erste Buchstabe des Wortes).

   – Daran nahmen viele Ritter teil (8) ____
   – Die Ritter gründeten … (1) ____
   – gerät unter islamischen Einfluss (6) ____
   – eine der heiligen Stätten (3) ____
   – die islamische Kultur beeinflusste das … der Europäer (1) ____
   – breitete sich ab dem 7. Jahrhundert aus (1) ____
   – Nachfolger des Propheten Muhammed (3) ____
   – eroberten 1071 Kleinasien (3) ____
   – Zeichen der Kreuzfahrer: ein rotes … (3) ____
   – Ziel der Kreuzfahrer (5) ____

3. Richtig oder falsch?

   ☐ Im Verlauf der Kreuzzüge hatten sich einige Ritter zu Orden zusammengeschlossen.
   ☐ Diese Orden waren: Templer, Johanniter, Benediktiner.
   ☐ „Pruzzen“ ist ein anderer Name für „Preußen“.
   ☐ Der deutsche Orden begründete einen Staat an der Ostsee.
   ☐ 1410 kam es zur Schlacht bei Tannenberg.
   ☐ Damit war ein Konfliktpotenzial zwischen dem Deutschen Reich und Ungarn entstanden.

4. Ergänze den Lückentext und setze die folgenden Wörter ein:

Knappen – nicht adeligen – Ritter – Habgier – anspruchslos und karg – künstlerische – christliche Ideale – Kreuzzügen – Osten Europas – Ostsee – Palästina – Burg – Moslems – Orden – Pilger – Kranke – Machtpolitik – adeligen – Bauern

Aus den ____________ Reiterkriegern des Königs und den ____________ Dienstmannen entwickelte sich im 11. und 12. Jahrhundert der Stand der ____________.

Allen gemeinsam war, dass sie als Lohn für ihre Dienste eine ____________ mit den dazugehörigen ____________ als Lehen erhielten. Diese Burg war Wohnung, Herrschaftssitz und Zufluchtsstätte zugleich. Obwohl die Ritter eine herausragende Stellung in der mittelalterlichen Gesellschaft besaßen, blieben die Lebensbedingungen auf den Burgen lange Zeit ____________.

Die herausragende Stellung erwarben sich die Ritter nicht nur als Kämpfer für das Reich. Sie bildeten aufgrund ihrer Erziehung ____________ Fähigkeiten aus und pflegten ____________. Vom Pagen über den ____________ zum Ritter war eine feste Laufbahn vorgeschrieben. Die Turnierordnungen grenzten die Ritter überall in Europa von den übrigen Ständen ab.

Eine Bewährungsprobe für ritterliche Ideale bot sich in den ____________.

Nicht alle bestanden sie. Gläubiges Streben stand oft neben grausamer Mord- und ____________, als es darum ging, die heiligen Stätten in ____________ den ____________ zu entreißen.

Einige Ritter schlossen sich im Heiligen Land zu ____________ zusammen.

Sie schützten ____________ und pflegten ____________.

Nach dem erfolglosen Ende der Kreuzzüge fand ein Teil der Ritterorden neue Tätigkeitsfelder im ____________. Der Deutsche Orden begründete von Preußen ausgehend einen mächtigen Staat an der ____________. Auch hier gerieten Missionsaufgaben, segensreiche Kulturarbeit und reine ____________ miteinander in Konflikt.

GESCHICHTE	NAME: ______	KLASSE: ____	DATUM: ______	NR. ____

Training „Ritterliche Lebensformen“

1. Ordne die Begriffe den Themenbereichen „Leben auf der Ritterburg“ und „Die Ritter im Mittelalter“ zu! Erkläre, was mit diesen Begriffen gemeint ist!

   Ritterschlag – Pechnase – Page – Schatzkammer – feuchte Schlafräume – Turniere – fahrende Sänger – Schwertleite – Verlies – Knappe – Lanze – Standeskultur – Minnesang – Wehrgang – Wolfram von Eschenbach

Leben auf der Ritterburg	***Die Ritter im Mittelalter***
Wehrgang – Pechnase – Verlies	*Standeskultur – Page – Knappe –*
Schatzkammer – feuchte Schlaf-	*Lanze – Schwertleite – Minnesang –*
räume – Turniere – fahrende	*Ritterschlag – Wolfram von Eschen-*
Sänger	*bach – Turniere*

2. Rätsel: Finde die korrekten Begriffe zu den Beschreibungen! Sind alle Lösungen richtig, ergibt sich ein Motto aus dem Themenbereich „Kreuzzüge“! Die Nummern in den Klammern geben den gesuchten Buchstaben an (z. B.: (1) ⇒ der erste Buchstabe des Wortes).

– Kreuzzug	*G*
– Orden	*O*
– Palästina	*T*
– Bethlehem	*T*
– Wissen	*W*
– Islam	*I*
– Kalifen	*L*
– Seldschuken	*L*
– Kreuz	*E*
– Jerusalem	*S*

3. Richtig oder falsch?

   - [r] Im Verlauf der Kreuzzüge hatten sich einige Ritter zu Orden zusammengeschlossen.
   - [f] Diese Orden waren: Templer, Johanniter, Benediktiner (korrekt: *Deutschherrn*).
   - [r] „Pruzzen“ ist ein anderer Name für „Preußen“.
   - [r] Der deutsche Orden begründete einen Staat an der Ostsee.
   - [r] 1410 kam es zur Schlacht bei Tannenberg.
   - [f] Damit war ein Konfliktpotenzial zwischen dem Deutschen Reich und Ungarn (korrekt: *Polen*) entstanden.

4. Ergänze den Lückentext und setze die folgenden Wörter ein:

Knappen – nicht adeligen – Ritter – Habgier – anspruchslos und karg – künstlerische – christliche Ideale – Kreuzzügen – Osten Europas – Ostsee – Palästina – Burg – Moslems – Orden – Pilger – Kranke – Machtpolitik – adeligen – Bauern

Aus den *adeligen* Reiterkriegern des Königs und den *nicht adeligen* Dienstmannen entwickelte sich im 11. und 12. Jahrhundert der Stand der *Ritter*. Allen gemeinsam war, dass sie als Lohn für ihre Dienste eine *Burg* mit den dazugehörigen *Bauern* als Lehen erhielten. Diese Burg war Wohnung, Herrschaftssitz und Zufluchtsstätte zugleich. Obwohl die Ritter eine herausragende Stellung in der mittelalterlichen Gesellschaft besaßen, blieben die Lebensbedingungen auf den Burgen lange Zeit *anspruchslos und karg*.

Die herausragende Stellung erwarben sich die Ritter nicht nur als Kämpfer für das Reich. Sie bildeten aufgrund ihrer Erziehung *künstlerische* Fähigkeiten aus und pflegten *christliche Ideale*. Vom Pagen über den *Knappen* zum Ritter war eine feste Laufbahn vorgeschrieben. Die Turnierordnungen grenzten die Ritter überall in Europa von den übrigen Ständen ab.

Eine Bewährungsprobe für ritterliche Ideale bot sich in den *Kreuzzügen*. Nicht alle bestanden sie. Gläubiges Streben stand oft neben grausamer Mord- und *Habgier*, als es darum ging, die heiligen Stätten in *Palästina* den *Moslems* zu entreißen.

Einige Ritter schlossen sich im Heiligen Land zu *Orden* zusammen. Sie schützten *Pilger* und pflegten *Kranke*.

Nach dem erfolglosen Ende der Kreuzzüge fand ein Teil der Ritterorden neue Tätigkeitsfelder im *Osten Europas*. Der Deutsche Orden begründete von Preußen ausgehend einen mächtigen Staat an der *Ostsee*. Auch hier gerieten Missionsaufgaben, segensreiche Kulturarbeit und reine *Machtpolitik* miteinander in Konflikt.

THEMA

Das mittelalterliche Stadtbild

LERNZIELE

Erfahren, dass die mittelalterliche Stadt die Größe einer heutigen Kleinstadt hatte.

Bewusst machen, dass sie von der ländlichen Umgebung abhängig war.

Erfahren, dass alle Städte des Mittelalters von einer Mauer umgeben waren.

Bewusst machen, dass der Marktplatz der wichtigste Ort der Stadt war.

Erfahren, dass hier Bürgerhäuser, Patrizierhäuser, Häuser von Handwerkern, das Rathaus und die Kirche zu finden waren.

Bewusst machen, dass auch heute noch aufgrund der Namensgebung erkennbar ist, welche Handwerker in diesen Straßen und Gassen gelebt und gearbeitet haben.

ARBEITSMITTEL / MEDIEN / LITERATURHINWEISE

Folie 1 (Nördlingen im Mittelalter), 2 Informationsblätter, 1 Arbeitsblatt

TAFELBILD / FOLIEN

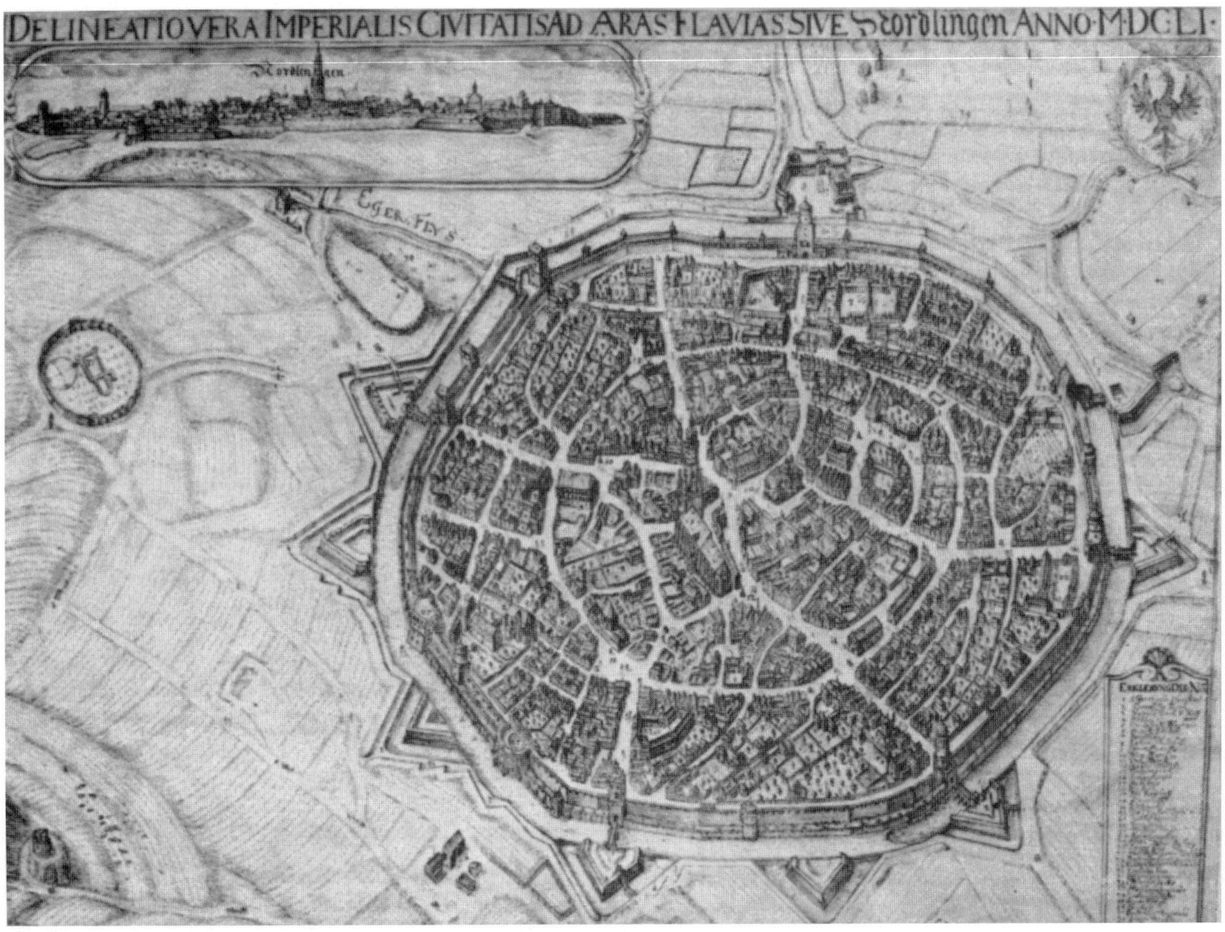

Nördlingen im Mittelalter: Die Stadtmauer bildet einen Kreis um die Stadt.

I. **Hinführung:**

Folie 1 (Nördlingen im Mittelalter) — S. betrachten die Skizze.

Zielangabe — TA: **Das mittelalterliche Stadtbild**

II. **Erarbeitung:**

1. TZ: Das mittelalterliche Stadtbild

Informationsblätter 1/2/
EA/PA/GA-Auswertung LSG

S: Die mittelalterliche Stadt war eine Kleinstadt – Voraussetzung: verkehrsgünstige Lage, fruchtbare Landschaft, Waldnähe – von einer Mauer umgeben – Rathaus als Sitz der Verwaltung

2. TZ: Der Marktplatz

Informationsblatt 3/4/
EA/PA/GA-Auswertung LSG

S: Marktplatz ist der wichtigste Ort – Patrizierhäuser – Bürgerhäuser – Handwerker – Rathaus – Kirche – Notwendigkeit der Bäche

III. **Vertiefung:**

Gesamtwiederholung

IV. **Sicherung:**

Eintrag AB

V. **Ausweitung:**

Impuls/AB

L: Auf dem Stadtplan ist der Aufbau einer mittelalterlichen Stadt gut erkennbar.

S. beschäftigen sich mit Städten, die heute noch mittelalterliche Stadtkonstruktionen aufweisen, z. B. Nürnberg, Rothenburg ob der Tauber.

Das mittelalterliche Stadtbild

Die mittelalterliche Stadt war meist eine Kleinstadt. Sie war wirtschaftlich von der ländlichen Umgebung abhängig. Deshalb konnten sich die jungen Gemeinwesen am besten in verkehrsgünstiger Lage, in fruchtbarer Landschaft und in Waldnähe (großer Holzverbrauch) entwickeln.

In der Stadt entstand eine Vielzahl von Handwerken und Gewerben, Großstädte wuchsen nur dort, wo Fernhandel betrieben wurde.

Alle Städte des Mittelalters waren von einer Mauer umgeben. Ein Wassergraben, oft ein Flusslauf, versperrte den Weg. Man konnte nur an wenigen, besonders schmalen Stellen die Stadt betreten. In vielen Städten sind heute noch Tortürme zu sehen, die jeder Wagen, jeder Fußgänger, jeder Reiter passieren musste. Am Abend wurden die schweren Holztore geschlossen. Wer zu spät kam, musste in einer Herberge vor dem Tor übernachten. Wächter beobachteten von hohen Türmen aus die Stadt und die Umgebung.

Die Hauptstraße war meist gepflastert. Viele der mehrstöckigen Häuser hatten ein Ziegeldach, das beständiger und sicherer als ein Strohdach war.

Von besonderer Bedeutung war das Rathaus als Sitz der städtischen Verwaltung.

Als gut erhaltenes Beispiel einer mittelalterlichen Stadt gilt Nördlingen:

Der Marktplatz ist der wichtigste Ort der Stadt

Je näher man dem Marktplatz kam, desto schöner wurden die Häuser. Vor allem die Häuser der Patrizier hatten Glas in den Fenstern und waren bemalt. Nicht nur auf den Plätzen gab es Brunnen, die reicheren Bürger hatten sie oft sogar in ihren Höfen.

In keiner Stadt fehlten Bäche. Sie brachten Wasser für die Gerber, Färber und Metzger, trieben Mühlen an, leiteten Regenwasser und Abwässer ab.

Auf dem Dorf gab es kaum Handwerker; man machte fast alles selbst. Anders in der Stadt: Schneider nähten, Riemer und Sattler schnitten feine Lederwaren zu, Schmiede bearbeiteten die verschiedensten Metalle. Oft weisen heute noch die Namen von Straßen und Gassen darauf hin, welche Handwerker hier gearbeitet und gelebt haben.

Den meisten Menschen ist man sicher auf dem Marktplatz begegnet: Bauern, Handwerker und Händler verkauften ihre Waren. An diesem Platz fand man die schönsten Bürgerhäuser; hier stand zumeist die große Pfarrkirche und das Rathaus.

Große Städte mit mehr als 5 000 Einwohnern hatten mehrere Marktplätze.

Das allmähliche Werden einer Stadt

Das mittelalterliche Stadtbild

Die mittelalterliche Stadt war eine ____________________. Damit eine Stadt entstehen konnte, waren bestimmte Voraussetzungen nötig: ____.

Alle Städte des Mittelalters waren von einer ____________________ umgeben.

Der ____________________ war der wichtigste Ort der Stadt.

Hier standen die schönsten ____________________, zumeist auch eine große ____________________ und das ____________________ als Sitz der städtischen Verwaltung.

Die Hauptstraße war meist ____________________, mehrstöckige Häuser hatten ein ____________________. In keiner Stadt fehlten ____________________.

Rings um den Marktplatz waren viele ____________________ tätig.

Auch heute noch weisen viele ____________________ von Straßen und Gassen darauf hin, welche Handwerker hier gearbeitet und gelebt haben.

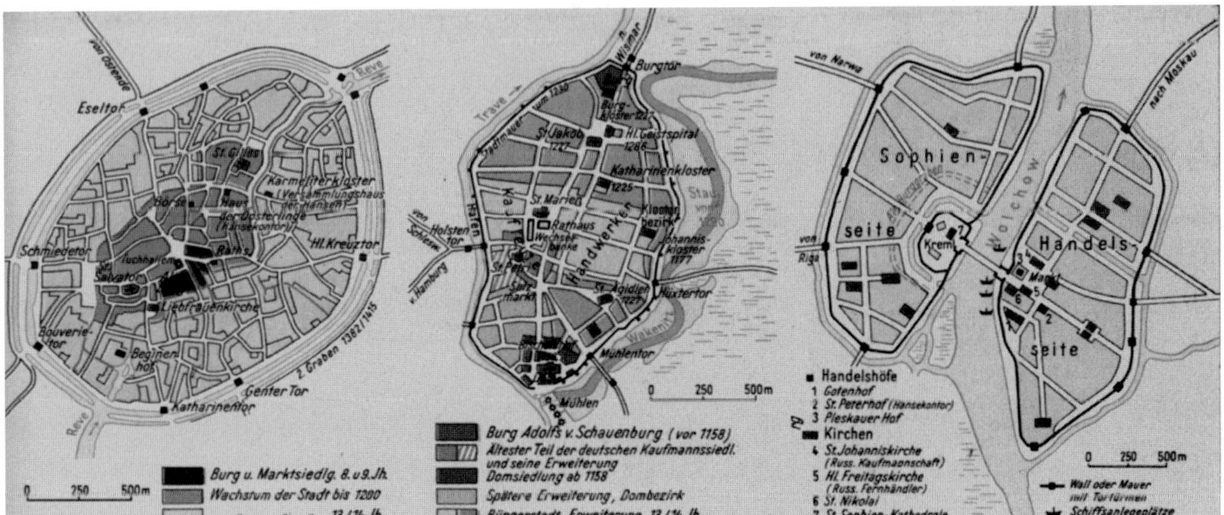

Pläne der Städte Brügge, Lübeck und Nowgorod

GESCHICHTE	NAME: ________________	KLASSE: ____	DATUM: ________	NR. ___

Das mittelalterliche Stadtbild

Die mittelalterliche Stadt war eine *Kleinstadt*. Damit eine Stadt entstehen konnte, waren bestimmte Voraussetzungen nötig: *verkehrsgünstige Lage, fruchtbare Landschaft, Waldnähe*.

Alle Städte des Mittelalters waren von einer *Mauer* umgeben.

Der *Marktplatz* war der wichtigste Ort der Stadt.

Hier standen die schönsten *Patrizierhäuser*, zumeist auch eine große *Pfarrkirche* und das *Rathaus* als Sitz der städtischen Verwaltung.

Die Hauptstraße war meist *gepflastert*, mehrstöckige Häuser hatten ein *Ziegeldach*. In keiner Stadt fehlten *Bäche*.

Rings um den Marktplatz waren viele *Handwerker* tätig.

Auch heute noch weisen viele *Namen* von Straßen und Gassen darauf hin, welche Handwerker hier gearbeitet und gelebt haben.

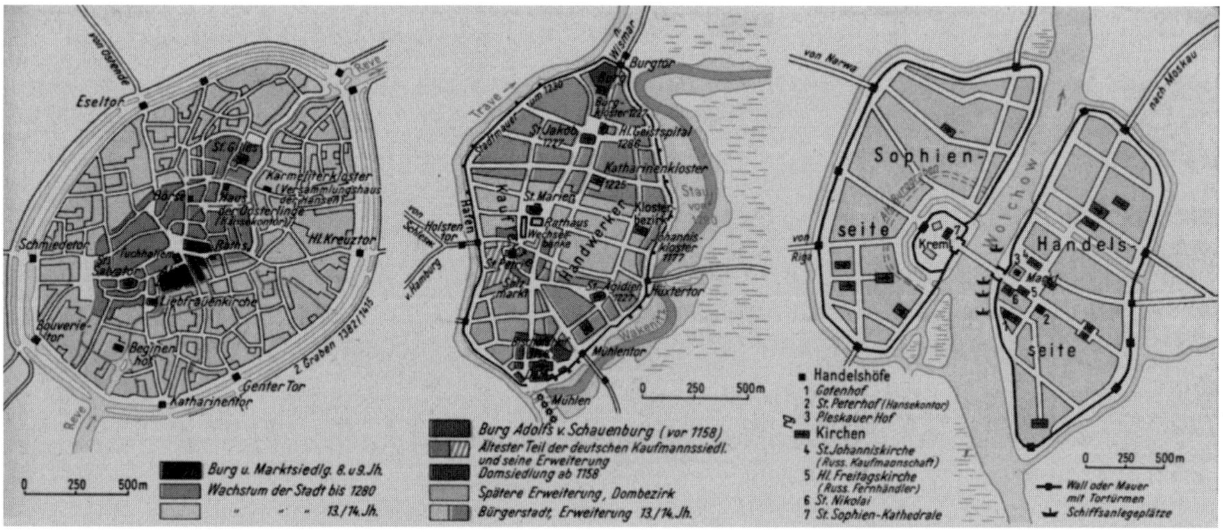

Pläne der Städte Brügge, Lübeck und Nowgorod

THEMA

In einer gotischen Kirche

LERNZIELE

Die Kirchenbauten als Spiegelbild des Glaubens begreifen.
Den gotischen Baustil kennenlernen.
Bewusst machen, dass die Bauherren um die Höhe der Kirchen wetteiferten.
Bewusst machen, dass die gewaltigen Türme zu Wahrzeichen der Stadt wurden, die man heute noch bewundert.

ARBEITSMITTEL / MEDIEN / LITERATURHINWEISE

Folie 1 (Die Kathedrale Notre Dame in Paris …), 2 Informationsblätter, 1 Arbeitsblatt

Zusatz: 46 55205 „Romanik bis Rokoko“ (37 min)
46 64293 „Meilensteine der Baukonstruktion“ (83 min)

TAFELBILD / FOLIEN

Die Kathedrale Notre Dame in Paris ist ein berühmtes Beispiel für gotische Bauwerke. Sie wurde von 1163 bis 1345 errichtet. In der Kirche haben bis zu 10 000 (!) Menschen Platz.

I. **Hinführung:**

Folie 1 (Die Kathedrale Notre Dame in Paris …)

S. versuchen einige wichtige Merkmale gotischer Kirchen herauszuarbeiten.

Zielangabe

TA: **In einer gotischen Kirche**

II. **Erarbeitung:**

1. TZ: Die Kirchenbauten als Spiegelbild des Glaubens

Informationsblatt 1/ EA/PA/GA-Auswertung LSG

S: Die Menschen des Mittelalters versuchten, sich durch die Mithilfe beim Bau eines Domes einen Platz im „Himmel“ zu sichern.

2. TZ: Ein neuer Baustil: Gotik

Informationsblatt 2/ EA/PA/GA-Auswertung LSG

S: Ab dem 13. Jahrhundert in Frankreich eine neue Stilrichtung: Gotik – in Deutschland ab dem 14. Jahrhundert – höhere Bauten durch neue Technik möglich – Spitzbogen, bemalte Fenster – Türme als Wahrzeichen der Städte

III. **Vertiefung:**

Gesamtwiederholung

IV. **Sicherung:**

Eintrag AB

V. **Ausweitung:**

Schüler recherchieren nach Angaben zu gotischen Kirchen: Wann errichtet? Größe? Besondere gotische Kennzeichen. Als gotische Kirche eignet sich z. B. der Regensburger Dom.

Die Kirchenbauten als Spiegelbild des Glaubens

Die Menschen des Mittelalters waren stets von Kriegen, Krankheit und Hunger bedroht. Besonders große Angst hatten sie vor der „Hölle". Deshalb versuchten sie, sich einen Weg in den „Himmel" zu sichern, nahmen harte Arbeit auf sich und opferten einen oder zwei Arbeitstage pro Woche für den Bau eines Domes. Reiche Kaufleute stifteten Altäre und Statuen für die Seitenkapellen, die das lange Mittelschiff umgaben.

Ganz so selbstlos wie es erscheinen mag, war aber die viele Arbeit der Bürger nicht. Viele dachten sicher, sie könnten sich mit ihrer Arbeit und ihrem Geld den Einzug ins Himmelreich erkaufen, andere sahen in ihren Stiftungen eine Art Wiedergutmachung für Wucher und unerlaubtes Zinsnehmen.

Während die romanischen Bauten noch von einzelnen Bauherrn getragen wurden, bauten jetzt die Bürger einer Stadt ihren Dom, ihr Münster, ihre Kathedrale[1].

[1] **Dom:** Dom ist die Bezeichnung für eine Bischofskirche.

Münster: Ursprünglich bezeichnete dieses Wort eine Kirche, die zu einem Kloster gehört. Ab dem 13. Jahrhundert steht dieses Wort für Großkirche. Die Bezeichnung hat nichts mit dem Baustil zu tun.

Kathedrale hat weitgehend die gleiche Bedeutung.

Das Freiburger Münster: Hauptschiff und Außenansicht

Ein neuer Baustil: Gotik

Wir bezeichnen als Mittelalter die Zeit zwischen 800 (Karl der Große wird Kaiser aus päpstlicher Hand) und etwa 1492 (Entdeckung Amerikas). Bis zum Beginn des 13. Jahrhunderts wurden Kirchen und Dome im Stil der Romanik errichtet, wie der Limburger Dom. Im Inneren sind diese Kirchen sehr einfach gehalten. Die kleinen Fenster, die dicken Mauern lassen wenig Licht ins Innere der Kirche. Rundbögen, Gewölbe und Säulen kennzeichnen diesen Stil. Es gibt noch nicht allzu viele Statuen, dafür um so mehr Bilder, die in den frischen Putz gemalt wurden (Fresko-Malerei[1]).

Ab dem 13. Jahrhundert entwickelte sich in Frankreich eine neue Stilrichtung, die sich im 14. und 15. Jahrhundert auch in unseren Städten durchsetzte: die Gotik.

Baumeister hatten entdeckt, dass man weniger dicke Mauern braucht, wenn das Gewölbe auf Säulenbündeln[2] ruht und wenn man den großen Druck mit Strebepfeilern[3] nach außen abfängt. Aus dieser Erkenntnis heraus konnte nun die Kirche höher gebaut werden und endete in einem spitzen Bogen, dem besonderen Kennzeichen der Gotik. Die Fenster wurden größer, gefüllt mit bunt bemalten, vielgestaltigen Kunstwerken. Die aus Holz geschnitzten Flügelaltäre, die Tafeln und Bilder zeigten den Gläubigen die Geburt, das Leiden und die Auferstehung des Herrn.

Die gewaltigen Türme wurden zu Wahrzeichen der Stadt; man wetteiferte um die Höhe der Kirchen: Münchner Frauenkirche 100 m, Regensburger Dom 107 m, Freiburger Dom 116 m, Kölner Dom (wurde erst 1880 vollendet) 157 m. Oft wurde Jahrhunderte lang an einer solchen riesigen Kirche gebaut.

[1] **Fresko-Malerei:** Wandmalerei, bei der Farben auf den frischen Putz aufgetragen werden. Nebenstehend siehst du einen Ausschnitt aus einem Fresko von Giotto (gestorben 1336) über das Leben des heiligen Franz von Assisi.

[2] **Säulenbündel:**

[3] **Strebepfeiler:** Pfeiler, die die Seitenschiffe überragen.

GESCHICHTE	NAME: ________________	KLASSE: ____	DATUM: __________	NR. ____

In einer gotischen Kirche

Regensburger Dom

Ab dem 13. Jahrhundert entwickelte sich in ____________ eine neue Stilrichtung, die sich im 14. und 15. Jahrhundert auch in unseren Städten durchsetzte: die ____________.

Bedeutende gotische Bauwerke: ____

________________________.

Kennzeichen dieses neuen Baustils:

____

____.

Bedingt durch die neue Bautechnik konnten die Kirchen nun ____________ gebaut werden. Die gewaltigen Kirchen wurden zu ______________ der Städte und werden heute von Tausenden von Touristen besucht.

In einer gotischen Kirche

Regensburger Dom

Ab dem 13. Jahrhundert entwickelte sich in *Frankreich* eine neue Stilrichtung, die sich im 14. und 15. Jahrhundert auch in unseren Städten durchsetzte: die *Gotik*.

Bedeutende gotische Bauwerke: *Münchner Frauenkirche, Regensburger Dom, Ulmer Münster, Kölner Dom*.

Kennzeichen dieses neuen Baustils:

Gewölbe auf Säulenbünden, Strebepfeiler nach außen, Spitzbogen, bunt bemalte Fenster, weniger dicke Mauern als Bauwerke der Romanik.

Bedingt durch die neue Bautechnik konnten die Kirchen nun *höher* gebaut werden. Die gewaltigen Kirchen wurden zu *Wahrzeichen* der Städte und werden heute von Tausenden von Touristen besucht.

THEMA

Krankheit im Mittelalter

LERNZIELE

Bewusst machen, dass im Mittelalter Arme und Kranke auf Almosen der Bürger angewiesen waren.

Erfahren, dass Spitäler errichtet wurden, in denen Kranke oft aufopferungsvoll von Ordensbrüdern und Nonnen gepflegt wurden.

Bewusst machen, dass mangelnde Hygiene oft Auslöser von Krankheit und Tod war.

Erfahren, dass der Mensch des Mittelalters eine Lebenserwartung von nur etwa 24 Jahren hatte.

Die Pest als eine verheerende Krankheit in Europa begreifen.

Erfahren, dass man die Juden verdächtigte, für die Pest verantwortlich zu sein.

Bewusst machen, dass es in der Folge zu schrecklichen Verbrechen an Juden kam.

ARBEITSMITTEL / MEDIEN / LITERATURHINWEISE

Folie 1 (Ein Spital in einer mittelalterlichen Stadt), 2 Informationsblätter, 1 Arbeitsblatt

TAFELBILD / FOLIEN

Ein Spital in einer mittelalterlichen Stadt

I.	**Hinführung:**	
	Folie 1 (Ein Spital in einer mittelalterlichen Stadt)	S. betrachten das Bild genau.
	Zielangabe	TA: **Krankheit im Mittelalter**
II.	**Erarbeitung:**	
	1. TZ: Arme und Kranke im Mittelalter	
	Informationsblatt 1/ EA/PA/GA-Auswertung LSG	S: Kranke waren auf Almosen der Bürger angewiesen – Bau von Spitälern durch geistliche Orden, Kaufleute und Handwerker – Lebenserwartung von ca. 24 Jahren – Ursache von Krankheit und Tod: mangelnde Hygiene
	2. TZ: Die Pest	
	Informationsblatt 2/ EA/PA/GA-Auswertung LSG	S: Pest breitet sich in Europa im 14. Jh. aus – Millionen Menschen sterben – Hungersnöte – Juden werden als Schuldige verdächtigt – Verbrechen an Juden in der Folgezeit
III.	**Vertiefung:**	
	Gesamtwiederholung	
IV.	**Sicherung:**	
	Eintrag AB	
V.	**Ausweitung:**	
	Lehrerinformation	L: Die sogenannten „Bürgerspitäler“, die es heute noch in einigen Städten gibt, gehen auf Stiftungen des Mittelalters zurück.

Arme und Kranke im Mittelalter

Im Mittelalter waren Arme, Kranke und die zahlreichen Krüppel auf Almosen der Bürger angewiesen und es gehörte zu den Pflichten eines Christen, für diese Menschen zu sorgen. Reiche Familien spendeten Geld, damit Spitäler errichtet und unterhalten werden konnten.

Auch die Spitäler sagen etwas über den Glauben der mittelalterlichen Menschen aus. In den Testamenten der Spender und in den Stiftungsurkunden war oft genau vorgeschrieben, welche Gebete die Armen und Kranken für den Verstorbenen und seine Familie sprechen sollten. Je mehr Gebete gesprochen wurden, um so sicherer hofften die Reichen auf einen Platz im Paradies.

Der Mensch des Mittelalters wurde ständig mit dem Tod konfrontiert. Jeden Tag sah er Leichenzüge durch die Straßen ziehen. Im Durchschnitt starben die Menschen mit etwa 24 Jahren. Unter den Toten waren viele Kleinkinder. Besonders gefährdet waren Frauen nach der Geburt eines Kindes.

Es gab viele Gründe, warum man leicht krank werden konnte: einer war die mangelnde Hygiene.

Abfallgruben hätten regelmäßig geleert werden müssen, aber man hielt sich oft nicht daran. Wenn dann eine Abfallgrube neben einem Brunnen lag, der die Stadt mit Wasser versorgte, waren das Trinkwasser und damit die Menschen sehr gefährdet.

Die geistlichen Orden, die Gilden[1] der Kaufleute und die Zünfte[2] der Handwerker bauten Spitäler für die Kranken. Da die ärztliche Kunst in den meisten Fällen aber versagte, begnügte man sich oft mit aufopfernder Pflege. Ordensbrüder und Nonnen taten sich dabei besonders hervor.

1 **Gilde:** Gilden sind Schutz- und Rechtsgemeinschaften der fahrenden Kaufleute.
2 **Zunft:** Als Zünfte bezeichnete man Zusammenschlüsse von Handwerkern. Jeder Handwerksberuf gründete seine eigene Zunft. Innerhalb einer Zunft gab es Regeln, an die sich die Zugehörigen halten mussten. So wurde z. B. die Ausbildung bzw. Hilfen bei Krankheit und Tod festgelegt. Jede Zunft hatte sein eigenes Zunftzeichen.

Heilig-Geist-Spital in Lübeck: Außen- und Innenansicht

Eine Geißel des Mittelalters – die Pest

So hoch gebaut und gut bewacht die Mauern der Städte auch waren, sie konnten es nicht verhindern: Von 1347 bis 1350 breitete sich in Europa die Pest aus. Sie wurde von Ratten und Flöhen verbreitet, die es auf jedem Schiff und in jedem Haus gab.

Unaufhaltsam zog sich ihre tödliche Spur von den Handelswegen des Orients bis in die nördlichsten und westlichsten Ecken Europas.

Im Deutschen Reich starben während des ersten Pestjahres 1,2 Millionen Menschen. Handel und Gewerbe gerieten ins Stocken, die Felder lagen weithin brach. Die Handelszüge blieben aus. So kam es zu Hungersnöten und allgemeiner Verzweiflung.

In vielen Städten verdächtigte man zu Unrecht die Juden, durch Vergiftung der Brunnen für das Unglück verantwortlich zu sein. Königliche Schutzbriefe nützten in dieser furchtbaren Zeit den Juden nichts. Die Verzweiflung der Menschen führte zu schrecklichen Verbrechen an den Juden.

Über die Pest von 1348 berichtet ein Schriftsteller aus der Stadt Florenz:

„[...] Gegen dieses Übel half keine Klugheit oder Vorkehrung, obgleich man es daran nicht fehlen und die Stadt durch eigens dazu bestimmte Beamte von allem Unrat reinigen ließ. Auch verwehrte man jedem Kranken den Zutritt und erteilte mancherlei Ratschlag über die Bewahrung der Gesundheit. Ebenso wenig nützten die demütigen Gebete, die viele Male in feierlichen Umgängen Gott vorgetragen wurden. Einige waren der Meinung, ein mäßiges Leben, frei von jeder Üppigkeit, vermöge die Widerstandskraft zu stärken. Diese taten sich zusammen in kleineren Kreisen und lebten getrennt von den übrigen, abgesondert in ihren Häusern, wo sich kein Kranker befand.
Andere waren der entgegengesetzten Meinung. Sie versicherten, viel zu trinken, gut zu leben, zu singen und zu scherzen, über jedes Ereignis zu lachen und zu spaßen sei das sicherste Heilmittel. Dies verwirklichten sie denn auch.
Andere erklärten, kein Mittel sei gegen die Pest so wirksam und zuverlässig wie die Flucht. In dieser Überzeugung verließen viele Männer und Frauen, ohne sich durch irgendeine Rücksicht halten zu lassen, ihre Vaterstadt, ihre Wohnungen, ihr Vermögen und ihre Verwandten. Sie flohen auf ihren eigenen oder auch einen fremden Landsitz, als ob der Zorn Gottes sie nicht überall erreiche.
Ein Mitbürger mied den anderen, der Nachbar pflegte den anderen nicht, die Verwandten besuchten einander selten oder nie. Das Elend hatte alle so mit Schrecken erfüllt, dass der Bruder den Bruder, die Frau den Mann verließ und – was das Schrecklichste ist – Vater und Mutter sich weigerten, ihre Kinder zu besuchen und zu pflegen, als wären es nicht die ihrigen. So war denn mangels der gehörigen Pflege und wegen der Heftigkeit der Seuche die Zahl der bei Tag und Nacht Gestorbenen so hoch, dass man sich entsetzte, wenn man sie erfuhr. Die Lage der kleinen Leute war wohl am schlimmsten, da sie täglich zu Tausenden erkrankten und rettungslos starben.
Es gab viele, die auf offener Straße verschieden, viele, die in den verlassenen Häusern ihren Geist aufgaben und ihren Nachbarn erst durch den Gestank, der aus ihren faulenden Leichen aufstieg, Kunde von ihrem Tod brachten. [...]"

Massenbestattung von Pestopfern (eine Buchillustration von 1352)

Krankheit im Mittelalter

Im Mittelalter waren Arme und Kranke auf Almosen der ______________ angewiesen.

Reiche Familien spendeten Geld, damit ______________ errichtet werden konnten.

Im Durchschnitt lebten die Menschen des Mittelalters nur ____ Jahre. Es gab viele Gründe, warum man leicht krank werden und sterben konnte: Ein Grund war die mangelnde ______________ beim Zusammenleben von Menschen und Tieren auf engem Raum.

______________ und ______________ bauten Spitäler für die Kranken, in denen diese oft aufopferungsvoll von ______________ und ______________ gepflegt wurden.

Im 14. Jahrhundert wurde Europa von der __________ heimgesucht. Millionen Menschen starben, es kam zu ______________ und allgemeiner Verzweiflung.

Die __________ wurden verdächtigt, durch Vergiftung der Brunnen für das Unglück verantwortlich zu sein. In der Folge wurden schreckliche Verbrechen an ihnen begangen.

Ein Pestopfer vor der Stadt. Pestkranke durften nicht in die Stadt.
Wachleute warnten mit Ratschen vor dem Kranken.

GESCHICHTE	NAME: ____________	KLASSE: ____	DATUM: ________	NR. ___

Krankheit im Mittelalter

Im Mittelalter waren Arme und Kranke auf Almosen der ___Bürger___ angewiesen.

Reiche Familien spendeten Geld, damit ___Spitäler___ errichtet werden konnten.

Im Durchschnitt lebten die Menschen des Mittelalters nur ___24___ Jahre. Es gab viele Gründe, warum man leicht krank werden und sterben konnte: Ein Grund war die mangelnde ___Hygiene___ beim Zusammenleben von Menschen und Tieren auf engem Raum.

___Geistliche Orden, Kaufleute___ und ___Handwerker___ bauten Spitäler für die Kranken, in denen diese oft aufopferungsvoll von ___Ordensbrüdern___ und ___Nonnen___ gepflegt wurden.

Im 14. Jahrhundert wurde Europa von der ___Pest___ heimgesucht. Millionen Menschen starben, es kam zu ___Hungersnöten___ und allgemeiner Verzweiflung.

Die ___Juden___ wurden verdächtigt, durch Vergiftung der Brunnen für das Unglück verantwortlich zu sein. In der Folge wurden schreckliche Verbrechen an ihnen begangen.

Ein Pestopfer vor der Stadt. Pestkranke durften nicht in die Stadt. Wachleute warnten mit Ratschen vor dem Kranken.

THEMA

Die mittelalterliche Stadt

LERNZIELE

Begreifen, dass im Mittelalter zahlreiche neue Städte entstanden.

Erfahren, dass die Stadt Vorteile für den Stadtherren, für Händler, Bürger und Bauern brachte.

Bewusst machen, dass die Bürger der Stadt zunehmend mehr Rechte forderten.

Erkennen, dass diese Rechte zum Teil verliehen, verkauft oder erkämpft wurden.

Bewusst machen, dass mehr Rechte auch mehr Pflichten bedeuteten.

ARBEITSMITTEL / MEDIEN / LITERATURHINWEISE

Folie 1 (Eine Stadt entsteht), 3 Informationsblätter, 1 Arbeitsblatt

Zusatz: 46 40266 „Stadt, Handel, Handwerk“ (21 min)
46 40292 „Markttag in einer mittelalterlichen Stadt“ (15 min)
46 40331 „Stadt – Handel – Handwerk“

TAFELBILD / FOLIEN

Eine Stadt entsteht: Bürger bauen ihre Stadt und sichern sie mit einer Stadtmauer.

I. **Hinführung:**

Folie 1 (Eine Stadt entsteht)	S. beschreiben das Bild.
Zielangabe	TA: **Die mittelalterliche Stadt**

II. **Erarbeitung:**

1. TZ: Neue Städte entstehen

Informationsblatt 1/2/ EA/PA/GA-Auswertung LSG	S: Die Städte bringen Vorteile für den Stadtherrn (Steuereinnahmen), Händler (Sicherheit), Bauern (Befreiung aus der Leibeigenschaft).

2. TZ: Mehr Freiheiten für die Bürger

Informationsblatt 3/ EA/PA/GA-Auswertung LSG	S: Bürger bekommen mehr Rechte: Diese werden vom Kaiser verliehen, von Adeligen verkauft, von Bürgern erkämpft.

III. **Vertiefung:**

Gesamtwiederholung/Informationsblatt 4/gemeinsames Erlesen	S: Mehr Rechte für die Bürger bedeuteten auch mehr Pflichten.

IV. **Sicherung:**

Eintrag AB

V. **Ausweitung:**

Warum entstanden gerade im Mittelalter viele Städte?

Vorteile für den Stadtherrn
Vorteile für die Händler
Vorteile für die Bauern

Die Bürger wollen mehr Freiheiten

Ursprünglich gehörte jede Stadt bei der Gründung und Verleihung des Marktrechts einem Grundherrn, der nur wenige Rechte abgab. Um 1500 aber verwalteten sich die meisten Städte bereits selbst. Wie ist es dazu gekommen?

Im Anschluss sind drei Möglichkeiten näher erörtert.

Rechte werden verliehen

Während der Regierungszeit Kaiser Friedrich II. war es zum Streit zwischen Kaiser und Papst gekommen. Die Bürger der Stadt Regensburg hielten zum Kaiser. Zum Dank dafür gewährte ihnen Friedrich II. das Recht, „einen gemeinsamen Rat und einen Bürgermeister“ zu haben.

Rechte werden verkauft

Den Bürgern, von denen etliche beim Handel reich wurden, war die Freiheit ihrer Stadt viel wert. Viele Stadtherren brauchten immer mehr bares Geld, denn der Adelige war es seinem Stand schuldig, großzügig zu leben: Reisen zu Turnieren und Kreuzzügen, Feste und Gastmähler kosteten viel Geld. Um dieses Geld nun zu bekommen, verkaufte er bestimmte Rechte an die Bürger. Konnte er später aber nicht zurückzahlen, gaben die Bürger ihre „gekauften“ Rechte nicht wieder her.

Rechte werden erkämpft

Mancher Stadtherr war nicht glücklich darüber, dass einer seiner Vorgänger Rechte verkauft hatte und versuchte, dieses „Geschäft“ wieder rückgängig zu machen. Oftmals wehrten sich die Bürger jedoch gegen diese Absicht und kämpften für ihre erworbenen Rechte – meist mit Erfolg.

Rathaus in Münster (Fassade erbaut 1335)

Bürgerfreiheit bringt Pflichten

Das Stadtleben erforderte eine klare Ordnung. Die neu gewonnene Freiheit bedeutete nicht, dass die Bürger keine Pflichten mehr gehabt hätten – im Gegenteil.

Mehr Rechte zogen automatisch auch mehr Pflichten nach sich.

Drei Gefahren bedrohten die Bürger, die man nur gemeinsam bekämpfen konnte:

- Streit, Mord und Totschlag
- Feuer in einem Haus, das das ganze Stadtviertel bedrohte
- ein Überfall auf die Stadt

Ein Stadtrechtsbuch enthielt genaue Vorschriften, wie diese Gefahren bewältigt werden konnten und welche Pflichten dabei den Bürgern auferlegt wurden.

Die Bürger hatten natürlich auch die Pflicht, Steuern zu bezahlen. Zwar konnte in vielen Städten das Zahlen an die alten Grundherrn vermindert werden. Aber für Gemeinschaftsaufgaben der Stadt, wie die Erhaltung der Stadtmauer, der Straßenbau usw., mussten die Bürger gemeinsam bezahlen.

Mit dem Bürgereid erkannten Neubürger diese Pflichten an und erwarben das Bürgerrecht in der Stadt.

Auszug aus dem Bürgereid der Stadt Köln:

„Zum Ersten sollen sie schwören, dem Rat und der Stadt Köln treu und hold zu sein und ihren Nutzen zu fördern und ihren Schaden abzuwenden, wo irgend sie davon wissen oder vernehmen; sodann der Sturmglocke zu folgen und eine volle Rüstung zu besitzen zum Nutzen des Rates und der Stadt Köln."

Überall entstehen neue Städte

Zu keiner Zeit entstanden mehr neue Städte als im Mittelalter. Viele Menschen wollten in den neu gegründeten Städten leben. Warum?

Vorteile für den Stadtherrn

Zunächst brachte die Stadt Vorteile für den Stadtherrn. Zu Beginn waren viele der neuen Städte nichts anderes als riesige Burgen, in denen die Grundherren Märkte abhalten ließen. Kaufleute, die sich in der Stadt niederließen, und reisende Händler, die in der Stadt Halt machten, boten Waren an, die die Bischöfe, Grafen oder Herzöge sonst nicht bekommen konnten: feinere Nahrungsmittel, vornehme Kleidung, wertvolle Möbel und Geschirr, Schmuck für die Damen und Waffen für die Herrn.

Das Geld für die Kostbarkeiten stammte aus den Steuern, die die Händler und die Bürger der Stadt zahlen mussten. Marktgebühren, Zölle und Schutzgelder musste jeder entrichten, der Geschäfte tätigte. Das Recht, Münzen zu prägen, machte den Handel erst möglich. Der Stadtherr „verlieh" es den Bürgern und kassierte dafür Geld und Dienstleistungen.

Vorteile für die Händler

Die Händler profitierten vom Schutz des Stadtherren für ihre Waren und von der Sicherheit eines geregelten Handels. Was nützte ein voller Wagen mit wertvollen Gewürzen des Orients, wenn er kurz vor der Handelsstadt überfallen und ausgeraubt wurde? Was nützte der Kauf von Stoffen auf dem Markt, wenn sie aus minderwertiger Wolle gewebt waren? Marktprivileg und Marktordnung regelten diese Fälle. Bei Verstößen garantierte der Stadtherr ein Gericht, das an Ort und Stelle Recht sprach. Für dieses große Stück Sicherheit zahlten die Händler Zölle.

Vorteile für die Bauern

Eine ganz neue Chance boten viele Stadtrechte den Bauernkindern. Sie konnten sich von der Leibeigenschaft dadurch befreien, dass sie ein Jahr und einen Tag in der Stadt wohnten, ohne dass sie ihr alter Grundherr zurückforderte. In einer Zeit ohne Einwohnermeldeämter geschah es oft genug, dass ein Grundherr nicht rechtzeitig merkte, dass einer seiner Bauern fortgezogen war.

Ein anderer wichtiger Grund in die Stadt zu ziehen, war die Möglichkeit, der Not zu Hause zu entkommen. Die bäuerlichen Familien hatten meist viele Kinder. Nur wenige konnten auf dem Hof der Eltern bleiben. Die anderen mussten sich nach neuen Erwerbsmöglichkeiten umsehen: Manche traten in Klöster ein, andere zogen als Siedler in den Osten. Etliche gingen in die nahen Städte, wo sie sich als Handwerker und Händler niederließen.

GESCHICHTE	NAME: ____________	KLASSE: ____	DATUM: ________	NR. ____

Die mittelalterliche Stadt

Im Mittelalter entstanden viele neue Städte. Dies hatte verschiedene Gründe:

Zunächst brachte die Stadt Vorteile für den ______________. Die Kaufleute und Bürger der Stadt mussten ______________ zahlen. Außerdem fielen ______________ ______________ und ______________ an.

Die Händler profitierten von der ______________ eines geregelten Handels.

Bauernkinder konnten sich durch den Umzug in eine Stadt von der ______________ ______________ befreien; außerdem war es eine gute Möglichkeit, der ________ zu Hause zu entkommen.

Im Laufe der Zeit gingen immer mehr Rechte auf die ______________ einer Stadt über. Diese wurden zum Teil ______________, ______________, aber auch von den Bürgern ______________.

Ladenstraße in einer mittelalterlichen Stadt. Zu sehen sind Apotheke (vorne rechts), Schneider (vorne links), Bader (hinten rechts).

Mehr Rechte bedeuteten aber auch, dass die Bürger mehr ______________ übernehmen mussten. Das ______________ enthielt genaue Vorschriften darüber, welche Pflichten den Bürgern auferlegt wurden.

GESCHICHTE	NAME: ____________	KLASSE: ____	DATUM: ________	NR. ____

Die mittelalterliche Stadt

Im Mittelalter entstanden viele neue Städte. Dies hatte verschiedene Gründe:

Zunächst brachte die Stadt Vorteile für den ___*Stadtherrn*___. Die Kaufleute und Bürger der Stadt mussten ___*Steuern*___ zahlen. Außerdem fielen ___*Markt-gebühren, Zölle*___ und ___*Schutzgelder*___ an.

Die Händler profitierten von der ___*Sicherheit*___ eines geregelten Handels.

Bauernkinder konnten sich durch den Umzug in eine Stadt von der ___*Leibeigen-schaft*___ befreien; außerdem war es eine gute Möglichkeit, der ___*Not*___ zu Hause zu entkommen.

Im Laufe der Zeit gingen immer mehr Rechte auf die ___*Bürger*___ einer Stadt über. Diese wurden zum Teil ___*verliehen*___, ___*verkauft*___, aber auch von den Bürgern ___*erkämpft*___.

Ladenstraße in einer mittelalterlichen Stadt. Zu sehen sind Apotheke (vorne rechts), Schneider (vorne links), Bader (hinten rechts).

Mehr Rechte bedeuteten aber auch, dass die Bürger mehr ___*Pflichten*___ übernehmen mussten. Das ___*Stadtrechtsbuch*___ enthielt genaue Vorschriften darüber, welche Pflichten den Bürgern auferlegt wurden.

THEMA

Wer regierte in der mittelalterlichen Stadt?

LERNZIELE

Erkennen, dass die Patrizier die einflussreichsten Bürger in einer mittelalterlichen Stadt waren.

Bewusst machen, auf welche Weise sie zu diesem Einfluss gekommen waren.

Bewusst machen, dass sich die Patrizier von den anderen Gruppen abgrenzten.

Erfahren, dass die Handwerker die größte Gruppe der Stadt darstellten.

Bewusst machen, dass Handwerker nicht an der Regierung der Stadt teilhaben durften.

Die Bedeutung der Zünfte kennenlernen.

Erfahren, dass die Zünfte die Stadt mitregieren wollten.

Erfahren, dass ab dem 14. Jahrhundert Handwerker in den Rat der Stadt aufgenommen wurden.

ARBEITSMITTEL / MEDIEN / LITERATURHINWEISE

Folie 1 (Versammlung des Rates der Stadt Augsburg), 2 Informationsblätter, 1 Arbeitsblatt

Zusatz: 46 62275 „Stadtluft macht frei“ (13 min)
46 64640 „Die Zünfte wollen mitregieren“ (15 min)

TAFELBILD / FOLIEN

Versammlung des Rates der Stadt Augsburg

I. **Hinführung:**

Folie 1 (Versammlung des Rates der Stadt Augsburg) — S. betrachten das Bild.

Zielangabe — TA: **Wer regierte in der mittelalterlichen Stadt?**

II. **Erarbeitung:**

1. TZ: Patrizier

Informationsblatt 1/ EA/PA/GA-Auswertung LSG — S: Patrizier sind die wichtigste Gruppe der Stadt – Einfluss durch Sonderrechte – Recht, den Rat der Stadt zu bilden – Abgrenzung von anderen Gruppen

2. TZ: Handwerker

Informationsblatt 1/ EA/PA/GA-Auswertung LSG — S: Handwerker, die größte Gruppe – von der Regierung der Stadt ausgeschlossen – Zusammenschluss in „Zünften"

III. **Vertiefung:**

Gesamtwiederholung

IV. **Sicherung:**

Eintrag AB

V. **Ausweitung:**

3. TZ: Zünfte wollen mitregieren.

Informationsblatt 2/ gemeinsames Erlesen — S: Unruhen, weil die Zünfte die Vorherrschaft der Patrizier nicht mehr akzeptierten – meist Kompromiss: Handwerker werden in den Rat der Stadt aufgenommen

Die Patrizier – die einflussreichsten Bürger der Stadt

Kaufleute waren bei Städtegründungen entscheidend beteiligt; ohne sie wäre der Handel auf Märkten nicht möglich gewesen. Die Tüchtigsten von ihnen wurden als „Fernhändler“ sehr reich. Sie konnten vom König Sonderrechte kaufen: Zollfreiheit, Stapelrecht[1] oder Bergwerksrecht. Damit konnten sie ihre Gewinne weiter steigern und Grundbesitz erwerben. Um ihren Einfluss zu sichern und um gegenseitige Hilfe leisten zu können, schlossen sie sich zu Gilden[2] zusammen.

Fernkaufleute gaben sich sogar Wappen und Siegel wie die Adeligen sie besaßen. Oft heirateten sie auch Adelige. Diese Gruppe bezeichnete sich stolz als Patrizier.[3] Sie bildeten den Rat der Stadt und regierten bis ins 14. Jahrhundert die Städte allein.

An der Kleidung konnte man die Patrizier jederzeit erkennen: Nur ihnen war es erlaubt, Pelze, Samt und Seide sowie bestimmte Schmuckstücke zu tragen.

Stadtgesetze bestimmten noch 1521 in Nürnberg, dass beim Tanz die Patrizier unter sich blieben.

1 **Stapelrecht**, auch Marktrecht genannt, war das Recht einer Stadt von den fahrenden Kaufleuten zu verlangen, dass sie ihre Waren eine Weile abluden („stapelten“) und zum Verkauf auf den Märkten anboten.
2 **Gilden** sind Schutz- und Rechtsgemeinschaften der fahrenden Kaufleute.
3 **Patrizier** bildeten die städtische Oberschicht. Sie besetzten den Rat und andere städtische Ämter. Zum Patriziat zählten reiche Bürger, später auch in die Bürgerschaft aufgenommene Ritter und Ministerialien. Übrigens nannte sich diese Schicht im Mittelalter selbst nicht Patriziat, man sprach vielmehr von Geschlechtern.

Die Handwerker – die größte Gruppe der Stadt

Die Handwerker waren der zahlenmäßig größte Teil der Stadtbevölkerung. Sie bildeten den sogenannten „Mittelstand“. Ihr Fleiß und ihr Geschick machten die Waren einer Stadt berühmt.

Sie gehörten zu den Bürgern, hatten also alle Rechte und Pflichten, die durch den Bürgereid grundgelegt wurden. Ihr Anteil am Steueraufkommen war sehr hoch. Bei Brandkatastrophen und im Krieg leisteten sie ihren Beitrag zur Erhaltung der Stadt. Trotzdem durften sie die Stadt nicht mitregieren. Da aber die Handwerker als Gemeinschaft stärker werden wollten, schlossen sie sich zu einer Zunft[4] zusammen.

Dies brachte einige Vorteile mit sich:

Sie versprachen sich gegenseitige Hilfe bei Not, Alter und Krankheit.

Sie garantierten eine bestimmte Qualität ihrer Waren und legten gemeinsam die Preise fest, um sich vor dem Wettbewerbsdruck zu schützen.

Die Zahl der Meister, die sich in einer Stadt niederlassen durften, war zahlenmäßig festgelegt; wie viele Lehrlinge ausgebildet werden durften und die Inhalte der Ausbildung war ebenfalls geregelt.

Die Zunftordnungen regelten ebenfalls das Verhalten in der Arbeit sowie das gesellige Beisammensein an Feiertagen.

4 **Zunft:** Zünfte sind Zusammenschlüsse von Handwerkern.

Die Zünfte wollen die Stadt mitregieren

Obwohl die Zünfte für die Stadt so wichtig waren, durften sie bis in das 14. Jahrhundert hinein die Stadt nicht mitregieren. Sie durften ihren Abschnitt der Stadtmauer zwar verteidigen, dennoch bestimmten die wenigen Patrizierfamilien das Schicksal der Stadt.

Dies führte jedoch im 14. Jahrhundert zu Unruhen, besonders wenn der Rat mit dem Geld zu leichtsinnig umging. Meistens wurde ein Kompromiss angestrebt und die Handwerker in den Rat der Stadt aufgenommen; in einigen Städten kam es jedoch zu blutigen Auseinandersetzungen zwischen den Zünften und den Patriziern.

In der Augsburger Stadtchronik findet sich auch eine Passage über den Zustand, dass nur Patrizier den Rat der Stadt bildeten. Wenn du den Text laut liest, verstehst du ihn sicher:

> „In der Jarzal unseres Herrn in dem 1368 ja am nechsten mentag nach Simonis et Jude (23. Oktober) do kom ein groz folk gewappent uff den pernlaich (Rathausplatz) und sprachen, sie wölten aim zunft haben und wölten die haben mit guotem frid und im solt niemant fürchten weder libes noch guotes (Leib noch Gut), si wölten nun recht tuon; und sprachen, si wölten nach gutem frid stellen mit gottes hilf und sprachen, sie wölten der stat puoch ein nehmen und prieff und der stat insigel und die schlüzzel zu frid, und namen auch alle die schlüzzel, die zu den toren an der stat gehorten, und giengen all, rich und arm, uff den pernlaich und schwuoren da, ain zunft ze haben hundert jar und einen tag. […]

Arbeitsauftrag:

Ordne zu:

Schneider, Tuchmacher, Dachdecker, Gerber, Schuster, Kürschner, Schlachter, Fischer, Müller, Sattler, Weber, Maurer, Schmied, Bächer, Maler, Zimmerer

Lösung:

1. Schuster, 2. Fischer, 3. Schlachter,
4. Tuchmacher, 5. Weber, 6. Maler,
7. Müller, 8. Maurer, 9. Zimmerer,
10. Dachdecker, 11. Schneider,
12. Bächer, 13. Sattler, 14. Schmied,
15. Kürschner, 16. Gerber

Wer regierte in der mittelalterlichen Stadt?

Verschiedene Zunftwappen

Die einflussreichsten Bürger in der Stadt waren die ________________.

Sie waren Kaufleute, die durch Handel sehr reich geworden waren und von diesem Geld ________________ erwarben. Sie konnten vom König ________________ kaufen und sicherten sich das Recht, den ________________ zu bilden. Bis ins 14. Jahrhundert regierten sie die Städte allein.

Der weitaus größte Teil der Stadtbevölkerung gehörte zu den ________________.

Obwohl sie einen hohen Anteil zur Erhaltung der Stadt beitragen mussten, blieben sie von der ________________ der Stadt ausgeschlossen. Um gemeinsam stark zu sein, schlossen Handwerker sich zu sogenannten ________________ zusammen.

Durch die Zunftordnung wurden verschiedene Dinge geregelt: ________________

____.

Im 14. Jahrhundert gab es Unruhen, weil die Zünfte die Stadt mitregieren wollten und nicht mehr akzeptierten, dass die wenigen ________________ das Schicksal der Stadt bestimmten. Meistens kam es zu einem Kompromiss und die ________________ wurden in den Rat der Stadt aufgenommen.

GESCHICHTE	NAME: ____________	KLASSE: ____	DATUM: ________	NR. ____

Wer regierte in der mittelalterlichen Stadt?

Verschiedene Zunftwappen

Die einflussreichsten Bürger in der Stadt waren die *Patrizier*.

Sie waren Kaufleute, die durch Handel sehr reich geworden waren und von diesem Geld *Grundbesitz* erwarben. Sie konnten vom König *Sonderrechte* kaufen und sicherten sich das Recht, den *Rat der Stadt* zu bilden. Bis ins 14. Jahrhundert regierten sie die Städte allein.

Der weitaus größte Teil der Stadtbevölkerung gehörte zu den *Handwerkern*.

Obwohl sie einen hohen Anteil zur Erhaltung der Stadt beitragen mussten, blieben sie von der *Regierung* der Stadt ausgeschlossen. Um gemeinsam stark zu sein, schlossen Handwerker sich zu sogenannten *Zünften* zusammen.

Durch die Zunftordnung wurden verschiedene Dinge geregelt: *Qualität der Waren, Preise der Waren, Zahl der Meister, Zahl der Lehrlinge, Inhalte der Ausbildung*.

Im 14. Jahrhundert gab es Unruhen, weil die Zünfte die Stadt mitregieren wollten und nicht mehr akzeptierten, dass die wenigen *Patrizierfamilien* das Schicksal der Stadt bestimmten. Meistens kam es zu einem Kompromiss und die *Handwerker* wurden in den Rat der Stadt aufgenommen.

THEMA

Gab es in der mittelalterlichen Stadt Gruppen ohne Bürgerrechte?

LERNZIELE

Bewusst machen, dass in der mittelalterlichen Stadt nur zwei Drittel der Bevölkerung das Bürgerrecht besaßen.

Beschreiben können, welche Voraussetzungen für den Erwerb des Bürgerrechts galten.

Erfahren, welcher Personenkreis von den Bürgerrechten ausgeschlossen war.

Die Stellung der Juden beschreiben können.

Bewusst machen, dass Judenverfolgungen bis ins 20. Jahrhundert andauerten.

ARBEITSMITTEL / MEDIEN / LITERATURHINWEISE

Folie 1 (Verteilung der Bürgerrechte ...), 2 Informationsblätter, 1 Arbeitsblatt

TAFELBILD / FOLIEN

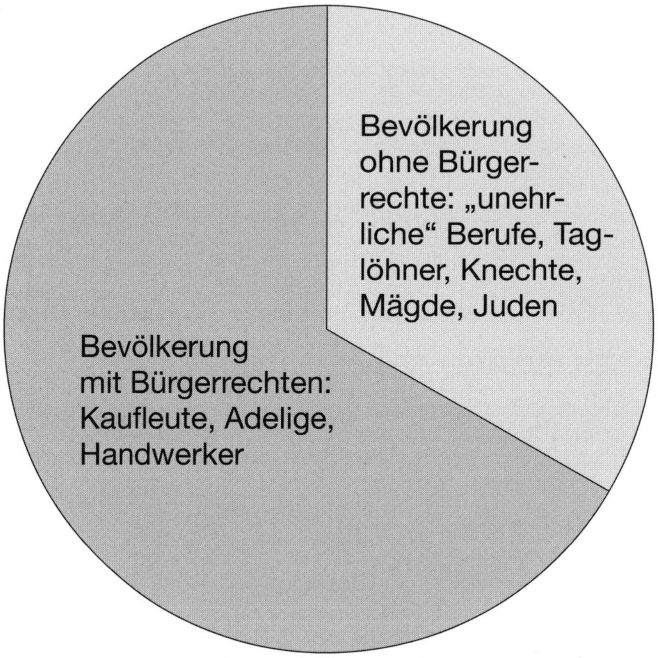

Verteilung der Bürgerrechte in einer mittelalterlichen Stadt

I. **Hinführung:**

Folie 1 (Verteilung der Bürgerrechte ...)	S. betrachten das Schaubild.
Zielangabe	TA: **Gab es in der mittelalterlichen Stadt Gruppen ohne Bürgerrechte?**

II. **Erarbeitung:**

1. TZ: Ohne Bürgerrecht

Informationsblatt 1/ gemeinsames Erlesen	S: Nur zwei Drittel besitzen das Bürgerrecht: Patrizier, Handwerker, Kaufleute – ausgeschlossen sind „unehrliche" Berufe, Taglöhner, Knechte, Mägde, Juden

2. TZ: Ein Sonderfall – Juden

Informationsblatt 1/2/ EA/PA/GA-Auswertung LSG	S: Keine Gruppe hat so wenige Rechte – Zünfte nehmen Juden nicht auf – Juden werden Kesselflicker oder Geldverleiher – Belastung durch Steuern – Kleiderordnung soll Juden kennzeichnen – Pest führt zur Judenverfolgung

III. **Vertiefung:**

Gesamtwiederholung

IV. **Sicherung:**

Eintrag AB

V. **Ausweitung:**

3. TZ: Judenverfolgung bis ins 20. Jh.

Informationsblatt 2/gemeinsames Erlesen	S: Bis ins 20. Jh. Judenverfolgungen in Europa

Ohne Bürgerrecht – ein Drittel der mittelalterlichen Stadtbewohner

In einer mittelalterlichen Stadt besaßen nur zwei Drittel der Bewohner das Bürgerrecht. Wer Bürger werden wollte, musste ein bestimmtes Mindestvermögen nachweisen können. Damit war sichergestellt, dass er auch Steuern zahlen konnte. Ehrlichkeit und eheliche Geburt waren Grundvoraussetzungen; Kinder „unehrlicher" Leute waren also vom Bürgerrecht ausgeschlossen.

Zu den „unehrlichen" Berufen zählten beispielsweise der Henker und der Totengräber.

Auch die Tagelöhner[1], Knechte und Mägde hatten kein Bürgerrecht.
Bürgerrechte besaßen nur die Patrizier, die Handwerker und Kaufleute.

[1] **Tagelöhner:** In einer mittelalterlichen Stadt waren etwa 4 % der Stadtbevölkerung Tagelöhner. Tagelöhner sind Menschen, die keinen festen Arbeitgeber haben, sondern ihre Arbeitskraft tageweise anbieten. Tagelöhner konnten von ihren Tätigkeiten kaum leben.

Ein Sonderfall – die Juden in der Stadt

Keine Gruppe wurde in der mittelalterlichen Stadt so verfolgt wie die Juden. Dies war früher anders: Bei Stadtgründungen im 11. und 12. Jahrhundert waren sie von König oder Bischof noch hoch geschätzt. In Speyer, Worms und Regensburg waren sie gern gesehene, erfolgreiche Kaufleute.

Die im Laufe der Zeit entstandenen Gilden und Zünfte verstanden sich aber nicht nur als berufliche Vereinigungen, sondern auch als christliche Gemeinschaften. Ein gläubiger Jude wurde hier nicht aufgenommen. Damit blieb den ärmeren Juden nur der Weg in den Stand der Kesselflicker. (Kesselflicker rechnete man zu den „unehrlichen" Berufen.)

Die tüchtigeren Juden dagegen verdienten viel Geld durch eine Handelsform, die den Christen verboten war: das Verleihen von Geld gegen Zinsen. Dass die Juden dabei reich wurden, kam den Grundherrn aber gelegen. Juden wurden mit immer neuen Steuern belegt und mussten sich den „Schutz" ihres Herrn ständig neu erkaufen. Auch Könige nahmen von den Juden hohe Steuern.

Für die Juden galt auch eine besondere Kleiderordnung. In Bamberg und Regensburg mussten sie ab 1451 einen halbmondförmigen Hut tragen, damit man sie sofort als Juden erkannte. In schwäbischen Städten mussten die Juden gelbe Ringe ab Obergewand tragen. Damit sollte eine bewusste Trennung zwischen Christen und Juden herbeigeführt werden.

Judenverfolgung im Mittelalter

Weitaus schlimmer noch als diese Sonderbestimmungen waren die grausamen Judenverfolgungen (Pogrome). Eine erste Welle gab es beim ersten Kreuzzug 1096, als der Kreuzritter Gottfried von Bouillon dazu aufforderte, das Blut Christi zu rächen und die Juden zu erschlagen.

Im 14. Jahrhundert kostete die Pest viele Menschenleben. Es gab praktisch keine Möglichkeit, dieser Krankheit zu entrinnen. Alle Wut und Trauer der Überlebenden richtete sich auf die Juden, denen man vorwarf, die Brunnen vergiftet zu haben. Zehntausende Juden wurden in dieser Zeit aufgrund dieses Vorwurfs erschlagen.

Judenverfolgung bis ins 20. Jahrhundert

Bis ins 20. Jahrhundert blieben die Juden eine bedrohte und verfolgte Gruppe in vielen Ländern Europas. Der traurige Höhepunkt waren die Judenverfolgungen in Deutschland während des sogenannten „Dritten Reiches" (1933–1945). Sie reichten vom Tragen des Judensterns über die Schließung jüdischer Geschäfte, die Aufhebung der Bürgerrechte, Arbeitsverbot bis zum Abtransport in Konzentrationslager und zur Vernichtung von Millionen jüdischen Mitbürgern.

In manchen Orten gibt es heute noch jüdische Gemeinden; in anderen erinnern Judenfriedhöfe und Synagogen an sie.

Miniatur aus dem 13. Jahrhundert: Juden müssen auffällige Kleidungsstücke tragen, hier Hüte, damit sie gleich als Juden erkannt werden.

GESCHICHTE	NAME: ______	KLASSE: ______	DATUM: ______	NR. ______

Das Bürgerrecht in der mittelalterlichen Stadt

Trage ein, wie das Bürgerrecht in der mittelalterlichen Stadt aufgeteilt war!

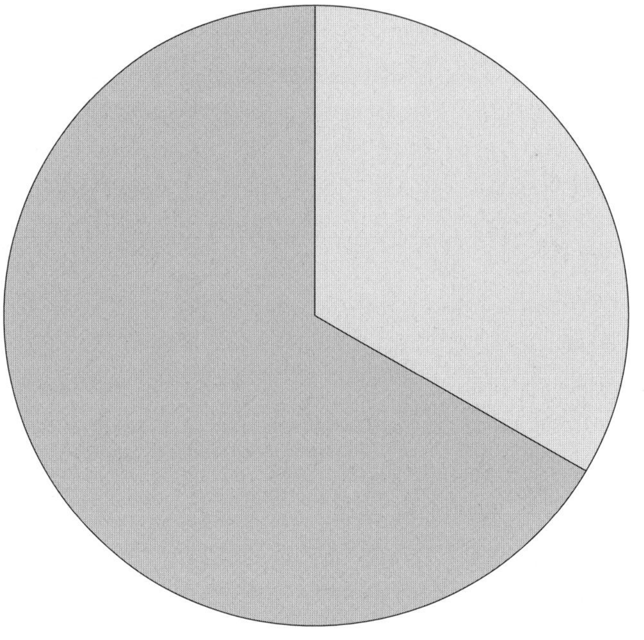

Keine Gruppe der Stadtbewohner hatte so wenig Rechte wie die ______________________.

Die im Laufe der Zeit entstandenen Zünfte verstanden sich als ______________________ Gemeinschaften. Ein gläubiger Jude wurde nicht ____________________.

Damit blieb den Juden nur die Möglichkeit, sich nach anderen Betätigungsfeldern umzusehen: die Ärmeren arbeiteten als ______________________, was zu den „unehrlichen“ Berufen zählte; die Tüchtigeren unter ihnen verdienten gut durch das ______________________________. Den „Schutz“ ihres Herren mussten sie sich immer wieder durch ______________________ teuer erkaufen.

In manchen Städten wurde für die Juden eine ______________________ aufgestellt, mit der sie sich von den Christen unterscheiden sollten. Weitaus schlimmer aber waren die grausamen Judenverfolgungen (________________).

Als im Mittelalter Millionen Menschen an der Pest starben, gab man den Juden die Schuld mit der Behauptung, sie hätten ____________________________.

Zehntausende jüdische Mitbürger wurden in der Folgezeit deswegen getötet.

GESCHICHTE	NAME: ____________	KLASSE: ____	DATUM: ________	NR. ____

Das Bürgerrecht in der mittelalterlichen Stadt

Trage ein, wie das Bürgerrecht in der mittelalterlichen Stadt aufgeteilt war!

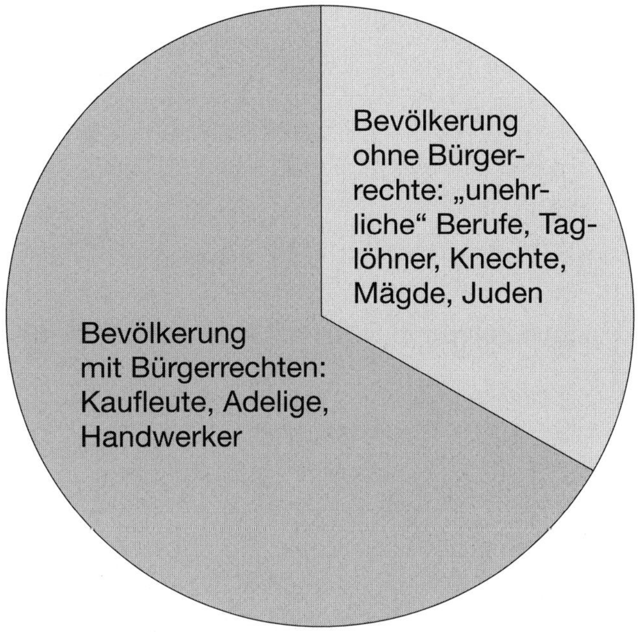

Keine Gruppe der Stadtbewohner hatte so wenig Rechte wie die *Juden*.

Die im Laufe der Zeit entstandenen Zünfte verstanden sich als *christliche* Gemeinschaften. Ein gläubiger Jude wurde nicht *aufgenommen*.

Damit blieb den Juden nur die Möglichkeit, sich nach anderen Betätigungsfeldern umzusehen: die Ärmeren arbeiteten als *Kesselflicker*, was zu den „unehrlichen“ Berufen zählte; die Tüchtigeren unter ihnen verdienten gut durch das *Verleihen von Geld*. Den „Schutz“ ihres Herren mussten sie sich immer wieder durch *Steuern* teuer erkaufen.

In manchen Städten wurde für die Juden eine *Kleiderordnung* aufgestellt, mit der sie sich von den Christen unterscheiden sollten. Weitaus schlimmer aber waren die grausamen Judenverfolgungen (*Pogrome*).

Als im Mittelalter Millionen Menschen an der Pest starben, gab man den Juden die Schuld mit der Behauptung, sie hätten *die Brunnen vergiftet*.

Zehntausende jüdische Mitbürger wurden in der Folgezeit deswegen getötet.

THEMA

Wie funktionierte der weltweite Handel?

LERNZIELE

Erfahren, dass die Händler des Mittelalters auf den Handelsstraßen alle Waren transportierten, die Aussicht auf Gewinne boten.

Importierte Waren der damaligen Zeit kennenlernen.

Bewusst machen, dass der weltweite Handel bis Arabien, Indien und China ausgedehnt wurde.

Europäische Erzeugnisse nennen können.

Regionen kennenlernen, aus denen diese Waren importiert wurden.

ARBEITSMITTEL / MEDIEN / LITERATURHINWEISE

Folie 1 (Handelswege und Handelgüter), 2 Informationsblätter, 1 Arbeitsblatt

Zusatz: 46 40266 „Stadt, Handel, Handwerk“ (21 min)

TAFELBILD / FOLIEN

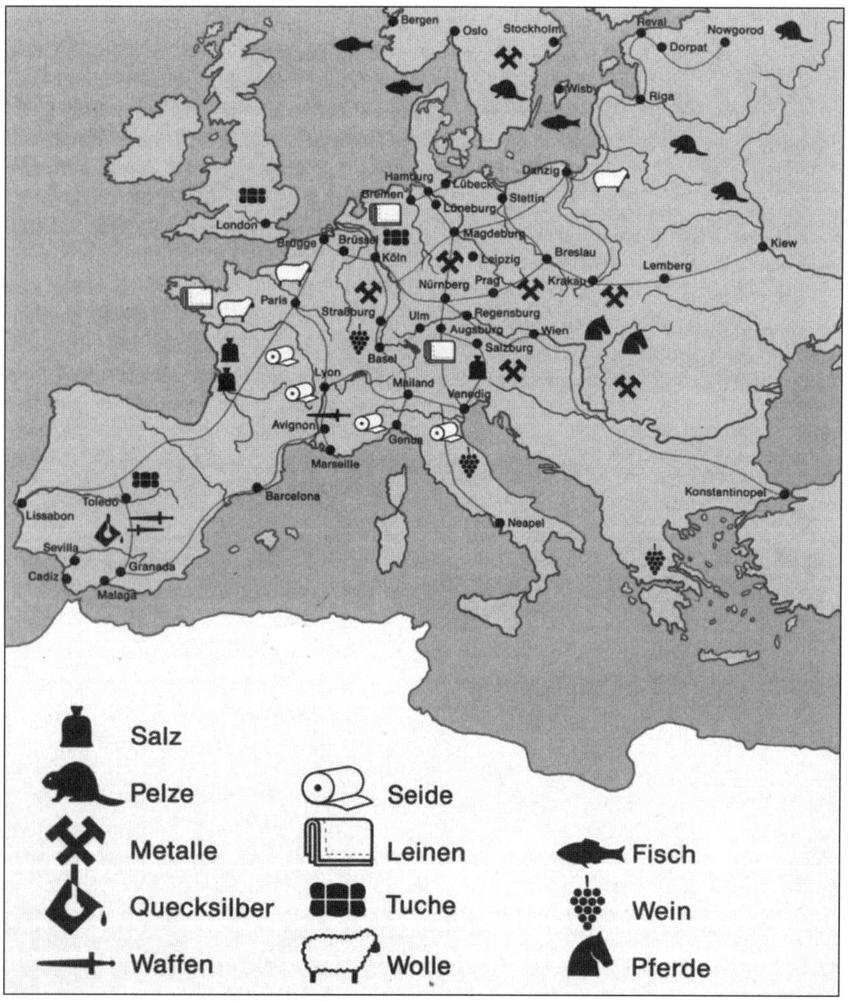

Handelswege und Handelsgüter

I. **Hinführung:**

Folie 1 (Handelswege und Handelsgüter)

S. versuchen die Karte zu interpretieren.

Zielangabe

TA: **Wie funktionierte der weltweite Handel?**

II. **Erarbeitung:**

1. TZ: Waren aus aller Welt

Informationsblatt 1/
EA/PA/GA-Auswertung LSG

S: Die Händler transportierten auf den Handelsstraßen alle Waren, die Gewinn versprachen: Gewürze, Seidenstoffe, Duftstoffe, Zucker, Baumwolle, Teppiche, Metalle, Edelsteine – Handelsverbindungen bis nach China

2. TZ: Europäische Erzeugnisse

Informationsblatt 2/
EA/PA/GA-Auswertung LSG

S: Städte sind berühmt für ihre Erzeugnisse – Handel mit Rohprodukten und Massengütern – Metalle – Pelze

III. **Vertiefung:**

Gesamtwiederholung

IV. **Sicherung:**

Eintrag AB

V. **Ausweitung:**

Auswertung Eintrag AB/
Waren nach Nürnberg

S. beschreiben Handelswege.

Begehrte Waren aus aller Welt

Die meisten Menschen des Mittelalters, ob sie auf dem Land oder in der Stadt lebten, blieben ihr Leben lang am gleichen Ort. Die Reise in die nächste Stadt war schon äußerst beschwerlich. Wer in jungen Jahren als wandernder Geselle unterwegs gewesen war, galt als welterfahren.

Die Händler waren allerdings eine Ausnahme. Sie wagten es, die Handelsstraßen zu befahren. Auf Zweiradkarren, Plan- und Leiterwagen transportierten sie alle Waren, die ihnen Gewinn versprachen. Diese Straßen, vergleichbar mit unseren heutigen Feldwegen, führten durch ganz Europa. Bei Regen blieben die schweren Wagen oft im Schlamm stecken. Trotzdem kamen sie nach etwa zwei Wochen Fahrt z. B. von Venedig nach Nürnberg. Und was der Kaufmann der staunenden Kundschaft anzubieten hatte, stammte aus der damals bekannten Welt: Gewürze wie Pfeffer, Nelken und Zimt aus dem Orient; Seidenstoffe wie Damast und Gaze; Duftstoffe wie Weihrauch, Balsam und Moschus.

Leichtes und Hochwertiges wurde zunächst am häufigsten gehandelt. Aber auch Rohrzucker, Baumwolle, Teppiche, Farbstoffe, wertvolle Metalle und Edelsteine kamen auf den Markt.

Venezianische Kaufleute befuhren mit ihren Schiffen das ganze Mittelmeer, sodass es Verbindungen mit Arabien, Indien und China gab. Italiener und Franzosen holten die Güter auch von den afrikanischen Küsten.

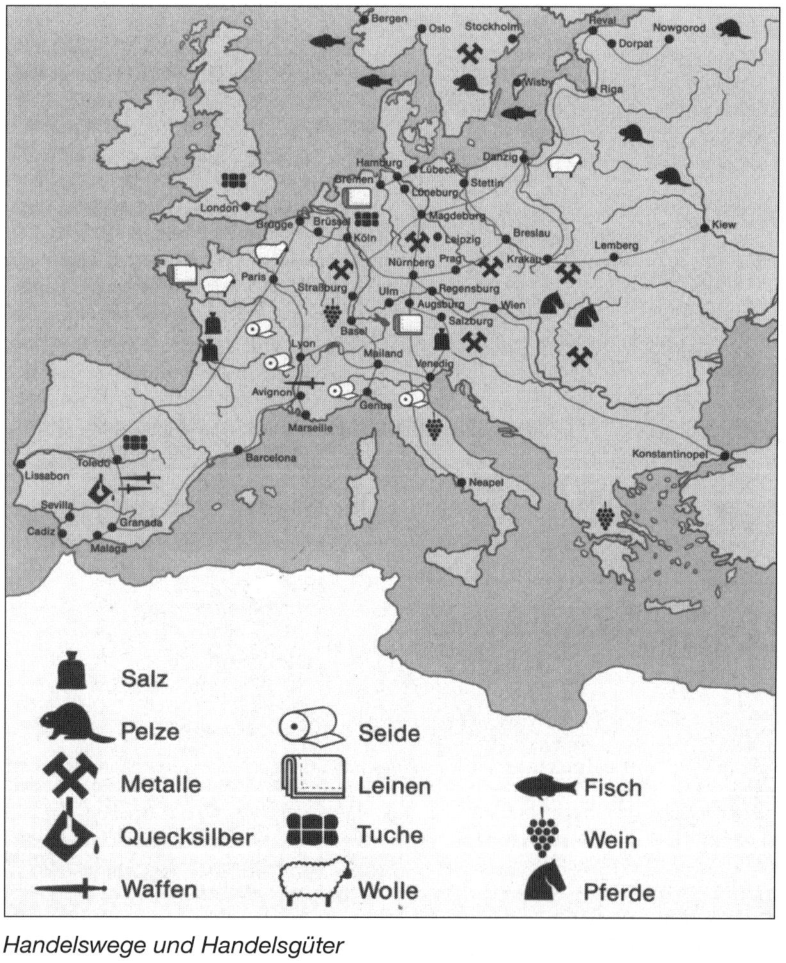

Handelswege und Handelsgüter

Europäische Erzeugnisse

Aber es rollten nicht nur die „Schätze des Orients“, gezogen von schweren Pferden, über die Straßen des Reiches. Gerade die großen Städte waren berühmt für ihre Erzeugnisse. So galten Tuche aus Flandern oder Barchent (Baumwollflanell) aus Augsburg als begehrte Handelswaren. Die Nürnberger Schlosser produzierten so hervorragende Messer, Scheren, Nadeln und Rüstungen, dass das Markenzeichen „N“ auch in London, Lissabon und Konstantinopel ein Begriff war.

Rohprodukte und Massengüter wurden ebenfalls gehandelt. Dabei waren die täglichen Nahrungsmittel, also vor allem Getreide, nicht so bedeutend. Sie wurden in der Regel im näheren Umkreis der Stadt erzeugt. Das Salz allerdings musste aus entfernten Gegenden eingeführt werden.

Da die Handwerker Rohstoffe brauchten, wurden Metalle, vor allem Eisen, Kupfer, Blei, aber auch Silber und Gold von den Gruben in die Städte gebracht.

Der Handel mit Pelzen war von großer Bedeutung – war doch ein Pelz ein wichtiges Symbol dafür, dass man einem bedeutenden Stand angehörte.

Auf der anderen Seite waren Heiztechnik und Isolierung nach unseren Begriffen oft mangelhaft. Ohne Pelz hätten viele Menschen den Winter nicht überstehen können.

Blei, Silber und Gold werden in einer Metallscheide voneinander getrennt.
Das Bild stammt aus einem Rechtsbuch aus dem 16. Jahrhundert.

Wie funktionierte der weltweite Handel?

Die Händler des Mittelalters transportierten auf den Handelsstraßen alle Waren, mit denen sie Gewinne erzielen konnten: ______________________________

____

____.

Kaufleute aus Venedig befuhren mit ihren Schiffen das ganze ______________,

sodass sich Verbindungen bis nach ______________ ergaben.

Da die Handwerker Rohstoffe benötigten, wurde ______________________

eingeführt. Auch ____________ und ____________ wurde von den Gruben in die

Städte gebracht.

Von besonderer Bedeutung war auch der Handel mit ____________.

In einem Hafen wird ein Handelsschiff gerade mit Waren beladen (aus einer flämischen Miniatur, 15. Jh.).

GESCHICHTE	NAME: ____________	KLASSE: ____	DATUM: ________	NR. ____

Wie funktionierte der weltweite Handel?

Die Händler des Mittelalters transportierten auf den Handelsstraßen alle Waren, mit denen sie Gewinne erzielen konnten: *Gewürze, Seidenstoffe, Duftstoffe, Rohrzucker, Baumwolle, Teppiche, Farbstoffe, wertvolle Metalle und Edelsteine, Tuche, Rüstungen, Salz*.

Kaufleute aus Venedig befuhren mit ihren Schiffen das ganze *Mittelmeer*, sodass sich Verbindungen bis nach *China* ergaben.

Da die Handwerker Rohstoffe benötigten, wurde *Eisen, Kupfer und Blei* eingeführt. Auch *Silber* und *Gold* wurde von den Gruben in die Städte gebracht.

Von besonderer Bedeutung war auch der Handel mit *Pelzen*.

In einem Hafen wird ein Handelsschiff gerade mit Waren beladen (aus einer flämischen Miniatur, 15. Jh.).

THEMA

Welche Bedeutung hatte die Hanse?

LERNZIELE

Gründe für die Entstehung von Städtebünden kennenlernen.

Erkennen, dass die Hanse der bedeutendste Städtebund war.

Bewusst machen, dass der Hanse über 100 Städte angehörten.

Die Handelswege der Hanse kennenlernen.

Erfahren, dass sich die Mitglieder der Hanse wirtschaftlich unterstützten.

Bewusst machen, dass die Hanse so mächtig war, dass sie auch aktiv Politik machen konnte.

ARBEITSMITTEL / MEDIEN / LITERATURHINWEISE

Folie 1 (Hanse), 2 Informationsblätter, 1 Arbeitsblatt

Zusatz: 46 40396 „Aus dem Leben eines Hansekaufmanns“ (15 min)

TAFELBILD / FOLIEN

Hanse: Auf dem Bild, das aus der Handschrift „Hamburger Stadtrecht“ entnommen ist, sind vorne Kaufleute vor dem Haus des Zollschreibers zu sehen. Im hinteren Teil des Bilds siehst du die typischen Schiffe der Hanse. Sie werden Koggen genannt, das sind spezielle Segelschiffe.

I. **Hinführung:**

Folie 1 (Hanse)	S. betrachten das Bild.
Zielangabe	TA: **Welche Bedeutung hatte die Hanse?**

II. **Erarbeitung:**

1. TZ: Städtebünde

Informationsblatt 1/ EA/PA/GA-Auswertung LSG	S: Städtebünde dienten dem Schutz der Kaufleute vor Überfällen – in Südwestdeutschland entstand der „Rheinische Städtebund“

2. TZ: Die Hanse

Informationsblatt 1/2/ EA/PA/GA-Auswertung LSG	S: Der bedeutendste Städtebund war die Hanse – neuer Schiffstyp: Kogge – im 14. Jahrhundert bestand die Hanse aus mehr als 100 Städten – Monopol in Osteuropa

III. **Vertiefung:**

Gesamtwiederholung

IV. **Sicherung:**

Eintrag AB

V. **Ausweitung:**

3. TZ: Die Hanse macht Politik

Informationsblatt 2/ gemeinsames Erlesen	S: Die Hanse besiegte den König von Dänemark und Schweden. Dieser musste versprechen, die Schifffahrt nicht mehr zu stören.

Städte schließen sich zusammen

Kaufleute transportierten ihre Waren auf den Handelsstraßen, verkauften die gewünschten Produkte, verdienten viel Geld damit und wurden reich.

Dies zog natürlich auch Diebe, Wegelagerer und Raubritter an und immer öfter wurden reisende Händler überfallen. Ein einzelner Kaufmann konnte leicht beraubt werden. Deshalb taten sich einige zusammen und ließen sich durch bezahlte Landsknechte beschützen. Noch besser konnten sie sich schützen, wenn ganze Städte einander halfen. So gründeten die freien Handelsstädte in Südwestdeutschland den „Rheinischen Städtebund“.

Die Hanse wächst zusammen

Der bedeutendste Städtebund im Reich war die Hanse. Kaufleute aus Hamburg und Lübeck waren im Ausland besonders aktiv. Mit den neu entwickelten Koggen[1] konnten sie bis zu 200 Tonnen Fracht pro Schiff befördern. Auf den Handelsplätzen in London (England), Bergen (Norwegen) und Nowgorod (Russland) war ein Zusammenschluss besonders nötig. Gemeinsam konnte man den Lagerplatz mit den wertvollen Pelzen, Tuchen, mit dem Wachs und dem Salz besser verteidigen.

Deshalb schlossen sich immer mehr Städte diesem Bund an und im 14. Jahrhundert bestand die Hanse bereits aus einem Bund von über 100 Städten. Ähnlich wie die Zünfte in den Städten achteten sie darauf, ihre Handelswege allein zu nützen: Sie hatten das Monopol in Osteuropa. Am Heringsfang und an seiner Vermarktung durfte nur der verdienen, der der Hanse angehörte.

Die Hansestädte bekämpften auch die Seeräuber. Im Jahr 1401 wurde der berühmteste von ihnen, Klaus Störtebeker[2], gefangen und in Hamburg mit 150 Genossen hingerichtet.

[1] **Kogge:** Eine Kogge ist ein spezielles Segelschiff. Bei Auseinandersetzungen mit Piraten konnte die Kogge mit Kanonen ausgestattet werden. Typisch für die Kogge ist ebenfalls das „Krähennest“, das ist ein Ausguck, der knapp unterhalb der Mastspitze angebracht ist.

[2] **Klaus Störtebeker:** Seeräuber, der gegen die Hanse kämpfte.

Älteste erhaltene Hansekogge, kann im Deutschen Schifffahrtsmuseum Bremerhaven besichtigt werden.

Stadtansicht der Hansestadt Köln

Die Hanse macht Politik

Die Hansestädte wurden so mächtig, dass sie auch Streit mit mächtigen Gegnern austragen konnten. Der König von Dänemark und Schweden zum Beispiel bestritt ihre Rechte und zerstörte die Hansestadt Wisby auf Gotland. Daraufhin stellte die Hanse eine Flotte mit 200 Bewaffneten auf, eroberte 1370 seine Hauptstadt Kopenhagen und setzte den König ab. Die Dänen mussten versprechen, die Schifffahrt nie wieder zu stören und keinem König mehr zu gehorchen, „er sei denn von der Städten der Hanse gutgeheißen".

GESCHICHTE	NAME: ____________	KLASSE: ____	DATUM: ________	NR. ____

Welche Bedeutung hatte die Hanse?

Da viele Kaufleute auf den Handelsstraßen überfallen wurden, taten sich einige zusammen und ließen sich von bezahlten ______________________ schützen. Noch besser war der Schutz, wenn ganze Städte einander halfen.

Mit dieser Absicht wurde der „__________________________________“ gegründet.

Der bedeutendste Städtebund im Reich war jedoch die ____________________.

Dieser Städtebund, dem vorwiegend Städte im Norden Deutschlands und in Nordeuropa angehörten, traten immer mehr Städte bei, sodass im 14. Jahrhundert mehr als __________ Städte in diesem Bund zusammengeschlossen waren. Sie achteten darauf, ihre ____________________ allein zu nützen.

Die Hanse wurde so mächtig, dass sie auch aktiv Politik betreiben konnte.

Als der König von Dänemark und Schweden ihre Handelspolitik störte, stellte die Hanse eine Flotte auf, eroberte ________________________, die Hauptstadt des Königs, und ________________________________.

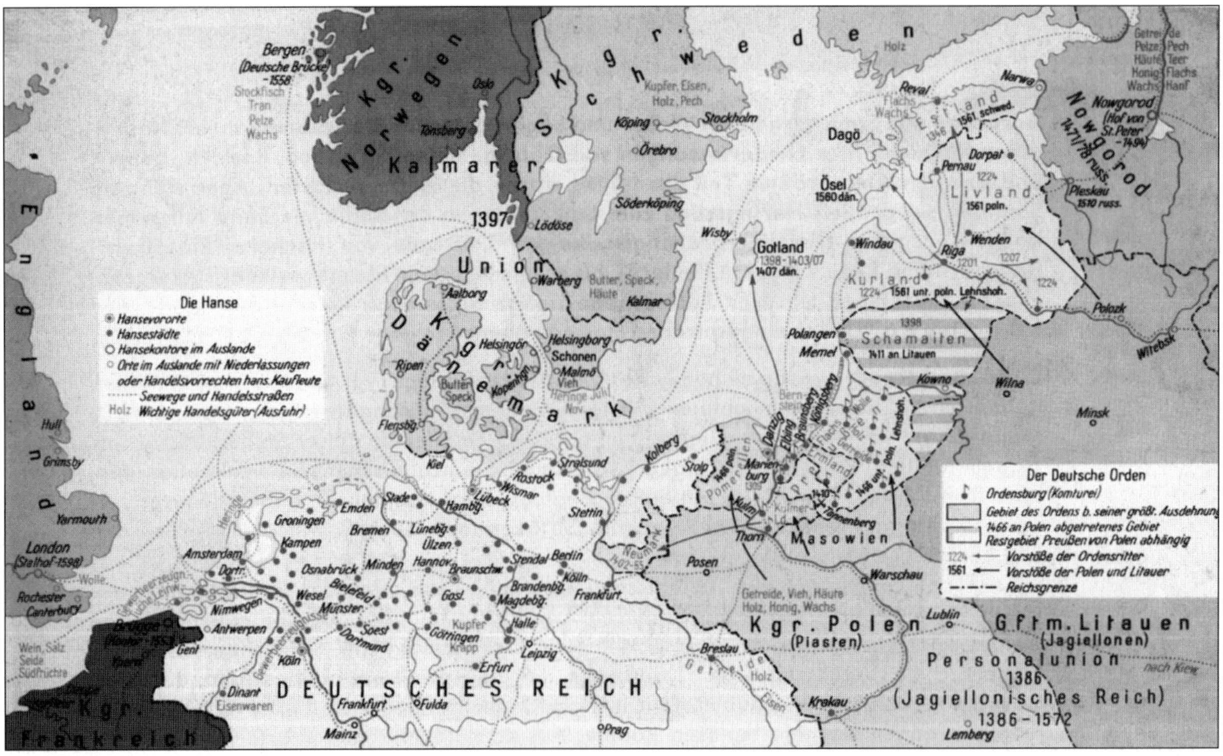

Die Hanse

GESCHICHTE	NAME: ____________	KLASSE: ____	DATUM: ________	NR. ____

Welche Bedeutung hatte die Hanse?

Da viele Kaufleute auf den Handelsstraßen überfallen wurden, taten sich einige zusammen und ließen sich von bezahlten *Landsknechten* schützen. Noch besser war der Schutz, wenn ganze Städte einander halfen.

Mit dieser Absicht wurde der *„Rheinische Städtebund“* gegründet.

Der bedeutendste Städtebund im Reich war jedoch die *Hanse*.

Dieser Städtebund, dem vorwiegend Städte im Norden Deutschlands und in Nordeuropa angehörten, traten immer mehr Städte bei, sodass im 14. Jahrhundert mehr als *100* Städte in diesem Bund zusammengeschlossen waren. Sie achteten darauf, ihre *Handelswege* allein zu nützen.

Die Hanse wurde so mächtig, dass sie auch aktiv Politik betreiben konnte.

Als der König von Dänemark und Schweden ihre Handelspolitik störte, stellte die Hanse eine Flotte auf, eroberte *Kopenhagen*, die Hauptstadt des Königs, und *setzte den König ab*.

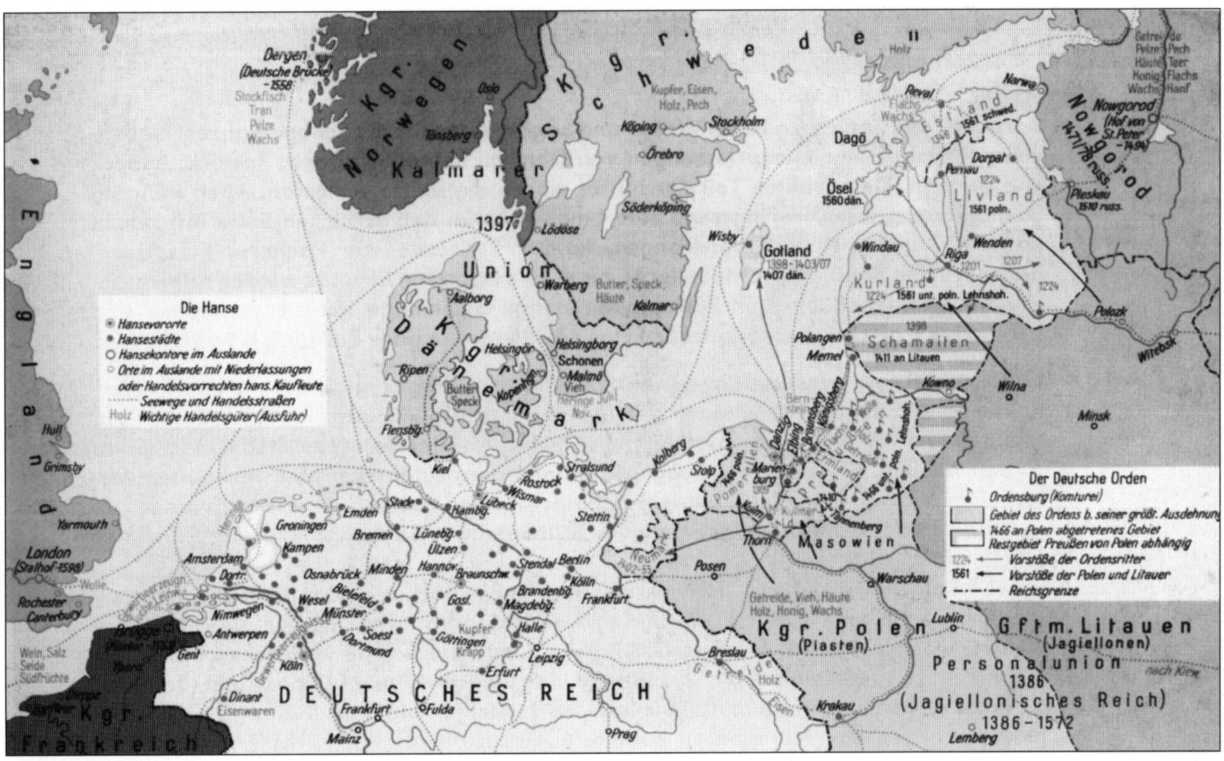

Die Hanse

THEMA

Die Fugger – ein bedeutendes Kaufmannsgeschlecht

LERNZIELE

Erkennen, dass der Fernhandel Voraussetzung für das Entstehen bedeutender Kaufmannsgeschlechter war.

Die Bedeutung der Messen für die Kaufleute und die Landesherren bewusst machen.

Das Kaufmannsgeschlecht der Fugger als bedeutendstes Kaufmannsgeschlecht begreifen.

Den Werdegang der Fugger schildern können.

Bewusst machen, dass die Fugger über Kaiser und Päpste auch politischen Einfluss ausübten.

Die Fuggerei in Augsburg als großartige Einrichtung der Fugger begreifen.

Erfahren, dass diese Einrichtung auch heute noch besteht.

ARBEITSMITTEL / MEDIEN / LITERATURHINWEISE

Folie 1 (Jakob Fugger der Reiche), 3 Informationsblätter, 1 Arbeitsblatt

Zusatz: 46 52894 „Vom wirtschaftlichen Wandel um 1500“ (25 min)

TAFELBILD / FOLIEN

Jakob Fugger der Reiche (1459–1525)

I.	**Hinführung:**	
	Folie 1 (Jakob Fugger der Reiche)	S. versuchen etwas über den bedeutenden Bankier herauszufinden.
	Zielangabe	TA: **Die Fugger – ein bedeutendes Kaufmannsgeschlecht**
II.	**Erarbeitung:**	
	1. TZ: Fernhandel	
	Informationsblatt 1/ EA/PA/GA-Auswertung LSG	S: Augsburg, Ulm und Nürnberg wurden zu großen Umschlagplätzen – Mittlerrolle zwischen Nord und Süd
	2. TZ: Messen und Märkte	
	Informationsblatt 1/ EA/PA/GA-Auswertung LSG	S: Halbjährlich/jährlich fanden in großen Städten Messen statt.
	3. TZ: Die Fugger	
	Informationsblatt 1/2/ EA/PA/GA-Auswertung LSG	S: Fugger: bedeutendstes Kaufmannsgeschlecht – sie unterstützten Kaiser und Päpste – Jakob Fugger der Reiche
III.	**Vertiefung:**	
	Gesamtwiederholung	
IV.	**Sicherung:**	
	Eintrag AB	
IV.	**Ausweitung:**	
	4. TZ: Fuggerei	
	Informationsblätter 2/4/ Auswertung LSG	S: Wohnsiedlung für die Armen der Stadt Augsburg bis heute

Der Fernhandel

Seit der Zeit der Kreuzzüge hatte der Handel mit Gütern aus aller Welt einen ungeheuren Aufschwung genommen. Die Erzeugerländer der Auslandswaren lagen zum größten Teil außerhalb Europas. Arabien, Indien und China, aber auch Afrika belieferten den europäischen Markt. Italienische und französische Schiffseigner brachten die kostbaren Güter in die heimischen Hafenstädte.

Die süddeutschen Städte übernahmen nun die Mittlerrolle zwischen Nord und Süd. Ihre Kaufleute holten die Waren über die Alpen und verfrachteten sie weiter nach Norddeutschland. Augsburg, Ulm und Nürnberg wurden die großen Umschlagplätze für die Waren, die aus ganz Mitteleuropa zusammenströmten.

Messen und Märkte

Für die Einkäufe der Bürger zum täglichen Bedarf genügte der Wochenmarkt in den Städten. Die Güter, die hier verkauft wurden, stammten meist aus der Stadt selbst und aus den umliegenden landwirtschaftlichen Gebieten.

Der Fernhandel brauchte andere Umschlageplätze für seine Waren. Halbjährlich oder jährlich fanden in verschiedenen Städten Europas große „Messen“ statt. Die Handelsherren trafen sich auf diesen Messen, kauften und verkauften und schlossen Geldgeschäfte ab. Die Kaufleute genossen für ihre Waren einen besonderen Schutz.

Im Laufe der Zeit bildeten sich in einigen Städten reiche Handelsgeschlechter heraus: in Augsburg die Fugger und Welser, in München die Ridler, in Nürnberg die Tucher.

Die Landesherren hatten größtes Interesse an der friedlichen Entwicklung des Handels. Ein großer Teil ihrer Einnahmen stammte aus Zöllen und Abgaben der Kaufleute.

Die Fugger unterstützten Kaiser und Papst

Die Vorfahren des großen Augsburger Kaufmannsgeschlechts waren Weber in einem Dorf bei Augsburg. Als Hans Fugger 1367 nach Augsburg zog, um dort Arbeit als Weber zu suchen, war er einer von vielen, die die städtische Freiheit gewinnen wollten. Durch Fleiß und glücklichen Handel erlangte er bald großes Ansehen in der Stadt. Zwei Heiraten, zuerst mit der Tochter eines Webermeisters, dann mit der Witwe eines Augsburger Handelsherrn, ließen seinen Einfluss wachsen. Aus dem Weber wurde ein erfolgreicher Kaufmann.

Sein Enkel, Jakob Fugger, der später den Beinamen „der Reiche“ erhielt, weitete den Handel weiter aus. Seine Fuhrwerke waren in ganz Europa unterwegs, seine Schiffe brachten von ihren Indienfahrten seltene Gewürze, Gold und Edelsteine in die Gewölbe seiner Augsburger Häuser. Das „große Geschäft“ gelang ihm aber durch die Beteiligung an den Silber- und Kupferbergwerken in Tirol, in Ungarn und in den Sudeten. Doch auch in Spanien betrieb er Erzbergwerke und beutete die Quecksilbervorräte aus. So wuchs sein Vermögen ins Unermessliche. Jakob Fugger der Reiche starb 1525 als einer der reichsten Männer Europas mit einem Vermögen von über 2 Millionen Gulden. Dies entspricht einem heutigen Wert von ca. 2 Billionen Euro.

Kaiser Maximilian war ihr Schuldner und die Päpste ließen ihre Geldgeschäfte von Fuggerschen Bankkaufleuten erledigen. Kaiser Karl V. verdankte seine Wahl dem Geld des mächtigen Fugger, der Bestechungssummen für die deutschen Kurfürsten bereitstellte: insgesamt 300 000 Gulden.

Die Fugger sorgen für die Armen der Stadt

Trotz des Reichtums fühlten sich die Fugger immer als Bürger ihrer Heimatstadt.

So ließ Jakob Fugger im 16. Jahrhundert eine Wohnsiedlung für arme Bürger und Einwohner Augsburgs bauen, die unverschuldet in Not geraten waren. In dieser Siedlung sollten sie mit ihrer Familie in Zwei- und Dreizimmerwohnungen eine billige Unterkunft erhalten.

Bald standen 53 Häuser samt Kirche und Pfründehaus. Kleine Gässchen durchzogen diese Stadt in der Stadt. Brunnen sprudelten an den Straßenkreuzungen, eine Mauer schützte das kleine Gemeinwesen und vier Tore boten Einlass. Gegen einen Gulden Miete im Jahr konnten die Familien dort wohnen.

Ganz uneigennützig war die Stiftung allerdings nicht – war Jakob Fugger doch auch daran gelegen, durch diese Stiftung sein ewiges Seelenheil zu erlangen. Nicht unerwähnt bleiben soll in diesem Zusammenhang, dass er am Ablasshandel mitbeteiligt war, der Anlass für den Thesenanschlag Martin Luthers war.

Fuggerei, Augsburg

Die Fuggerei in Augburg heute

Die Fuggerei gilt als die älteste Sozialsiedlung der Welt. Jakob Fugger der Reiche (1459–1525) ließ in den Jahren 1519–1523 insgesamt 53 Häuser errichten, in denen jeweils zwei Familien untergebracht werden konnten.

Die Anlage wurde mit einer kleinen Stadtmauer mit vier Toren umgeben, die des Nachts geschlossen wurden und so zusätzliche Sicherheit und Geborgenheit gewährten.

Im Jahr 1521 legte Jakob Fugger im Stiftungsbrief fest, wer in der Fuggerei wohnen durfte. Voraussetzung war, dass die Bedürftigen aus Augsburg stammten, hier seit mindestens zwei Jahren lebten, katholisch waren und unverschuldet in Not geraten waren.

Die Jahresmiete betrug einen Rheinischen Gulden. Als Gegenleistung sollten die Bewohner täglich drei Gebete sprechen: das Vater unser, das Ave Maria und das Glaubensbekenntnis.

Diese Stadt in der Stadt, wie sie auch genannt wird, wurde im Zweiten Weltkrieg stark zerstört, aber in ihrer alten Form wieder aufgebaut und etwas vergrößert.

Heute besteht die Fuggerei aus 67 Häusern mit 140 Wohnungen. Die Wohnungen sind ca. 60 m^2 groß und besitzen jeweils einen eigenen Eingang. Ca. 150 Menschen leben in der Fuggerei. Die Bestimmungen, die im Stiftungsbrief genannt wurden, gelten auch heute noch: Die Miete hat sich seit der Gründungszeit nicht geändert – sie beträgt heute 0,88 € pro Jahr. Wohnen dürfen hier bedürftige Augsburger, die auch heute noch die Gebete sprechen sollen. Die Fuggerei ist nach wie vor durch die vier Tore zu erreichen, die jeden Abend um 22.00 Uhr geschlossen werden.

In der Siedlung befindet sich ein kleines Museum. Hier kann man sich auch eine Wohnung im Originalzustand ansehen. Der bekannteste Bewohner der Fuggerei war der Urgroßvater von Wolfgang Amadeus Mozart, der Maurer Franz Mozart, der von 1681–1693 in der Fuggerei wohnte.

GESCHICHTE	NAME: ______________	KLASSE: ____	DATUM: __________	NR. ____

Die Fugger – ein großes Kaufmannsgeschlecht

Im Rahmen des Fernhandels übernahmen die süddeutschen Städte ____________, ______________________ und ______________________ eine Mittlerrolle zwischen Nord und Süd. Jährlich fanden in verschiedenen Städten in Europa große ______________________ statt, bei denen sich die Handelsherren trafen.

Zum bedeutendsten Handelsgeschlecht wurden Kaufleute aus Augsburg, die ______________________. Sie steigerten über Jahrhunderte hinweg ihren Reichtum in einer Weise, dass sie in der Lage waren, selbst ______________________ und ______________________ zu unterstützen.

Jakob Fugger erhielt den Beinamen „______________________“.

Trotz des Reichtums fühlten sich die Fugger immer als Bürger ihrer Heimatstadt ______________________. Jakob Fugger ließ eine ______________________ für arme Bürger und Einwohner Augsburgs bauen, die unverschuldet in Not geraten waren. Bis auf den heutigen Tag wohnen Augsburger Bürger zu einem geringen symbolischen Mietpreis in der sogenannten ______________________, finanziert durch eine Stiftung, die die Fugger ins Leben gerufen haben.

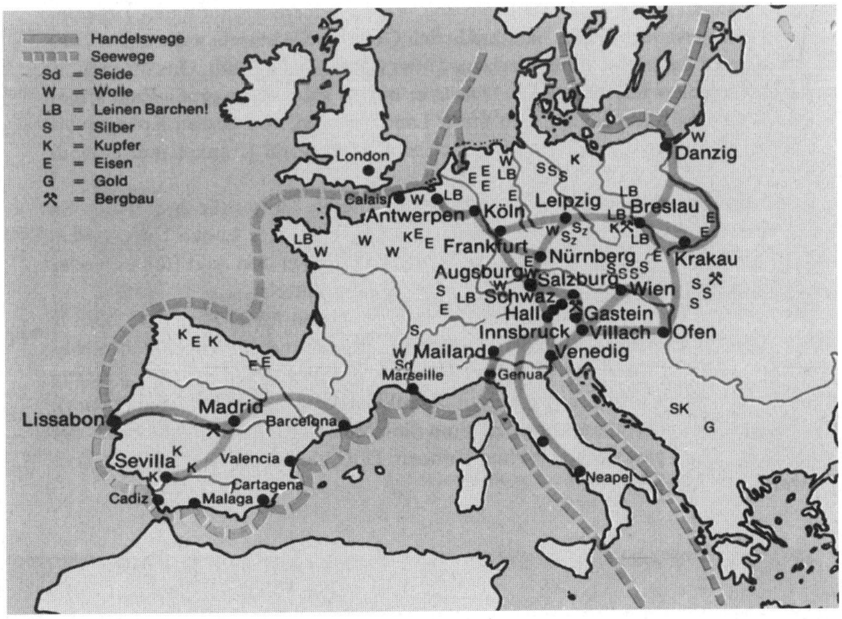

Handelsbeziehungen der Fugger in Westeuropa

GESCHICHTE	NAME: ____________	KLASSE: ____	DATUM: ________	NR. ____

Die Fugger – ein großes Kaufmannsgeschlecht

Im Rahmen des Fernhandels übernahmen die süddeutschen Städte ___Ulm___, ___Augsburg___ und ___Nürnberg___ eine Mittlerrolle zwischen Nord und Süd. Jährlich fanden in verschiedenen Städten in Europa große ___Messen___ statt, bei denen sich die Handelsherren trafen.

Zum bedeutendsten Handelsgeschlecht wurden Kaufleute aus Augsburg, die ___Fugger___. Sie steigerten über Jahrhunderte hinweg ihren Reichtum in einer Weise, dass sie in der Lage waren, selbst ___Kaiser___ und ___Päpste___ zu unterstützen.

Jakob Fugger erhielt den Beinamen ___„der Reiche“___.

Trotz des Reichtums fühlten sich die Fugger immer als Bürger ihrer Heimatstadt ___Augsburg___. Jakob Fugger ließ eine ___Wohnsiedlung___ für arme Bürger und Einwohner Augsburgs bauen, die unverschuldet in Not geraten waren. Bis auf den heutigen Tag wohnen Augsburger Bürger zu einem geringen symbolischen Mietpreis in der sogenannten ___Fuggerei___, finanziert durch eine Stiftung, die die Fugger ins Leben gerufen haben.

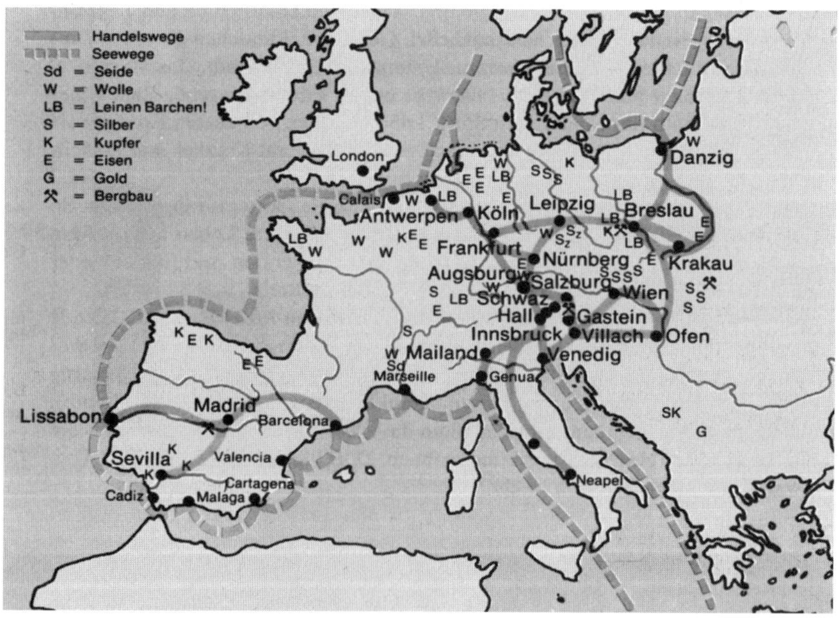

Handelsbeziehungen der Fugger in Westeuropa

Training „Bürgerliche Lebensformen“

1.

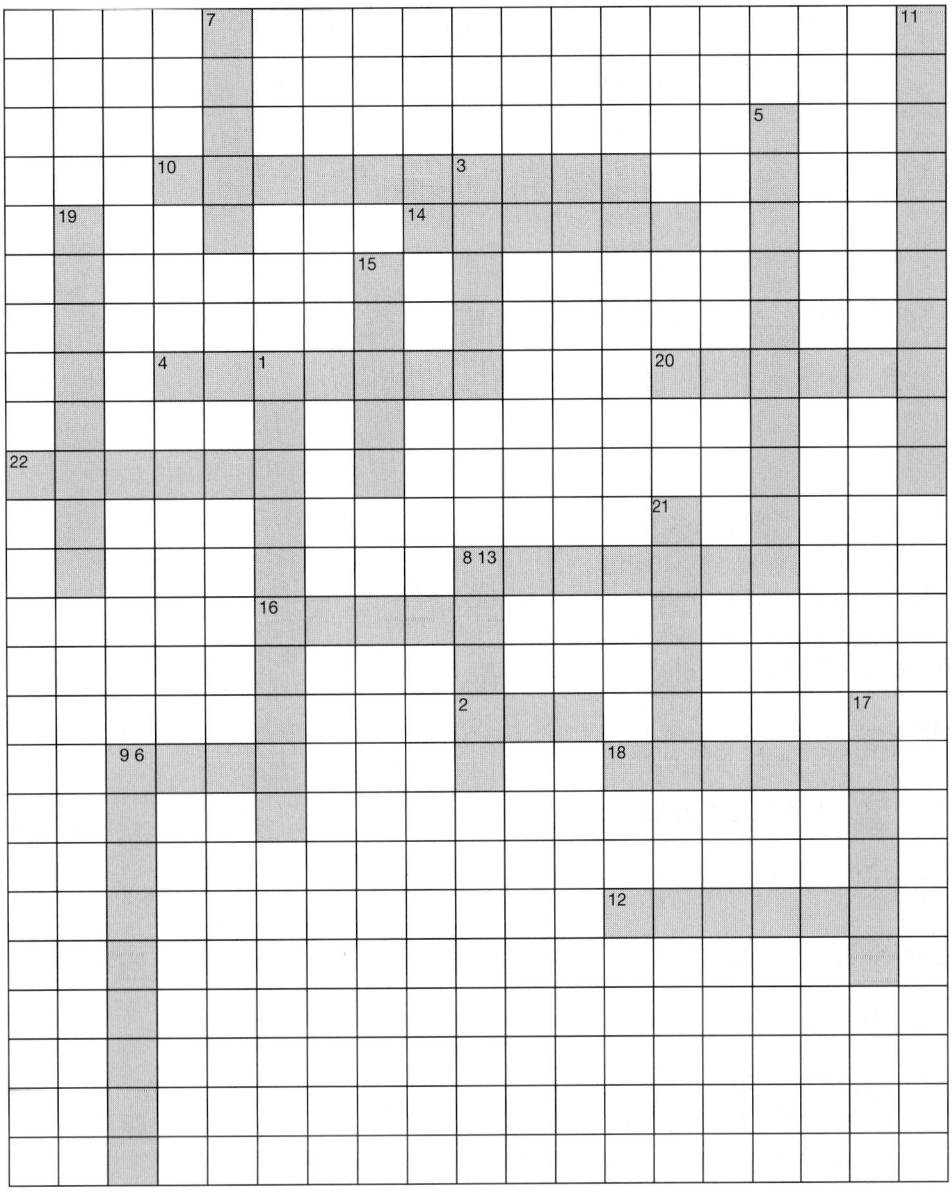

Senkrecht:

1 – Wichtigster Ort der Stadt
3 – Stilrichtung des 14./15. Jahrhunderts
5 – Kennzeichen der Gotik
7 – waren Verfolgungen ausgesetzt
9 – einflussreiche Bürger
11 – größte Gruppe in der Stadt
13 – wertvoller Stoff
15 – wichtigster Städtebund
17 – Handelspartner in Asien
19 – Fuggerstadt
21 – Kaufmannsgeschlecht

Waagerecht:

2 – Bekanntes gotisches Bauwerk: Regensburger ______
4 – Vorläufer der Gotik
6 – der „Schwarze Tod“
8 – zahlten Kaufleute und Bürger
10 – Bauern waren oft …
12 – Zusammenschluss der Handwerker (Pl.)
14 – Judenverfolgung
16 – Handelsware (Pl.)
18 – Hansestadt
20 – Hansestadt
22 – Kaufmannsgeschlecht

2. Ergänze den Lückentext und setze die folgenden Wörter ein:

Hanse – Befestigungsanlagen – Fugger – Marktplätze – Kirchen – Spenden – Nord- und Ostsee – Handwerker – Markt – Fernhandel – Städtebünde – Patrizier

Aus dem Bild der mittelalterlichen Stadt erfahren wir viel über das alltägliche Leben ihrer Bürger. Der Platz, an dem sie gegründet wurde, brachte dem Stadtherrn und den Bürgern Vorteile. Mauern und ____________________ schufen einen sicheren Ort für Handel und Gewerbe. An den Straßen wohnten die Handwerker.

Um die ______________ standen die großen Häuser der Kaufleute. Lagerplätze, Arbeits- und Wohnräume gingen ineinander über, es gab keine räumliche Trennung von Arbeitswelt und Freizeit. Die vielen großen ______________ zeigen die große Bedeutung des Glaubens für die Bürger der mittelalterlichen Stadt. Der Mensch des Mittelalters wusste um die Vergänglichkeit seines kurzen Lebens und glaubte daran, sich ewiges Leben durch gute Werke erkaufen zu können. Daraus zogen Arme und Kranke einen Vorteil, deren Spitäler nur durch freiwillige ______________ und großzügige Testamente errichtet und erhalten werden konnten.

Streng war die Unterscheidung der verschiedenen Stände in der Stadt. Macht und Freiheit hatten nur die ______________. Die ______________ als die größte Gruppe erhielten Mitbestimmung im Rathaus erst im Laufe des Mittelalters. Dem niederen Volk blieb sie ganz verwehrt.

Viele Grundlagen unseres heutigen Wirtschaftssystems entstanden bereits in der mittelalterlichen Stadt: der ____________, geregelt durch Angebot und Nachfrage; die Geldwirtschaft, ______________ und Messen; Gütesiegel und Qualitätskontrollen. Zum Schutz der Kaufleute und des Handels entwickelten sich ______________. Der bedeutendste Städtebund war die ______________, die vor allem im Bereich von ______________ Handel trieb. Aufgrund des Fernhandels entstanden bedeutende Kaufmannsgeschlechter. Hier ragten die ______________ besonders heraus.

Training „Bürgerliche Lebensformen“

1.

				7 J														11 H
				U														A
				D											5 S			N
			10 L	E	I	B	E	I	3 G	E	N	E			P			D
	19 A			N				14 P	O	G	R	O	M		I			W
	U						15 H		T						T			E
	G						A		I						Z			R
	S		4 R	O	1 M	A	N	I	K				20 L	Ü	B	E	C	K
	B				A		S								O			E
22 F	U	G	G	E	R		E								G			R
	R				K								21 W		E			
	G				T				8 13 S	T	E	U	E	R	N			
					16 P	E	L	Z	E				L					
					L				I				S					
					A				2 D	O	M		E				17 I	
		9 6 P	E	S	T				E			18 B	R	E	M	E	N	
		A			Z												D	
		T															I	
		R										12 Z	Ü	N	F	T	E	
		I															N	
		Z																
		I																
		E																
		R																

Senkrecht:

1 – Wichtigster Ort der Stadt
3 – Stilrichtung des 14./15. Jahrhunderts
5 – Kennzeichen der Gotik
7 – waren Verfolgungen ausgesetzt
9 – einflussreiche Bürger
11 – größte Gruppe in der Stadt
13 – wertvoller Stoff
15 – wichtigster Städtebund
17 – Handelspartner in Asien
19 – Fuggerstadt
21 – Kaufmannsgeschlecht

Waagerecht:

2 – Bekanntes gotisches Bauwerk: Regensburger _____
4 – Vorläufer der Gotik
6 – der „Schwarze Tod“
8 – zahlten Kaufleute und Bürger
10 – Bauern waren oft …
12 – Zusammenschluss der Handwerker (Pl.)
14 – Judenverfolgung
16 – Handelsware (Pl.)
18 – Hansestadt
20 – Hansestadt
22 – Kaufmannsgeschlecht

2. Ergänze den Lückentext und setze die folgenden Wörter ein:

Hanse – Befestigungsanlagen – Fugger –Marktplätze – Kirchen – Spenden – Nord- und Ostsee – Handwerker – Markt – Fernhandel – Städtebünde – Patrizier

Aus dem Bild der mittelalterlichen Stadt erfahren wir viel über das alltägliche Leben ihrer Bürger. Der Platz, an dem sie gegründet wurde, brachte dem Stadtherrn und den Bürgern Vorteile. Mauern und *Befestigungsanlagen* schufen einen sicheren Ort für Handel und Gewerbe. An den Straßen wohnten die Handwerker. Um die *Marktplätze* standen die großen Häuser der Kaufleute. Lagerplätze, Arbeits- und Wohnräume gingen ineinander über, es gab keine räumliche Trennung von Arbeitswelt und Freizeit. Die vielen großen *Kirchen* zeigen die große Bedeutung des Glaubens für die Bürger der mittelalterlichen Stadt. Der Mensch des Mittelalters wusste um die Vergänglichkeit seines kurzen Lebens und glaubte daran, sich ewiges Leben durch gute Werke erkaufen zu können. Daraus zogen Arme und Kranke einen Vorteil, deren Spitäler nur durch freiwillige *Spenden* und großzügige Testamente errichtet und erhalten werden konnten.

Streng war die Unterscheidung der verschiedenen Stände in der Stadt. Macht und Freiheit hatten nur die *Patrizier*. Die *Handwerker* als die größte Gruppe erhielten Mitbestimmung im Rathaus erst im Laufe des Mittelalters. Dem niederen Volk blieb sie ganz verwehrt.

Viele Grundlagen unseres heutigen Wirtschaftssystems entstanden bereits in der mittelalterlichen Stadt: der *Markt*, geregelt durch Angebot und Nachfrage; die Geldwirtschaft, *Fernhandel* und Messen; Gütesiegel und Qualitätskontrollen. Zum Schutz der Kaufleute und des Handels entwickelten sich *Städtebünde*. Der bedeutendste Städtebund war die *Hanse*, die vor allem im Bereich von *Nord- und Ostsee* Handel trieb. Aufgrund des Fernhandels entstanden bedeutende Kaufmannsgeschlechter. Hier ragten die *Fugger* besonders heraus.

Bildnachweis

S. 5, 7, 8, 9, 10, 11, 14, 15, 16, 17, 19, 20 (1), 23, 25, 26 (rechts), 29, 31, 32, 33, 34, 35, 38, 39, 40, 43, 46, 48, 49, 60, 62, 63, 64, 65, 67, 68, 81, 83, 84, 86, 87, 88, 89, 93, 94, 95, 98, 99, 105, 107, 111, 114 (oben), 115, 116, 120, 124 (Bild 1, 2), 126 (Bild 1, 2), 128, 131, 132, 136, 141, 144, 145, 146, 147, 153, 155, 163, 173, 174, 175, 179, 180, 181, 188, 192, 193, 200, 202, 212, 216, 217, 218: Auer Verlagsarchiv

S. 13: Angus Konstam: Europa im Mittelalter. Vom Frankenreich bis zur Renaissance, © Tosa, Wien 2000, S. 23

S. 20 (2), 26 (links), 71, 75, 76, 109, 110, 117, 122, 123, 138, 143, 157, 158, 167, 168, 171, 171 (1), 186, 187, 206, 209, 210, 211: Dr. Eugen Kaier (Hrsg.): Grundzüge der Geschichte, Sekundarstufe 1 (Gymnasium), Vom Frankenreich bis zum Westfälischen Frieden, © Moritz Diesterweg, Frankfurt a. M., Berlin, München 1975, S. 6, 17, 20, 46, 51, 57, 79, 97, 105, 107, 121, 122, 123, 122, 123, 125

S. 21, 22: Image Select International

S. 27, 28: © P.M. History, Das neue Magazin für Geschichte, 90624, S. 12

S. 52, 54, 85, 178: akg-images

S. 55: ARPL

S. 56, 57, 58, 59: © P.M. History, Das neue Magazin für Geschichte, 00/004, S. 3, 42, 43

S. 60: Helmut M. Müller: Schlaglichter der deutschen Geschichte, © Bundeszentrale für politische Bildung, 2. aktual. und erw. Aufl. Mannheim 1993, S. 72

S. 74: http://upload.wikimedia.org/wikipedia/commons/3/3e/Heinrich_im_Evangeliar_von_St._Emmeram.jpg

S. 85: http://upload.wikimedia.org/wikipedia/commons/4/4e/Smallpox01.jpg

S. 91, 139, 140, 197: Heinrich Pleticha: Ritter, Bürger, Bauermann, Das Leben im Mittelalter, Arena, Würzburg 2. Aufl. 1987, S. 81, 120, 225

S. 108: Domschatz Köln

S. 114 (unten), 172 (2): Gérard du Ry van Beest Holle (Hrsg.): Kunstgeschichte, © Karl Müller Verlag, Erlangen 1988, S. 401, 408

S. 121, 133, 165, 169, 172 (3), 183, 215: Fotolia (searagen), Fotolia (crazycolors), Fotolia (Jörg Stumpf), Fotolia (XtravaganT), Fotolia (Thierry Gumibert), Fotolia (Ernst-P.), Fotolia (Klaus Rose)

S. 124 (Bild 3–7), 126 (Bild 3–7): Universitätsbibliothek Heidelberg

S. 149: akg London/British Library

S. 151, 152: Bibliothèque Arsenal des Paris

S. 156: http://www.jugendheim-gersbach.de/Schlacht_von-Tannenberg_1410_Grunwald.jpg

S. 166: akg London

S. 177: Schöning & Co.

S. 203: Ann Ronan Picture Library

S. 204, 205: Bodleian

S. 208: Deutsches Schifffahrtsmuseum Bremerhaven